JN439795

손광성과 그의 문학세계

일현 선생 미수기념집

손광성과 그의 문학세계

펴낸날 초판 1쇄 2022년 3월 10일

일현 손광성 선생 미수기념집 간행위원회

위원장 홍영선
부위원장 박순, 원정란
위원 박명자, 서장원, 김정례, 장현심, 우경순, 원정란
편집위원장 최장순
위원 원정란, 서용순, 박명자, 이혜숙, 김정례

펴낸이 서용순
펴낸곳 이지출판

출판등록 1997년 9월 10일
등록번호 제300-2005-156호
주소 03131 서울시 종로구 율곡로6길 36 월드오피스텔 903호
대표전화 02-743-7661
팩스 02-743-7621
이메일 easy7661@naver.com
디자인 박성현
인쇄 ICAN

ISBN 979-11-5555-176-9 03800

값 50,000원

일현 손광성 선생 미수기념집

손광성과 그의 문학세계

일현수필문학회 엮음

이지출판

일현 선생 미수기념집을 발간하며

아름다운 작품으로 독자들의 사랑을 받는 일현 선생께서 미수를 맞게 되었습니다. 선생의 애독자들은 물 지 않은 기간 선생의 문하에서 배움을 이어온 저희에게도 뜻깊은 일이 아닐 수 없습니다. 진심을 모아 선 수를 축하드립니다.

선생은 1935년 함경남도 홍원군 보현면에서 태어났습니다. 열다섯에 월남하여 서울대학교에서 문학을 셨지만 마흔에야 수필에 뜻을 두었습니다. 이후 1981년 《수필문학》에 〈문간방 사람〉을 발표하면서 본격적 활동에 들어가게 되었습니다. 1989년 조선일보에 〈수련〉을 비롯한 여덟 편의 작품 연재를 계기로 을유문 인연을 맺게 되어, 첫 수필집 《한 송이 수련 위에 부는 바람처럼》을 시작으로 일곱 권의 책을 이 출판사에 하였습니다.

2000년에 간행된 《달팽이》는 한국간행물윤리위원회 청소년 권장도서로 선정됨과 동시에 국방부 진중문 택되었습니다. 2005년에 나온 《달팽이》 개정판과 화문집 《작은 것들의 눈부신 이야기》가 각각 문체부 우수 서로 선정되었고, 2020년에 나온 《꽃, 그 은밀한 세계》가 세종도서나눔에 선정되었습니다.

선생의 작품들은 중고등학교 국어교과서에도 실려 있습니다. 〈비에 젖은 참새〉가 박영사 편 중학국어에, 면서 자란다〉가 천재교육사 편 고등국어(하)에, 〈달팽이〉가 비상교육출판사 국어교과서에 실렸습니다.

선생은 수필 창작에만 힘쓴 것이 아닙니다. 한국 수필의 근원과 정체성을 찾기 위해 신라시대 설총의 〈 花王戒〉에서부터 고려를 거쳐 한말 이건창의 〈고성황신문告城隍神文〉에 이르기까지 근 1000년 동안 창작된 한 을 섭렵하고 그중에서 82편을 추려 1999년 《한국 고전 명수필선》을 편역 출판해 우리 수필의 정통을 밝혀 냈

이런 일련의 노작들은 독자들의 호평을 받아 현대수필문학상을 비롯하여 국제PEN문학상과 제1회 가천환경

제11회 현대수필문학 대상을 수상했습니다.

은 후학들을 가르치는 데에도 열정을 아끼지 않았습니다. 한국일보 문화센터를 비롯하여 서울시립대학교 육원과 한림국제대학원대학교에서 20년 동안 문예창작 강의를 맡았습니다.

에도 수필계의 발전을 위해 적지 않은 활동을 하였습니다. 제6대 한국수필문학진흥회장과 제33대 국제 렵 한국본부 부이사장을 지냈으며, 탈북자 국제PEN 창립에도 깊이 관여했습니다. 지금은 한국문인협회 고 계십니다.

에 수필 전문지의 바람직한 미래상을 정립하기 위해 등단제도가 없는 잡지, 심사에 의해 작품을 게재하는 게재된 모든 작품에 원고료를 지불하는 잡지를 표방하며 2013년에 계간 《에세이피아》를 창간하였습니다. 수필문학 보급의 일환으로 수필낭송회를 열어 수필의 공연예술로서의 가능성을 열었습니다.

의 수필에 대한 애정은 남다른 데가 있습니다. "문학에 열등 장르란 없다. 다만 읽을 만한 글이 있고 읽을 없는 글이 있을 뿐"이라는 지론을 폈습니다. 그리고 수필의 다양성과 예술성을 강조하였습니다. 선생이 수 헌한 바는 이에 머물지 않습니다만, 지면상 에서 멈출까 합니다.

켜보면 저희들은 지금까지 받기만 했습니다. 이제 선생의 미수를 맞아 그에 대한 조그만 보답이나마 하고 , 그동안 여러 잡지에 흩어져 일실逸失의 우려가 있는 선생의 작품세계를 논한 평론가들의 논문과 여러 잡 미나에서 선생이 발표한 소논문들 외에 다른 몇 가지 글들을 모아 한 권의 책으로 묶어 선생께 헌정하기로 니다.

선생은 우리의 참 스승이시고 저희도 감히 선생의 제자임을 자부합니다. 선생이 저희에게 베푼 가르침은 겁고 그리고 강력합니다. 20년 동안 열정적으로 제자들을 가르쳐 왔을 뿐만 아니라 대면 강의가 불가능한 년 동안 온라인 강의를 계속하셨습니다.

들과 애독자들을 대표하여 거듭 선생께 감사 말씀을 드립니다.

님, 부디 오래오래 저희 곁에 머물러 주시길 빕니다.

2022년 3월

일현수필문학회 회장 홍영선

차례

가. 평론가가 본 선생의 문학세계

나. 선생의 논문으로 읽는 문학세계

다. 대담으로 읽는 선생의 문학세계

라. 수필을 위한 선생의 새로운 시도

마. 선생의 프로필

바. 외국어로 번역된 선생의 작품

사. 선생의 저서와 서평 기사

1월 15일음력 갑술년 섣달 열하루 함경남도 홍원군 보현면 방동리에서 아버지 손인모孫仁模와 어머니 이송순李宋順의 4남3녀 중 막내로 태어남. 네 살 때 함경북도 나남羅南으로 이사하여 6년간 그곳에서 유년기를 보냄.

5월 어머니 별세. 셋째 형님과 큰누님의 보살핌을 받음.

12월 흥남철수 때 큰누님 손이순孫李順과 함께 월남하여 부산에 정착함.

11월 환도 後 서울시 성동구 행당동 71번지에 거주. 이곳이 가호적지가 됨.

서울대학교 사범대학 국어교육과 입학. 1961년 졸업 후 강원도 원주중학교에서 근무하다 9월 입대.

10월 15일 이소운李小芸과 결혼. 1남3녀지안芝岸, 수안茱岸, 지명智明, 설안雪岸를 둠.

부터 수필을 쓰기 시작하여, 1981년 최초의 발표작 〈문간방 사람〉이 《수필문학》에 실림.

같은 해 유산酉山 민경갑 선생 지도 아래 한국화 동인 아연회亞緣會를 결성하여 활동함.

동국대학교 교육대학원 미술교육과 입학. 제11회 불교미술대전 현대화 부문 우수상 수상.

〈일월오악도日月五嶽圖에 관한 연구〉로 위 대학원 졸업.

5월부터 8월까지 조선일보에 〈수련〉 등 8편의 수필 연재. 이것을 계기로 을유문화사 고정기高廷基 주간의 권유로 《한국 명수필 88선》 편집 출간. 이후 7권의 책을 위 출판사에서 출간.

첫 수필집 《한 송이 수련 위에 부는 바람처럼》 을유문화사에서 출간.

《에세이문학》 봄호에 〈달팽이〉로 등단.

《나의 꽃 문화 산책》 을유문화사에서 출간.

위 책으로 한국수필문학진흥회 제16회 현대수필문학상 수상.

신라에서부터 구한말까지 발표된 한문 수필 편역서 《한국 고전 명수필선》 을유문화사에서 출간.

두 번째 수필집 《달팽이》 을유문화사에서 출간. 이 책이 간행물윤리위원회 청소년 권장도서로 선정. 같은 해 12월 국방부 진중문고陣中文庫에 채택됨.

4월 서울 관훈동 삼정아트스페이스에서 첫 번째 개인전. 같은 해 12월 4일 큰누님 별세. 향년 77세.

2월 LA수필가협회와 뉴욕 한국문인협회 초청으로 〈혼돈의 질서화〉를 주제로 강연. 김주상金株相 씨 초청

연보

으로 뉴욕 브로드웨이 〈갤러리 32〉에서 호연회 회원들과 3일간 워크숍.

《한국 고전 명수필선》 개정판 《아름다운 우리 고전수필》 을유문화사에서 출간.

2004년 제6대 한국수필문학진흥회 회장에 피선. 화문집 《작은 것들의 눈부신 이야기》 눈빛에서 출간.

2005년 3월 관훈동 TOPOHAUS에서 두 번째 개인전. 수필집 《달팽이》 개정판과 화문집 《작은 것들의 눈-
야기》 2005년도 문예진흥원 우수문학도서에 각각 선정. 11월 제21회 국제PEN문학상 수상.

2007년 시인 이성부, 소설가 김주영과 함께 제1회 가천환경문학상 수상. 전국국어교사모임이 엮은 수필선
《문학시간에 수필읽기》에 〈달팽이〉 수록. 2008년 《손광성의 수필쓰기》 을유문화사에서 출간.

2009년 사단법인 국제PEN 한국본부 제33대 부이사장에 당선.

2010년 수필 〈비에 젖은 참새〉 박영사 편 중학국어 1-1에 수록. 〈앓으면서 자란다〉 천재교육사 편 고등
에 수록. 같은 해 10월 서울시 중구로부터 중구예술체육상 수상.

2011년 3월 1일 제주도 서귀포시 남원읍 남위남성로 309에 작업실 마련. 7월 국제PEN 이사장 이길원과 함
탈북 문인들로 구성된 '인디펜덴트 노스코리안 국제PEN클럽' 창립 주도. 11월 《하늘잠자리》 출간.

2012년 9월 제78차 경주 국제PEN대회 집행위원. 11월 《하늘잠자리》로 한국수필문학진흥회 제11회 현대
학 대상 수상. 한국 최초로 수필낭송회를 조직하여 보급에 힘씀.

2013년 계간 수필 전문지 《에세이피아》 창간. ① 등단제도가 없는 잡지, ② 응모작을 심사에 의해 게재하는
③ 작품과 계평을 동시에 싣는 잡지, ④ 모든 게재 원고에 원고료를 지급하는 잡지를 표방함.

2014년 〈달팽이〉 비상교육출판사 편 중등 국어교과서에 수록.

2016년 TOPOHAUS에서 《뒷모습, 그리고 이야기 그림》으로 세 번째 개인전.

2017년 《에세이피아》 제19호로 종간. 제주도 서귀포시에서 수필집 《하늘잠자리》 '올해의 필독도서'로 선정.
11월 심산기념관에서 〈피천득 수필의 아득함의 미학〉을 주제로 강연.

2019년 《나의 꽃 문화 산책》 두 번째 개정판 《꽃, 그 은밀한 세계》 이지출판에서 출간. 세종도서나눔에 선정
6월 국립중앙도서관에서 〈꽃의 인문학〉 강연.

2020년 3월 코로나19로 한림국제대학원대학 강의를 접고 서귀포 작업실 반화재半花齋로 이사.

pictorial

화보 I

2020년 85세 되던 해 모습
사진 박원명화

2021년 겨울 제주 서귀포 반화재半花齋에서

2017년 11월 서울 서초동 심산기념관에서
〈피천득 수필의 아득함의 미학〉에 대하여 강연
사진 박금아

손광성과 그의 문학세계

가. 평론가가 본 선생의 문학세계
나. 선생의 논문으로 읽는 문학세계
다. 대담으로 읽는 선생의 문학세계
라. 수필을 위한 선생의 새로운 시도
마. 선생의 프로필
바. 외국어로 번역된 선생의 작품
사. 선생의 저서와 서평 기사

– 달팽이에서 하늘잠자리까지

가. 평론가가 본 선생의 문학세계

이 장에 실린 글들은 각종 문예지에 발표되었던 선생의 작품에 대한 비평가들의 논문과 장백일 선생으로부터 받아 놓았던 미발표 논문을 발표 연대 순으로 실었다.

특집 제16회 現代隨筆文學賞 수상자의 수필세계

손광성孫光成의 수필세계

– 감미로운 抒情에서 渴筆의 美學까지

권 오 만 서울시립대 교수

1

손광성이 第16회 '현대수필문학상' 수상자로 결정되었다는 소식을 들었다. 그 소식과 함께 그의 제2 수필집 《나의 꽃 문화 산책》을 중심 자리에 놓고 그의 수필세계를 살펴보는 일도 맡게 되었다. 먼저 수필가 손광성의 수상을 기쁜 마음으로 축하하면서, 젊은 시절 이래 늘 가까운 거리에서 그의 수필문학이 싹트고, 힘껏 줄기를 뻗다가 때론 멈칫거리고, 마침내 소담하게 꽃피어난 과정을 지켜본 사람으로서 그의 수필세계를 찬찬히 둘러보기로 한다.

2

금아琴兒 선생은 그의 명수필인 〈수필〉에서 "수필은 청춘의 글은 아니요, 서른여섯 살 중년 고개를 넘어선 사람의 글"이라고 했다. 손광성은 그 말을 깊이 간직하고 또 지켰기 때문일까. 그는 금아 선생이 금그어 놓은 그 연치에서 20년을 보탠, 50대 후반에 이르러서야 수필 문단에 비로소 정식으로 입문했다.

소정 절차로만 본다면 그는 늦깎이 중에도 늦깎이다. 그러나 소정 절차 이전에 그는 이미 한 권의 수필집 《한 송이 수련 위에 부는 바람처럼》을 출간했으며, 추천을 받은 무렵에 벌써 여러 해째 〈꽃 문화 산책〉 연작에 몰두했었다는 사정을 알고 나면, 수필가로서의 그의 무게를 얼마쯤 달리 보지 않을 수 없게 된다.

그는 데뷔 이후, 그전부터 기획하여 준비해 오던 꽃 연작 수필집 《나의 꽃 문화 산책》을 출간했다. 1996년 봄의 일이었다. 그 책이 출간되자 수필계와 일반 독서계에서는 적지 않은 반향이 일어났다. 그 책이 출간되자 대소 20여 신문 · 방송 · 잡지들이 인터뷰 · 논평 기사를 실었던 점이, 그 책이 불러일으킨 적지 않은 반향을 실감하게 했다.

그가 50세를 넘기면서 두 권의 수필집으로 일으킨 그러한 반향은 결코 갑자기 나타난 현상은 아니다. 늦은 나이에 좋은 수필가로 등장할 수 있도록 어떤 준비를 꾸준히 갖추어 왔다고 보는 것이 그를 제대로 평가하는 길이라고 생각해 본다. 좋은 수필가로 등장하기 위하여 닦을 만한 것들로는 문장이나 수필을 짜는 방법을 들어야 하겠지만, 나는 그에 앞서는 것이 그의 '수필을 생활로 살기'일 것이라고 말하고 싶다.

'수필을 생활로 살기'는 그가 어린 시절부터 가꾸어 온 버릇 또는 태도였다. 그의 유년 또는 소년 시절의 체험을 담고 있는 작품들, 가령 제1 수필집 《한 송이 수련 위에 부는 바람처럼》에 실린 작품 〈냄새의 향수〉 〈자작나무여, 그리운 고향의 나무여〉와 제2 수필집의 〈도라지꽃〉 그리고 제3 수필집을 출간할 때 넣을 〈사과 향기〉 〈딸기 서리〉 같은 작품들을 보면, 어린 시절부터 그가 얼마나 '수필 살기'를 아껴 왔던가를 짐작할 수 있다. 여기서 내가 '수필 살기'라는 얼마쯤 생소한 명칭으로 말하고자 하는 것은, 우리가 흔히 생활 속에서 만남직한 작고 영롱한 대상들을 요모조모로 관찰하고, 거기에 상상을 접붙이고, 그것들을 예쁜 조약돌을 자주 들여다보듯 자주 반추하고, 그것들을 땅문서 보관하듯 기억의 창고에 깊이 간직하는 삶의 태도를 가리킨다.

그의 기질로 보아, 아마도 그는 '수필 살기'를 평생에 걸쳐 힘써 왔을 터이다. 그중에서도 내가 아는 한 그의 '수필 살기'가 얼마쯤 생활의 여유를 누리며 소담하게 꽃피어난 것은, 처음에는 20평이 못 되는 국민주택에서 뒤에는 그 국민주택을 털어내고 자신의 설계에 따라 2층 양옥을 지어 살던 장위동 시절일 것이다. 그가 6개월이 넘게 땀흘려 완공한 장위동 양옥집에는 그의 수필집에 등장하는 여러 소재들이 여기저기 널려 있었다. 그의 마음에 끌린 것들을 긴 시간에 걸쳐 모은 것이다. 우선 그 집 대문을 들어서면 〈돌확〉에 등장하는 돌확이, 현관 옆으로 조금 비켜선 자리에는 〈돌절구〉의 주인공인 돌절구가, 마당가에는 〈대추나무〉의 주인공인 그 나무가 서 있었다.

뜰 안의 모든 것들은 그의 눈길을 비켜나기 어려운 수필의 소재들이었다. 매화나무 가지에 붙어 있던 쐐기 집까지 그의 관찰의 눈을 열게 하고, 상상의 날개를 펴게 하는 대목에 이르면, 이 사람은 어쩔 수 없는 수필쟁이구나 하는 느낌을 지울 수 없는 것이다.

그렇게 살아가는 모습이 손광성의 생애요, 또 그렇게 살아가는 이야기를 담아내는 것이 손광성의 수필이다. 그러나 작고 영롱한 것들에 혼을 빼앗긴 사람으로서, 마냥 행복한 산책자로서만 그를 치부하는 것은 금물이다. 그는 혈육들을 북에 남겨두고 누님의 손에 이끌려 온 실향민이며, 실향에 앞서 정신의 지주였던 어머니를 잃은, 박행薄幸한 어린 시절을 보낸 주인공이기도 하다. 60을 넘긴 그가 때때로 정처 없이 떠도는 방랑자를 꿈꾸는 데는 그럴 만한 까닭이 있다. 어린 시절에 겪은 상실감으로 말미암아 끝내 채워지지 않는 갈증 같은 것을 스스로도 제어하지 못하는 것이다. 그의 수필들에는 삶의 그런 어두운 무늬들도, 또 아픈 옹이들도 때로 어룽거리는 것을 독자들은 목격할 수 있을 것이다.

3

그는 '수필 살기'로 이미 수필들을 잉태해 가지고 있었다. 자신의 소재들과 오랫동안 함께 살아왔기에 그것들에 관한 이야기를 실꾸러미에서 실 뽑아내듯 뽑아낸 작품들을 몇십 편 보여 주었다. 그의 '수필 살기'를 거쳐 수필 작품 소재로 등장한 것들에서는 그의 관찰이 남다른 빛을 발하는 것을 볼 수 있다. 긴 시간에 걸쳐 살펴온 것들인데다가, 역시 긴 시간을 통해 닦아 온 관찰력이기에 당연한 결과다. 오랜 시간에 걸쳐 닦아온 관찰력은 그에게 상당한 능력을 길러 준 듯하다. 짧은 토막 시간 중에도 어떤 사물의 성질과 상태를 단박 알아보는 능력 같은 것 말이다.

그는 친구들과 함께 길을 걸으면서도 저 나무는 몇 년생쯤인데, 지금 상태가 최상이다라는 말을 던져 동행들을 놀라게도, 즐겁게도 만든다. 그는 내가 아는 한 꽃 · 나무 · 전통 문화재들에 가장 밝은 사람이다. 아마도 그런 능력이 화폭 위에 발휘될 때, 그가 때로 즐기는 데생 실력으로 나타날 것이라고 나는 짐작해 본다.

(1) 수련은 아침 햇빛과 함께 피고 저녁놀과 함께 잠든다. 그래서 水蓮이 아니라, 잠잘 수자 '睡蓮'이다. 이렇게 사흘을 피었다 잠들기를 되풀이하다가 나흘째쯤 되는 날 저녁, 수련은 서른도 더 되는 꽃잎을 하나씩 치마폭을 여미듯 접어서는 피기 전의 봉오리였을 때의 모습으로 되돌아간다. 처음 보는 사람은 피기 전의 봉오리인 줄로 착각하기 십상이지만 잘 주의하여 보면 그렇지 않음을 쉬이 알게 된다. 피기 전에는 봉오리가 대궁이 끝에 반듯하게 고개를 쳐들고 있지만 지고 있을 때의 모습은 그렇지가 않다. 비녀 꼭지 같다고나 할까. 아니면 기도하는 자세라고나 할까.

(2) 러시아는 우중충한 나라였다. 우선 모스크바 공항부터가 그랬다. 외부는 물론이고 내부까지도 그러했다. 바닥은 짙은 회색빛 화강암을 깔았고 천장은 구리 원통을 일정한 크기로 잘라 사방 연속으로 붙여 놓았다. 마치 포탄의 탄피를 붙여 놓은 것도 같고 또 어떻게 보면 거대한 벌집 같기도 하여 그 밑에 서 있기가 좀 으스스했다. 공항 직원들도 문제였다. 국방색 유니폼과 딱딱한 견장, 그 위에 붙여 놓은 듯한 무표정한 얼굴들.

(1)은 제1 수필집에 실렸다가 제2 수필집에까지 실린 〈한 송이 수련 위에 부는 바람처럼〉에서, (2)는 앞으로 제3 수필집에 실릴 〈모스크바 처녀들의 미소〉에서 몇 행씩을 뽑은 것이다.

(1)에는 수련의 생태, 특히 꽃이 시들 때의 모습이 꼼꼼하게 관찰되어 있다. "수련은 사흘을 피었다 잠들기를 되풀이하다가 나흘째쯤 되는 날 저녁, (…) 피기 전의 봉오리였을 때의 모습으로 되돌아간다." "수련은 서른도 더 되는 꽃잎을 하나씩 치마폭을 여미듯 접어서는" "피기 전에는 봉오리가 대궁이 끝에 반듯하게 고개를 쳐들고 있지만 지고 있을 때의 모습은 그렇지가 않다. 비녀 꼭지 같다고나 할까" 같은 대목들은 끊임없이 수련이라는 대상을 아끼고 즐기며 관찰해 온 이만이 쓸 수 있는 문장이다.

(2)는 (1)과는 달리 그가 외국 여행길에 접한 풍경을 그린 대목이다. 우리는 그 대목에서 그가

처음으로 접한 풍경들까지 얼마나 샅샅이 살피는 관찰력을 갖추었는가를 알아볼 수 있다. "바닥은 짙은 회색빛 화강암" "천장은 구리 원통을 일정한 크기로 잘라 사방 연속으로 붙여 놓았다" 같은 대목들이 그의 날랜 관찰력에 포착된 풍경이며, 그 풍경을 구성하는 사물들이다.

많은 경우, 그의 글은 관찰을 바탕으로 한다. 그러면서도 다른 이들의 글에서도 그렇듯이, 그의 관찰에 형상과 색채와 음영을 부여하고 정감을 주며, 마침내 생동감을 불어넣는 것은 그의 상상력이다. 달리 말하여 그의 관찰력과 상상력은 따로 떨어져 움직이는 것이 아니라, 언제나 병행하면서 함께 작용하여 그의 글을 정밀하게도 또 풍요롭게도 만드는 것이다. (1)에서 꽃잎이 오물어드는 과정을 "치마폭을 여미듯 접는다"고 보고, 시든 수련꽃이 오무라든 모습을 "비녀 꼭지 같다"고 본 것은, 뚜렷이 의식하지 못하는 중에도 그가 그것에서 어떤 여인을 상상하였기에 이루어진 관찰이라고 하겠다.

(3) 죽은 줄만 알았던 이 나무도 그러나 청명과 곡우를 지나면서 그 검고 거친 껍질에도 생기가 돌기 시작한다. 그리고 그 무딘 가지 끝에서 고양이 발톱처럼 날카로운 움이 비로소 트는 것이다.

(4) 겨울 자작나무 숲은 깊은 명상에 잠긴다. 다른 어떤 나무보다 자작나무의 호흡은 깊고 잔잔하며 아득하다. 하얀 줄기는 바래다 못해 아예 눈빛 속으로 사라지고 적갈색의 여린 잔가지들과 거기 가느다란 가지 끝에 미련처럼 남는 몇 개의 마른 잎. 이런 때의 자작나무 숲은 아주 먼 길을 떠나는 나그네의 뒷모습 같은 그런 아슴푸레한 표정으로 서 있었다.

(5) 그때 나는 달팽이의 이상한 몸짓을 보았다. 억새풀의 제일 높은 끝에 한 방울의 이슬처럼 위태롭게 맺혀 있었다. 목은 길게 솟아올랐고 조그만 입은 약간 벌어졌으며 꽃의 수술 같은 두 개의 눈은 긴장되어 있었다.

(6) 드라마가 여러 곡절을 겪으면서 점차 극적 국면을 향해 치달을수록 부채의 표정은 종횡무진하게 발휘된다. 어느 서정적인 대목에서는 가볍게 날리는 꽃이파리인 양 살랑거리는가 하면 어떤 결의의 순간에 이르면 허공을 가르는 검광劍光처럼 서슬이 퍼렇다. (…) 그러다가는 득의와 회심의 절정에 이르고 보면 꽉 닫혔던 하늘에서 또 한 번 '탁' 하는 통쾌한 파열음과 함께 서른여덟 살 합죽선이 좌르르 펼쳐진다. 응축되었던 감정의 응어리가 봇물 터지듯 쏟아지는 순간이다.

위 (3)은 제1 수필집에 실린 〈대추나무〉, (4) 역시 같은 책에 실린 〈자작나무야, 자작나무야〉에서 뽑은 대목이며, (5)와 (6)은 제3 수필집에 실릴 〈달팽이〉와 〈부채의 미학〉에서 각각 가려낸 대목이다.

우리는 (3)~(6)의 대목들에서도 그의 관찰과 상상, 상상과 관찰이 얼마나 절묘하게 결합하였는가를 볼 수 있다. 온갖 나무들이 잎을 틔우고 꽃을 피우는 첫 여름에 이르기까지 죽은 듯 기척이 없던 대추나무 가지 끝에 튼 움에서 그는 '고양이 발톱' 같은 '날카로움'을 발견한다. 겨울 자작나무 숲에서는 "하얀 줄기는 눈빛에 바래다 못해 아예 눈 속으로 사라져 버리는" 모습을 상상한다. 그 관찰과 상상은 새로 움을 틔운 대추나무며, 겨울 눈밭 속의 자작나무가 우리 앞에 현전하는 듯한 실감을 갖게 하며 그 대상들에 대한 우리의 친근감을 유발한다.

위에 인용한 대목들 중에서도 미세한 것들에까지 미치는 수필가의 관찰과 그에 따른 상상이 돋보이는 것은 (5) 〈달팽이〉에서다. 그 글에서 수필가는 달팽이 눈을 "꽃의 수술 같은 두 눈"이라고 했다. 아주 작고 보잘것없는 대상이기는 하지만, 달팽이 눈을 꽃의 수술로 관찰, 상상, 표현한 것은 참으로 놀랄 만한 것이다. 《보바리 부인》의 작가 플로베르는 유명한 '일물일어설一物一語說'을 주창했다. 세상의 사물들과 자기 체험을 표현하는 데 꼭 알맞는 말은 오직 하나뿐이라고 생각하면서 적확한 표현을 찾아 쓰라는 주문이다. 나는 (5)의 "꽃의 수술 같은 두 눈"이라는 표현이야말로 '일물일어설'의 생생한 본보기로 내세워 손색이 없다고까지 생각해 본다.

(6)에서는 판소리 광대가 든 부채가 천변만화千變萬化를 일으키는 소도구임을 말하고 있다. 우리는 (6)에서 두 가지 서로 다른 성질의 것들을 접하는 즐거움을 누리게 된다. 우리 전통문화의 한 양태로서 판소리 공연, 그중에서도 공연 소도구인 부채를 중심으로 하는 판소리 공연이 그렇게 깊은 뜻을 가지면서 실감을 살려 이루어진다는 깨달음에서 피어나는 즐거움이 그 하나다. 또 하나의 즐거움은 수필가의 글이 제공하는 즐거움이다. 그 글은 수필가의 관찰 · 상상 · 표현의 묘미가 어우러진 연주로서, 금방 그 글을 읽는 이에게 나긋나긋한 느낌을 전해 주다가 이내 간담을 서늘하게 만들기도 하고 마침내 폭죽이 터지는 때의 아슬아슬하고 상쾌한 도취의 느낌을 맛보게 한다.

많은 이들이 손광성의 글을 가리켜 시정詩情이 도는 글이라고 한다. 그의 글이 그런 평가를 받게 된 것은, 위에서 살펴보았듯 그의 섬세한 관찰과 풍요한 상상이 세유한 네나가 문장의 토씨 하나하나까지를 갈고 닦는 문장가로서의 치열한 태도 때문이다. 그러한 방법적 태도 외에 그의 작품들이 시정을 띠는 또 다른 요인으로는 그의 삶의 태도를 들 수 있다. 그는 어머니와 고향을 잃은 상실감이나 미지의 곳을 향한 동경 등 처연한 감정으로 쏠릴 때가 없지 않다. 그러나 그런 처연한 감정을 말하는 것보다 그의 글에서 더 자주 만날 수 있는 것은 유년 시절을 향한 그리움의 표백이나 꽃, 돌절구 같은 작고 귀여운 것들을 보듬는 마음이다. 유년을 향한 그리움이나 작고 귀여운 것들을 보듬는 마음을 드러낼 때 그의 글은 감미로운 서정이 흐르는 시의 세계를 지향한다.

4

앞에서도 짧게 말해 두었듯이 손광성이 '현대수필문학상'을 수상하게 된 작품은 그의 제2 수필집에 해당하는《나의 꽃 문화 산책》이다. 그 책이 출판되었을 무렵 나는 그 책의 서평으로 짧은 글을 썼었다. 다음에 그 글의 일부를 옮겨 그 책을 논평하는 책임을 대신하기로 하겠다.

손광성은 수필의 여러 색조 중 금아琴兒류의 서정 수필에 가장 가까이 다가서 있는 수필가다. 서정적인 것들을 아껴 탐구하며, 그것들을 신선하고 아름답게 형상해 내는 그의 발군拔群의 재능은 《나의 꽃 문화 산책》에서도 그 면모를 그대로 드러낸다. 우선 그가 꽃들의 자태를 그려낸 대목들을 눈여겨보기로 하자.

> 오월을 장식하는 꽃은 많다. 하지만 은방울꽃처럼 작으면서도 품위를 잃지 않는 꽃은 그리 많지 않다. 넓고 시원한 타원형의 잎사귀, 조그만 방울 같은 하이얀 꽃들, 휘어진 줄기에 한 줄로 매달린 아침 이슬 같은 모습.
>
> – 〈은방울꽃〉

> 꽃잎을 단단히 싸고 있던 두 쪽의 초록색 꽃받침은 꽃이 활짝 폈을 때를 기다렸다가 아쉬운 듯 머뭇거리다가 땅으로 떨어지고 만다. 네 개의 꽃잎은 비로소 부드러운 바람결에 나부끼기 시작하는 것이다. 마치 번데기의 등을 가르고 막 나온 나비처럼 잠시 눈부신 햇빛에 어리둥절해 있는 것 같은 그런 모습이다.
>
> – 〈양귀비꽃〉

위의 두 예에서 살펴볼 수 있듯이 손광성은 정밀한 관찰을 토대로 하여 대상에 접근한다. 그 관찰은 미세하다면 미세하다고 할 수 있는 꽃이라는 대상의 더욱 미세한 부분들까지를 꼼꼼하게 놓치지 않고 살피는 데 이르고 있다. 그렇게 꼼꼼한 관찰을 수행한 그는 그 관찰의 토대 위에서 대상에 대한 느낌을 비유로 옮겨 놓는 것이다. 대상에 대한 그의 느낌을 비유로 옮기는 과정에서 그는 서정적인 특질을 남김없이 쏟아 놓는다. 그 결과 비유로 옮겨진 그의 형상화 작업은 때로 서정시를 방불하게 된다.

> 전신에 주렁주렁 드리운 것은 은근한 다갈색의 대추알 다발들이다. 잘 닦은 자마노紫瑪瑙라고 할까. 흔들면 칠금령七金鈴처럼 좌르르 울릴 듯, 쳐다보는 이마 위에 금세라도 와르르 무너져

내릴 것만 같은 감미로운 대추알의 사태沙汰.
도무지 여름내 그 어설픈 잎사귀의 어느 갈피에 저렇듯 많은 비밀들을 숨겨 두었다가 일시에 이렇듯 자랑스럽게 펼쳐 보이는 것인지, 그만 입이 벌어질 뿐이다.

–〈대추나무〉

부챗살 같은 햇살을 받아 수면 위의 안개가 하이얀 휘장처럼 스르르 걷히면서 어둠 속에서 여기저기 분홍빛 연꽃송이들이 솟아올랐다. 커다란 촛불들이라고나 할까. 연등 행렬이라고나 할까. 마치 천지 창조의 순간이 저렇지 싶을 만큼 신선한 충격이었다. 가느다랗게 흐르는 미풍을 따라 수천 개의 붉은 연꽃들이 나를 향해 밀려오는 것만 같았다.

–〈연꽃〉

가을날 성숙한 대추알들의 색채를 "잘 닦은 자마노" 알의 색채로, 그것들이 부딪히면서 낼 법한 소리를 "좌르르 울리는 칠금령" 소리로 상상한 것은 바로 시적 비유에 도달한 모습이다. 또한 새벽 햇살을 받은 연꽃들의 모습을 "커다란 촛불들"이나 "연등 행렬"의 모습으로 상상한 것은 그의 수필이 대상 세계를 나의 느낌 쪽으로 끌어당기는 서정의 세계를 지향한다는 점을 알려 준다. 《나의 꽃 문화 산책》은 시와 서정의 세계를 지향하되, 그의 화두인 꽃에 어울릴 수 있도록 감미로운 서정의 세계를 지향한다고 할 수 있다.

앞에서 살펴보았듯이 위의 책은 그 꽃에서 받은 느낌을 펼쳐 보이면서 서정의 양상으로 시작된다. 대체로 글 앞부분을 서정의 양상으로 시작한 뒤, 그는 서두르지 않는 자세로 그 꽃을 둘러싼 여러 갈래의 문화 산책으로 옮겨 간다. 그 산책에는 꽃의 이름에 얽힌 내력, 꽃과 얽힌 인물과 역사며 전설과 민속, 용도와 그 꽃을 소재로 택한 문학작품들에 대한 소개, 평가 등이 포함된다. 말하자면 《나의 꽃 문화 산책》에는 그 꽃을 중심된 자리에 놓은 온갖 백과전서식 정보들이 소개되는 것이다. 이 책은 유익한, 그 온갖 정보들을 통조림형의 지식으로 나열하려 하지 않는다. 정보를 전달하는 행간에서조차도 가능한 한 수필로서의 품위를 유지하려는 것이 '꽃 문화 산책'이면서 수필집이기도 한 이 책의 지향이다.

> 진달래는 완상용으로서만이 아니라 식용과 약용으로도 우리와 친근한 꽃이다. 옛날 우리가 가난하던 시절 진달래는 일종의 구황식품이 되기도 했다. 길고 허기진 보릿고개 때 우리는 주린 배를 안고 산으로 갔다. 그런 우리 앞에 성찬처럼 차려진 진달래 꽃더미. 혓바닥이 잉크빛이 되도록 꽃을 따 먹으며 허기를 달래던 일들이 지금도 잊혀지지 않는 슬픈 그리움으로 남아 있다.
>
> –〈진달래〉

> 그러나 원추리를 심은 직접적인 이유는 그보다는 남아선호男兒選好 사상에 있었다는 것이 더 맞을지 모른다. 《동처풍토기同處風土記》에 의하면, "애를 밴 부인이 이 꽃을 패용하면 아들을 낳는다(懷妊婦人佩其花則生男)"고 되어 있다. 이때의 꽃이란 말은 피어 버린 꽃이 아니라 피기 전의 꽃봉오리로 해석해야 된다. 왜냐하면 봉오리의 모양이 영락없이 사내아이의 '고추'를 닮았기 때문이다.
>
> –〈원추리〉

> 퇴계와 비슷한 시기에 어몽룡魚夢龍이란 화가가 있었다. 그의 〈월매도〉는 기이하면서도 고아한 품격으로 유명하다. 비백飛白으로 처리한 늙은 등걸과 줄기는 힘이 넘치고, 하늘을 향해 곧게 뻗은 어린 가지는 매화의 청절을 드러내고도 남음이 있다.
>
> –〈매화〉

위 예문들 중 〈진달래〉에서 뽑은 대목은 그 꽃과 우리네 생활에서의 어울림, 곧 그 꽃의 용도를 말한 것이고, 〈원추리〉의 대목은 그 꽃이 우리의 민속에서 차지하는 모습을 살핀 것이다. 〈매화〉의 대목은 우리 예술에서 그 꽃을 어떻게 형상화하였는가를 살핀 예다. 위 예문들의 경우와 같이 이 책은 우리에게 그 꽃과 관련된 실용적인 정보를 제공하면서도 그 정보들까지를 무르익은 서정으로 감싸려는 의도를 간직하고 있다.

위에서 살펴 왔듯이 손광성의 《나의 꽃 문화 산책》은 감미로운 서정과 유익한 교술들로 채워져 있는 노작勞作이다. 아마도 국문으로 이루어진 '꽃 수필'의 대표적인 저술이라고 할 이 책은, 긴 시간에 걸쳐 꽃을 아끼는 이들과 수필을 즐기는 이들의 사랑을 받을 것이다. 그만큼 가치 있고 우아한 아름다움이 흐르는 책이다.

5

손광성의 근작 수필들이 변모하고 있다. 여기서 내가 그의 근작 수필들이라고 지칭하는 작품은 편수에 있어서 다수를 점하는 것도 아니며 그 변모의 기간이 제법 긴 것도 아니다. 1997년 한 해 그가 제작한 작품들 중 〈이 가난한 11월을〉 〈겨울 갈대밭에서〉 〈감자 타령〉 등 세 편을 주로 가리키는 말이다. 작품 편수와 그 기간으로 보아 아직 미미한 것임에도 이 글에서 그 변모에 주목하고자 하는 것은, 그 변모가 적어도 두 가지 점에서 괄목할 만하다는 점에 말미암은 것이다.

첫째, 그것은 손광성의 미의식의 확대라는 의미로 읽혀진다. 우리가 앞에서 살펴보았듯이 이제껏 그의 미의식의 주조는 우아미의 범주를 넘어서지 않는 것이었다. 그는 〈부채의 미학〉에서 호방하다면 호방한 풍모를 보여 준 경우도 있고, 〈4백만 원짜리 헌 우산〉에서 해학미의 일단을 보여 준 적도 있다. 그러나 그런 작품들도 우아미의 범주를 벗어난 것은 어떤 부분에서일 뿐, 작품 전체를 감싸는 것은 여전히 우아한 품격 그것이었다. 그렇던 그의 미의식에 현저한 변화랄까, 확대를 가져온 것이 〈이 가난한 11월을〉 〈겨울 갈대밭에서〉 〈감자 타령〉 세 작품에서다.

(7) 무엇보다 차창으로 빈 들판을 바라보며 여행을 떠나기에 좋은 달이다. 깊은 사념에 잠긴 산맥을 배경으로 줄을 지어 서 있는 아득한 낙엽송의 숲들. 제일 높은 나무 가지 끝에 앉아 있는 한 마리의 검은 새가 있는 풍경. 그 풍경 속에서 나는 공복과도 같은 편안함을 느낀다. 결핍 속에서 느끼는 충만감. 승리가 아니라 패배 뒤에 오는 안도감 같은 것.

– 〈이 가난한 11월을〉

(8) 이제 안타까운 씨앗들도 멀리 날려 보내고, 지나는 바람에도 노상 펄럭이던 잎사귀, 젊어서 더 아팠던 마음들일랑 죄다 떨구고, 가슴속마저 다 비우고 그리고 수척한 몸뚱어리 하나 이렇게 곧추세워 두는 것은, 그래도 우리들 뒤에 또 다른 봄이 기다리고 있음을 알기 때문이니.
슬퍼하지 말아라. 공허한 마음에 가슴이 아린 이들이 어디 우리뿐이겠는가.

– 〈겨울 갈대밭에서〉

(9) 밥에 얹어서 쪄내도 구수하고 잘게 썰어서 기름에 자글자글 튀겨 내면 고소한 감자튀김. 강판에 곱세 갈아서 애호박 송송 썰어 넣고, 들기름 알맞추 누르고, 검정 부쇠솥 뚜껑에 지글 지글 지져 내면, 사람들이 즐겨 찾는 감자전이 좋구나.

– 〈감자 타령〉

위 (7), (8)의 두 작품은 함께 소멸消滅하는 것들, 계절로서의 11월과 추운 눈밭의 겨울 갈대를 소재로 한 글이다. 감미로운 서정에 익숙한 손광성은 일찍이 이런 소재들을 제대로 다룬 일이 없었다. 그 점에서도 위 두 글을 주목할 만한 데다가, 그 작품을 이루는 문장마저 종전의 단아함과는 현저하게 다르다는 점에서 관심의 대상으로 떠오르게 된다. 그가 종전에 즐겨 사용해 오던 문체는 감미로운 서정으로 촉촉히 젖어 있는 것이었다. 그와는 달리 위 두 글의 문체는 모스러진 붓으로 그려낸 동양화의 갈필渴筆을 연상하게 하는 메마른 문체를 보여 준다.

⑼는 수필가 손광성의 근작들이 무엇인가 중요한 모색을 시도 중이라는 점을 알려 주는 작품이다. 그는 판소리체를 원용하여 아주 친근한 소재인 감자를 다룬 글에서 해학미를 살려내고 있다. 아마도 그는 우아미에 치우친 종전의 수필로부터 어떤 형태의 변화를 기도하는 중인 듯하다.

둘째, 그것은 수필가 손광성의 작가의식이 새롭게 발동한다는 의미로 읽혀진다. 그가 그에게 익숙한 우아미의 세계나 단아 미려한 문체를 놓아두고 비장미와 해학적인 문체의 새 수필을 시도하는 것은, 그 나름으로 수필문학의 새 경지를 모색하겠다는 시도로 이해된다. 지금으로서는 그 성과가 적지만, 그런 시도의 의미는 결코 가볍지 않다고 할 터이다. 몇 편 안 되는 작품을 놓고 그런 말을 하는 것은, 그의 작가의식의 발동이 궁극에 있어서는 "수필은 붓 가는 대로 쓰는 글"이라는 우리의 오랜 믿음과의 새로운 결전을 의미하게 되기 때문이다.

나는 "수필은 붓 가는 대로 쓰는 글"이란 수필 작법에 대한 우리의 오랜 믿음은 한약방의 부자附子처럼 매우 조심스럽게 다루어야 할 가르침이라고 생각해 본다. 새롭게 작가의식을 발동하면서 애쓰고 땀 흘린 뒤에 만나게 될 '붓 가는 대로의 행보行步', 그것이야말로 우리 시대의 수필가들이 새롭게 열어 나가야 할 길이 아닐까? 나는 그에게 그 지난한 작업에 나서기를 권하면서, 그의 수상을 거듭 축하한다. ※1998년 계간 《수필공원》 봄호에 실림.

작가론 – 손광성의 수필세계

묘사로 구축한 미의 세계

김 종 완 문학평론가

만약 독자가 가장 아름다운 글을 쓰겠노라는 야망을 지닌 수필가라면 손광성의 수필을 읽지 않는 것이 좋을 것이다. 읽고 난 다음, 누군가가 그 정상에 이미 깃발을 꽂았다는 사실이 줄 열패감에 싸이지 않기 위해서다. 피천득이 한국인으로 수필의 아름다움이라는 봉우리에 맨 처음 깃발을 꽂았다면, 손광성은 두 번째로 깃발을 꽂은 이 시대 최고의 수필 아티스트임에 틀림없다.

수필 아티스트, 이런 용어가 과연 가능할까? 하지만 이 말만큼 손광성 수필의 특징을 단적으로 표현할 수 있는 말이 있을까. 피천득이 손광성의 수필에 "이것은 시다"라고 극찬했다는 말을 어디에서 들었더라?

손광성 수필의 아름다움은 그의 문장에서 나온다. 그렇다면 그의 수필은 미사여구로 가득 차 있을까? 그 답은 "결코 아니다"이다. 그는 뛰어난 관찰력으로 사물의 특징을 단번에 파악하여 정확한 묘사로 아름다움을 구축한다. 화가가 데생하듯(본래 그는 화가다). 그런데 언어로 사물을 지면에 생생히 재생시킨다는 것이 어디 쉬운 일인가. 오죽했으면 필설로 다 표현할 수 없다는 말이 나왔을까.

그런데 손광성은 그 벽을 너무나 자연스럽게 넘어 버린다. 그때마다 필자는 감탄하고 감탄하면서 시기심을 느끼다가 결국 또 감탄하고 만다. 데생한 사물에 색을 입힐 때, 그 색은 손광성이 자기 몸으로 육화시킨 색이다. 고흐의 하늘이 노란색이듯. 색이 색으로 남아 있다면 그것은 그림일 뿐이다. 그 색이 육화 단계를 거친 다음 색이 인문적 차원(?)으로 해석될 때, 필자는 그의 천재성에 경의를 표한다.

그는 아내를 따라 나선 생선시장에서, 생선장수의 갈고리에 꿰인 채 파닥거리는 고기를 보면서, 파닥거림을 "허공을 찬다"라고 말한다. 그러자 생선의 꼬리에 매달려 있던 그 허공은 무한히 확대되어 바다가 된다. 게가 슬금슬금 상자를 넘자, 주인이 무심하게 상자 안으로 다시 밀어 넣어 버린다. 게는 놀라 죽은 듯 꼼짝하지 않는다. 그는 이것을 "장난을 치다 꾸중을 들은 아이같이 더없이 부끄러운 표정으로 죽은 듯이 웅크리고 있다"는 동심의 눈으로 읽는다. 종이상자 속에 들어 있는 새우를 보면서, "정렬된 얼룩새우들이 새우잠을 잔다. 사방연속무늬로 말이다. 그들은 늙기도 전에 모두 등부터 굽었다. 바다 속에도 가난과 과로와 좌절의 삶이 있다는 말인가"라고 인생을 읽는다(《어물전에서》). 필자가 말한 '인문적 차원의 해석'은 바로 '가난과 과로와 좌절의 삶' 같은 표현을 두고 한 말이다. 그의 수필의 어느 장을 펴 본들 이런 문장들로 가득 차 있다.

다음은 그가 '돌절구'를 그려 논 대목이다. 독자들도 그의 설명에 따라 돌절구를 그려 보면서 그의 해석을 감상해 보라.

> 배는 너무 나온 것도 아니고 그렇다고 너무 홀쭉한 것도 아니다. 잉태한 지 네댓 달은 좋이 되어서, 눈에 거슬리지 않고 보기 좋게만 알맞추 부른 그런 여인의 배 같다.
> 운두의 가장자리에서 시작된 선이 조용히 내려가는가 하면 어느새 다리께쯤에서는 저고리 깃 선처럼 동그스름하게 휘어진다. 이 휘어진 선이 다시 한 번 빠른 속도로 꺾이면서 직선으로 되돌아간 채 서서히 바닥까지 내려가서 멈춘다. 직선이 주는 날카로움을 곡선이 부드럽게 감싼다. 두 다리의 직선과 복부의 부드러운 곡선의 경계에서 이루어지는 오묘한 아름다움, 마치 토르소를 보는 것 같다. (중략)
> 선은 부드럽지만 고려자기처럼 애조를 띤 것은 아니다. 이조자기처럼 튼실하다. 절제하면서도 사람의 체취가 그대로 묻어나는 그런 선이다. 가락으로 치자면 진양조는 아니고 중모리거나 중중모리쯤이나 될까? 웃음으로 말할 것 같으면 저 삼화령三花嶺 협시보살 두 분 가운데서 왼쪽에 서 있는 애기보살의 웃음만큼이나 무구하다. 소박한 듯 단아하고 단아하면서도 속이

따뜻한 여인, 보고 있으면 마음이 편하다. 슬며시 다가가서 지그시 안아 보고 싶어진다.

– 〈돌절구〉

완벽하지 않는가.

〈돌절구〉에서 미학적으로 단단한 시선을 감상했다면 그의 해석적 시선을 수조水曹 속에 들어 있는 '도다리'를 그려 논 글에서 감상해 보자.

도다리를 보고 있으면 절로 웃음이 나온다. 한쪽으로 몰려 있는 두 눈 때문에 그렇고, 냉소하고 있는 듯한 삐딱한 입 때문에 또 그렇다. 게다가 납작 엎드린 몸매는 무엇을 위한 겸손인지 모르겠다. 도다리를 보고 있으면 좀 답답하다. 수조水曹 바닥에 배를 깔고 있으면서 통 움직이려 들지 않는다. 사람의 시선 같은 것을 즐겁게 하기 위해서라면 아무것도 하고 싶지 않다는 그런 표정이다. (중략)

눈을 맞추려고 해도 시선을 주는 법이 없다. 녀석의 눈은 언제나 나의 어깨 너머로 허공을 보고 있다.

– 〈도다리의 친절〉

우리는 도다리를 읽어 내는 그의 시선의 폭넓은 스펙트럼을 본다.

웃음, 냉소, 겸손, 체념, 무관심, 권태, 금욕, 이데올로기, 반란, 방관, 반항, 야성, 친절.

단어 하나하나만을 떼어서 본다면 이 단어들이 도무지 어떻게 연관될 수 있는지 상상이 가지 않는다. 웃음으로 시작하여 친절로 끝났지만 그 가운데에 일어났던 변화는 격랑이다. 그 격랑을 승객들이 멀미를 느끼는 것이 아니라, 파도타기를 즐기듯 즐길 수 있도록 끌고 가는 선장의 노련함이라니, 어찌 이것을 재주라 할 것인가.

이제 손광성 문장의 감상은 그만하고 그의 문장의 특징을 찾아보자.

첫째는 관찰력이다. 그가 화가라는 것이 관찰력을 키우는 데 도움이 됐을 것이다. 그의 수필집 《나의 꽃 문화 산책》에서 갖가지 꽃들을 사실적으로 그리고 있다. 막연한 시선으로 어떻게 목련을 목련으로, 그리고 모란을 모란으로 그릴 수 있겠는가. 그의 수필 모두는 관찰력에 바탕을 두고 쓰여져 있다. 그가 탁월한 관찰력을 겸비하기까지에는 부단한 훈련이 있었을 것이다.

둘째는 빼어난 감수성이다. 《나의 꽃 문화 산책》은 그가 어린 시절 제비꽃을 보고 느꼈던 감상感傷으로 시작하고 있다.

> 그때는 햇빛이 어찌 그리 밝던지, 보잘것없는 제비꽃 한 송이가 또 어찌 그리 반갑던지…. 비밀이라도 간직한 듯한 그 신비스러운 보랏빛 때문이었을까. 아니면 다소곳이 고개를 숙인 그 모습이 안쓰럽고 안타까워서였을까?
>
> – 〈제비꽃과 나폴레옹〉

영화 〈닥터 지바고〉는 시작을, 어린 시절 어머니의 장례식장에서 하늘 가득 불어오는 바람의 숨결을 느끼는 주인공의 예민한 감수성을 화면 가득히 담고 있다. 〈제비꽃…〉에서 우리도 함경도 들판을 뛰노는 영민한 한 어린이를 눈에 선하게 떠올릴 수 있다.

그의 예민함은 어머니의 죽음마저 예감해 버린다. 어머니가 냇가로 빨래를 가실 때면 막내인 어린아이는 따라가서 혼자서 놀곤 하였다. 물놀이를 하거나, 세치내며 모래무지를 잡거나, 꽃창포 잎을 뜯어 배를 접어 띄워 보내거나, 개미들을 하염없이 들여다보거나.

> 아니면 두 다리 사이로 해서 주위 풍경을 거꾸로 보는 것도 재미있었다. 수면 위에 떠 있는

미루나무들, 푸른 산 그림자, 아득히 떠가는 하얀 구름, 그리고 풀잎 하나 흔들리지 않는 칠월 정오의 정적…. 그 정적의 저편 언덕에서 어머니가 앉아 빨래를 하고 계셨다. (중략)

한 폭의 고즈넉한 산수화라고나 할까? 멀리 풍경 속에 앉아 계신 어머니는 움직이지 않았다. 나와는 인연이 먼 저세상의 사람처럼 아득하게만 느껴졌다. 게다가 어머니는 조금씩 아주 조금씩 희미해지는 것 같았다. 저러다가는 아주 텅 빈 허공 속으로 그만 빨려 들어가는 것은 아닐까? (중략)

나는 겁이 났다. (중략) 나는 "엄마" 하고 소리를 질렀다. 그 소리는 짙게 드리워진 정적을 찢고 멀리까지 메아리쳤다. 그림 속의 어머니가 서서히 움직이기 시작하는 것이었다. 깊은 잠에서 깨어나듯이 천천히, 그러고는 나를 향해서 달려오기 시작했다.

드디어 어머니가 나를 안아 일으켰다. 두려움과 슬픔으로 해서 차디차게 굳어 버린 나의 피부에 어머니의 손길이 닿았다. 거친 손길, 하지만 그렇게 따뜻할 수가 없었다. 나는 어머니의 가슴을 마구 때렸다. 그리고 오래오래 품에 안긴 채 울었다. 영영 어머니가 나를 버리고 가버릴 것만 같아서였다. 이미 그때 나는 어머니의 죽음을 예감했는지도 모른다.

– 〈나의 어머니〉

바로 정적 때문이었다. 엄습해 온 정적의 공포. 〈나의 어머니〉에서 어린아이가 느꼈던 이 별스런 체험은 오늘의 손광성의 감수성은 이미 그때 어린아이의 내면 속에서 완성되어 있었던 것이다.

이 어린이는 커서 세상의 꽃마다 절절한 사연을 붙여 글을 쓰고, 세상의 소리와 냄새까지도 구별해서는 거기에 갖가지 색을 입혀 지면에 그려 놓는다. 그의 감수성은 설핏 든 잠을 '야윈 잠결'이라 말할 수 있고, 밤에 수면 위로 물고기가 솟았다 떨어지는 소리는 '투명한 소리'로 듣고, 종달새의 날갯짓을 '가슴 떨리는 소리'로 듣는다. 이만한 감수성을 또 어디에서 찾을 수 있을까.

셋째, 비약이다. 〈아름다운 소리들〉을 예로 설명해 보자.

"소리에도 계절이 있다. 어떤 소리는 제철이 아니면 제맛이 나지 않는다"라는 말로 시작하고 있다. 의외의 발상이다.

한여름의 소리로 폭죽과 폭포와 천둥소리를 꼽는다. 한여름에 폭포는 시원할 것이고, 천둥은 대부분 여름에 치니 그렇다 하자. 그러나 폭죽은 계절에 관계없이 축제 때마다 터뜨리니 꼭 여름에 어울린다고 할 수만은 없을 것이다. 그는 밤하늘의 불꽃을 말하고 있지 않다. '확' 하고 끼얹는 화약 냄새만이 무기력에 빠진 우리들의 심신에 자극을 더하기 때문에 여름에 어울린다고 생각한다. 그러다 갑자기 "뻐꾸기며 꾀꼬리는 다 어디로 갔을까?" 하고 묻는다. 순간 나는 뻐꾸기, 꾀꼬리가 떠나 버린 한여름의 폭염이 지겨워졌다. 그 소리도 잊고 살아온 도시인의 삶이 너무 가엾어졌다.

수면 위로 뛰어오르는 물고기 소리를 들으며, "살아 있다는 것은 언제나 이처럼 절실한 것을"이라는 문장의 맨 뒤에 붙여 논 느낌표 같은 한마디에, 나는 억! 하는 외마디소리를 지르고 만다.

"성가는 나의 마음을 승화시키고 독경 소리는 나의 마음을 비운다."

이것으로 소小단락이 끝나도 된다. 하지만 한마디를 덧붙여 눈에 환하게 보이도록 만들어 버렸다. "가을 하늘처럼 비운다." 이제 마음은 구름 한 점 없는 가을 하늘이 되었다.

작가는 비가 내릴 때면 나나 무스쿠리나 케니 지의 소프라노 색소폰을 즐겨 듣는 것 같다. 보통의 작가라면 '~좋아한다'로 끝났을 것이다. 과연 그의 문장은 어떨까? 여기에서 멈출까? 그럴 그가 아니다.

소리를 소리로 끝내는 것이 아니라 그것이 그에게 어떤 영향을 미치는가는 바로 이어서 써 놓는다. "애수 어린 그런 소리를 듣고 있으면 나는 내 나이를 잊고, 내 차가 낡았다는 사실을 잊고, 젊은이처럼 빗속을 질주할 때가 있다." 작가는 운전 중이었던 같다. 방 안에서 듣고 있다가 질주의 충동을 느껴 차를 몰고 나서지 않았다는 것이 다행일 뿐이다.

유년의 소리들. "울긋불긋한 천막과 원숭이들과 누런 이를 드러내고 웃으며 외발자전거를 타던

난쟁이가 있던 곡마단의 나팔 소리.” 그 곡마단에 단발머리 소녀가 있었다. 어찌 그가 그 소녀를 잊을 수 있을까. “나의 단발머리 소녀는 아직도 아득히 높은 장대 위에서 물구나무를 서고 있는데 내 머리칼은 벌써 반이나 세었다.” 생생히 떠오르는 유년의 기억과 덧없이 지나가 버린 세월의 간극을 이보다 더 실감나게 표현할 수 있는 사람이 또 있을까.

하지만 손광성이 찾은 아름다운 소리의 압권은 침묵의 소리다. 소리를 이야기하면서 침묵을 가장 높게 치는 사람이 바로 손광성이다.

> 빈방, 창밖엔 밤비 내리고
> 어디선가 산과山果 떨어지는 소리
>
> 빈산에 떨어지는 산과 한 알이 문득 온 우주를 흔든다. 존재의 뿌리까지 울리는 이 실존적 물음을, 천 년 전에는 왕유王維가 들었고 지금은 내가 듣고 있다. 이런 소리는 빈방에서 혼자 들어야 한다. 아니면 들어도 들리지 않는다.
>
> – 〈아름다운 소리들〉

그의 비약은 상황에 따라서 청각적인 것을 시각적으로, 점층법으로, 역전으로, 비상으로 나타난다.

넷째, 뛰어난 해석이다. 이것은 비유라 할 수 없다. 비유란 추상적인 것을 구체화시킬 때 사용되는데, 손광성은 구체적인 것을 추상적 · 일반적으로 만들 때 사용하기 때문이다.

〈도다리의 친절〉에서 이미 경험했듯이, 도다리의 생김새를 보면서 겸손, 금욕, 반란 등으로 해석해 내는 것이다. 장작을 패면서, 장작을 패는 것이 기실은 인생살이와 똑같음을 알게 되고(〈장작 패기〉), 지붕의 깨진 기와를 갈아끼우면서, 그것 또한 '삶의 지혜 찾기'와 똑같음을 알게 된다.

생활이 곧 도道란 말인가. 〈겨울 갈대밭에서〉 갈대를 얘기하고 있으나, 다 읽고 나면 갈대는 사람으로 변해 있다. 〈달팽이〉에서 달팽이에 대한 뛰어난 관찰에 감탄하다 보면 그 달팽이는 작가 자신이 되어 있다.

손광성 문학의 고향은 어디일까? 그의 성정의 뿌리는 잃어버린 유년의 꿈의 세계와 어려서 여읜 어머니다.

그는 어려서 누나의 손을 잡고 월남한 실향민이다. 그런데 월남 후의 생활상이 그의 작품 어디에도 구체적인 모습으로 나타나 있지 않다. 왜일까? 유미주의자인 그에게 고단했던 삶의 모습은 차마 언급하기 싫었을까? 그가 살았던 삶의 모습을 간접적으로 들여다볼 수 있는 작품이 〈달팽이〉다. 〈달팽이〉에서 작가는 글의 마지막에 달팽이가 바로 작가 스스로임을 고백하고 있다. 새처럼 비상하려는 달팽이, 가늘고 긴 목에서 벌레 소리 같은 어떤 슬픈 소리가 나올 것 같지만, 끝내 아무 소리도 내지르지 못하는 달팽이. 〈달팽이〉에서 그 달팽이는 바로 작가였던 것이다.

> 여름도 다 끝나려는 어느 늦은 저녁 무렵이었다. 그때 나는 달팽이의 이상한 몸짓을 보았다. 억새풀의 제일 높은 끝에 한 방울의 이슬처럼 위태롭게 맺혀 있었다. 목은 길게 솟아올랐고, 조그만 입은 약간 벌어졌으며, 꽃의 수술 같은 두 개의 눈은 긴장되어 있었다. 마치 노래를 부르려는 순간의 어떤 가수처럼, 나뭇가지를 떠나려는 순간의 새의 자세처럼 보였다. 그러나 아무 소리도 내지르지 못했다. 투명한 달빛이 조그만 몸을 비추고 있었다.
>
> 밀폐된 유리벽의 저편에서 키가 작은 한 남자가 울고 있는 것을 나는 보고 있었다.
>
> **– 〈달팽이〉**

작가는 달팽이를 보면서 "집이라도 한 칸 있으니 그나마 다행이다"라고 말한다. 그러나 그 집도 찬찬히 뜯어보면 허술하기 이를 데 없다. 시늉만 해도 바스라질 것 같은 투명한 껍데기일 뿐이다.

그 집은 그의 고향이 바다였다는 증거다. "먼 조상들 중 호기심 많은 한 마리가 어느 날 처음 뭍으로 올라왔다가 그만 길을 잃고 말았다." 달팽이는 실향민의 후예다.

> 잃어버린 고향에 대한 그리움 때문일까? 육지에 사는 달팽이의 목과 눈은 물달팽이의 그것보다 훨씬 가늘고 길다. 슬픔도 내림이라, 수많은 세월이 흘렀는데도 조상들의 슬픔으로부터 그들은 자유로울 수가 없는 모양이다. 실향민의 후예, 달팽이는 늘 외로움을 탄다.
> 어디 좋은 친구 하나 없을까?
>
> – 〈달팽이〉

달팽이는 뼈도 없다. 발달한 것은 감수성뿐이다.

> 민감하기로는 미모사보다 더하다. 사소한 자극에도 몸을 움츠리고 이마를 스치는 바람에도 고개를 숙인다. 비겁해서가 아니다. 예민해서요, 수줍어서다. 동물이라기보다 식물에 가깝다. (중략)
> 달팽이는 언제나 긴 목을 치켜들고 길을 떠난다. 현실로부터 탈출할 수 있는 어떤 비밀의 문이라도 찾고 있는 것일까. 방황하는 영혼, 고독한 산책자. (중략)
> 다만 가시며 그루터기며 사금파리 같은 현실. 맨살로 밀며 살아갈 수밖에 없는 그런 현실이 그 앞에 놓여 있을 뿐이다. 육체의 고통이 때로는 영혼의 해방을 가져온다고 믿는 어느 고행승과도 같은 그런 표정으로 그저 묵묵히 몸을 움직일 뿐이다.
>
> – 〈달팽이〉

그는 이 세상을 바스라질 것 같은 집 한 채를 등에 지고 맨살로 밀며 살아갈 수밖에 없었을 것이다. 그런 그를 지탱했던 것은 유년기의 아름다운 추억이다. 추억은 긴 세월 동안 탈색되어 현실감을 상실한 채 아름다운 세계로만 존재하게 된다.

우리가 살던 마을 앞에는 큰 제재소가 하나 있었다. 그곳에는 소나무와 전나무와 이깔나무와 그리고 자작나무 같은 아름드리 원목들이 넓은 공터에 늘 산더미처럼 쌓여 있곤 했는데, 그 거목들만큼이나 우람한 어깨와 완강한 팔뚝을 가진 인부들이 이마에 땀을 번득이면서 사철 목재를 운반하고 있었다.

"헹야."

"헹야."

"헹아라."

"헹야."

졸음을 몰고 오던 단조로운 반복음들. 인부들의 살갗에서 풍겨 오던 저 건강한 땀 냄새. 그리고 술 취한 사람의 얼굴처럼 벌겋게 달아오른 태양의 열띤 숨결. 무엇이고 다 잘라 버릴 듯한 기세로 흰 강철 이빨을 번쩍이던 회전톱의 위협적인 웅얼거림.

원목을 들이대면 깊은 잠에서 기분 좋게 깨어나듯, 거인의 하품 소리와도 같이 '쏴아아아' 하고 후텁지근한 여름 공기를 잘게 가르며 울려 퍼지던 상쾌한 마찰음. 그리고 나무의 마지막 남은 부분이 둘로 갈라질 때, '팡' 하고 터지던 저 경쾌한 파열음.

– 〈냄새의 향수〉

눈이 많이 오는 나의 고향에서는 아름드리 원목을 실은 기차가 가파른 함경선 철로 위를 오르지 못해서 밤새 올라갔다가는 미끄러지고, 다시 올라갔다가는 또 미끄러져 내려왔다. 그런 날 밤은 언제나 그 소리를 들으며 잠이 들었는데 꿈속에서도 기차는 올라갔다가 미끄러지고, 미끄러지고, 미끄러지고…. 그러나 아침에 깨어서 나가 보면 기차는 어디로 갔는지 보이지 않았다.

– 〈아름다운 소리들〉

그리고 그 소리는 조금 철이 들었을 때 미지의 세상을 향해 떠나라는 재촉의 소리로 들렸다. “떠나라! 떠나라! 외쳐대던 저 증기기관차의 기적 소리. 목이 잠긴 그 소리가 얼마나 우리의 가슴을 두근거리게 했던가.”(〈아름다운 소리들〉)

그가 여덟 살에 처음 보았던 바다는 그의 문학의 영원한 고향이다.

여덟 살의 사내아이였던 내 앞에 전개되어 있던 나의 최초의 바다는 몹시 성이 나 있었고, 발정기에 든 암말처럼 번들거리며 나를 향해 돌진해 오고, 또 오고…. 그러다가는 호소라도 하듯 내 발 아래 허연 거품을 쏟고는 다시 물러가고…. 그리고 헛되이 거품만 남기고 아득히 수평선이 되어 돌아서 갔다.
지금도 바다는 나의 유일한 자연이고 결코 정복될 줄 모르는 나의 영원한 여성이지만, 여덟 살에 받은 감동과 경이는 이제 기억 속에서나 가능할 뿐이다. 그 후의 모든 바다는 유년기 바다의 복사판에 지나지 않는다.
하지만 그 씹쌀한 해초의 냄새와 함께 바다는 언제나 내가 돌아가야 할 고향으로 거기 그렇게 지금도 누워서 나를 기다리고 있다.

– 〈냄새의 향수〉

일곱 살 때 내가 본 최초의 바다는 하나의 경이驚異였다. 스물이 되었을 때 바다는 어느새 늘 함께하고 싶은 갈망의 대상이 되어 있었다. 이제 노년의 고갯마루에서 지금 나는 다시 나의 바다를 본다. 바다는 그의 젊음으로 내 나이를 지우고 그의 커다란 눈물 속에 나의 작은 눈물을 받아들인다. 그리고 마침내 바다는 그의 품 안에 나의 존재마저 말없이 보듬는다.

– 〈바다〉

손광성 문학의 또 다른 고향은 어머니다. 그의 형수와 누나는 일찍 돌아가신 어머니의 또 다른 모습일 뿐이다. 그런데 그의 여인들은 모두 그를 떠난다. 어머니는 영원히 돌아올 수 없는 이승의 사람이 아니고(《나의 어머니》), 누나는 시집을 가고(《누나의 붓꽃》), 〈돌절구〉에서는 6·25 때 헤어진 셋째 형수의 이야기가 나온다. 형수와는 조국의 분단으로 영영 이별을 한다. 딸들은 시집을 가고, 평생 네 번의 사랑을 했던 그 여인들도 사랑 고백 한번 해 볼 기회도 주지 않고 떠난다.

> 갑산으로 가신다고 떠난 형님은 석 달이 지나도 소식이 없었다. 폭격은 날로 심해지고, 우리는 피란길을 떠나야 했다. 형수님은 친정으로, 나는 아버님이 계신 둘째 형님 댁으로 가고 있었다. 빨갛게 익어 가는 사과밭을 지나면 갈림길이 나온다. 우리는 거기서 헤어져야 하는 것이다. 나는 걸음을 재촉하고 있었다. 조금만 더 가면 정자나무가 나오고 그 정자나무만 지나면 내 모습이 보이지 않으리라. 뒤통수에 자꾸만 마음이 씌었다. 내가 막 정자나무 뒤로 사라지려는 순간 멀리서 형수님의 목소리가 들렸다.
>
> "되련님, 몸 조심하셔요…. 아버님 말씀도 잘 듣구요…."
>
> 나는 돌아다보지 않았다. 저녁 해를 등지고 계시리라. 목소리가 떨리는 것 같았다. 울고 계실까. 나는 고개만 끄덕였다.
>
> **-〈돌절구〉**

슬픔의 미학. 나는 이별을 이렇게 가슴 아프게 표현한 글을 보지 못했다. 슬픔을 억제함으로써 절실한 슬픔을 자아내었다. 생략의 효과를 그만큼 잘 아는 사람도 없을 것 같다.

〈발걸음 소리〉에서 작가는 2층의 자기 방에서 책을 읽고 있었다. 그때 골목 어귀에서 들려오는 발자국 소리가 둘째 딸이라는 것을 직감한다. 대문 빗장을 열어 주려고 계단을 내려갔다. 그러나 현관에 도달하기 전에 걸음을 멈추고 만다. 대문 앞에서 멈춰야 할 발자국 소리는 대문을 스쳐 지나가 버린 것이다. 아, 딸은 시집을 갔다. 그는 층계에 주저앉고 만다.

나는 이제 손광성의 문학 얘기를 끝내려 한다. 그는 분명 수필의 한 봉우리 정상에 선 사람이다. 수필을 고백의 문학이라고 정의한다면, 그는 적어도 직접적으로는 한마디도 고백하지 않았다. 그는 구술口述의 언어로 글을 쓰지 않는다. 그는 묘사의 언어로 글을 그린다. 그리고 그것을 삶에 빗대어 해석한다. 그렇게 함으로써 그의 정확한 묘사가 구축한 아름다움은 아름다움으로 끝나지 않고 문학의 진리에 접근한다. 어쩌면 그만큼 생을 정확하게 이해하고 있는 사람도 드물 것 같다.

난 젊어서 그의 문학엔 땀 냄새 나는 인생이 없다고 불평했다. 난 그의 수필이 수필의 전부가 되길 바랐던 것이다. 손광성 문학은 히말라야의 한 정상을 향하여 매진했고 드디어 정상에 찬란한 깃발을 꽂았다. 나는 지금 정상에서 펄럭이는 깃발을 자랑스럽게 쳐다보고 있다. 그러나 히말라야에는 '8천 미터가 넘는 정상이 14좌나 있다'고 하지 않던가. 정복해야 할 산이 또 남아 있다니 후배들에게 얼마나 다행인가.

※2001년 계간《수필과 비평》에 게재되었던 것을 2021년 필자에 의해 약간 수정 보완함.

손광성 수필의 예술성

김 우 종 문학평론가 · 전 경희대 교수

1. 수필가의 귀향

손광성은 일곱 살 때 호루라기를 갖고 있었다. 노루 뿔 손잡이가 달린 주머니칼도 갖고 있었다. 렌즈가 세 개 달린 확대경도 갖고 있었다.

수필가 손광성이 수필집 《하늘잠사리》를 통해서 그의 어린 시절 재산 목록으로 보고한 것이 이 세 가지다. 물론 이밖에도 잊지 못할 물건들이 많았을 것이지만, 이것들이 대표적인 것이라면 이를 통해서 어느 정도는 그의 어린 시절의 몽타주를 그릴 수도 있겠다.

백동 호루라기는 반짝거리는 금속의 빛깔과, 조그만 손에 꼭 쥐고 다닐 때의 차가운 감촉과, 얼마든지 가지고 다니며 빽빽거리고 남들의 시선도 끌 수 있다는 것 외에, 그 작은 것이 그렇게 큰 소리를 낼 수 있다는 경이감으로 그를 더욱 매혹시켰을 것이다.

이런 경이로운 사물에 대한 호기심은 확대경도 마찬가지다. 〈날개〉에서 이상은 아내가 집을 나간 사이에 팬티만 입고 렌즈로 종이를 태우며 그 놀라운 장난감의 세계에 도취한다. 어른도 그 짓을 하면 온종일 심심치 않을 수 있는 것은, 그 사물이 만들어 내는 놀라운 조화 때문일 것이다. 그러나 모든 어른이 다 그런 장난을 좋아하는 것이 아니듯, 어린이들도 다 손광성만큼 그것을 좋아하는 것은 아닐 것이다.

주머니칼도 그렇다. 손잡이가 노루 뿔이었다니 특별히 욕심이 생길 만한 것이기도 하지만, 어린 시절에 주머니칼 좋아한 사람은 예외 없이 손재주가 많은 사람이다. 돈 주고 장난감을 사는 것보다 스스로 무엇이든 만드는 창작적 행위에 더 매력을 느끼고 그 위험한 칼날의 기능에 호기심을 갖는 아이들에게 그것은 포기할 수 없는 일상적 필수품이니까.

손광성의 수필 쓰기는 이런 것을 갖고 놀던 어린 시절로의 복원이 그 동기라고 고백하고 있다.

그런데 그 시절이 그가 멀리 떠나온 과거의 시간 속에 있는 것이라면 그 복원은 영원히 불가능한 마음의 고향이다. 과거는 결코 되돌아오지 않으니까.

그리고 그에게는 다른 고향이 또 하나 있다. 함경남도 홍원군 어디라는 지리적인 고향이다. 이 고향은 걸어가도 되고 차를 타고 가도 되지만 휴전선으로 막혀서 못 가는 고향이다. 그러므로 그의 수필에 나타나는 귀향 의식은 두 가지로 구분될 수 있지만, 어린 시절이 곧 함경남도 그곳의 어린 시절이라는 의미에서는 그의 귀향은 하나의 시간과 공간으로 묶여 있고 어느 쪽도 다 같이 갈 수 없는 고향이다.

그런데 그의 귀향의 의지는 매우 집요하다. 지리적인 고향보다 어린 시절이라는 잃어버린 시간의 고향에 대한 귀소 본능이 특히 집요하며, 그것은 결코 이룰 수 없는 희망 사항인데도 그 자리에서 방황하고 있다. 그러면서 결국은 그 소망을 성취해 내고 있는 것 같다.

아득한 과거로 그를 데려가 주는 것은 글쓰기다. 수필의 세계가 그에게 지난날의 그 모든 것을 복원시켜 주는 타임머신 역할을 해 주고 있다. "쓰고 지우고 쓰고 지우고, 그 사이 또 스무 해 가까운 세월이 흘렀다"는 긴 세월의 글쓰기가 곧 귀향을 위한 몸부림이며, 그는 이것으로써 분단 후 반세기의 시간의 벽을 넘고 휴전선의 장벽을 넘어서 어린 시절 고향집으로 가는 데 다분히 성공하고 있는 셈이다. 그러므로 그가 실제로 과거 시간으로 되돌아갈 수 없는 이상, 쓰고 지우고 쓰고 지우며 귀향 열차의 바퀴를 돌리는 작업은 멈출 수가 없을 것이다

그러면 그가 어린 시절로의 귀향을 위해 끊임없이 열차의 바퀴를 돌리는 작업이 마치 그의 숙명이며 존재의 이유처럼 되고 있는 이유는 무엇일까?

첫째는 자신도 억제하기 어려운 집요한 귀향의 욕망 때문이다.

둘째는 그것이 예술가로서의 미의 창작 욕구를 가장 많이 충족시켜 주기 때문이다.

셋째는 이 더러운 세상에서 아직은 오염되지 않은 아름답고 청정한 세계가 그곳에 있기 때문이다.

첫째 이유에 해당하는 귀향의 욕망은 누구에게나 공통적인 것이어서 늘 창작 동기가 되지만, 손광성의 작품에서 그 농도가 매우 짙다는 데에 차이점이 있다. 남들은 대개 서서히 어른이 되어가는 과정에서 어린 시절을 아픔 없이 잊게 된다. 그리고 가끔 그 시절이 그리워진다.

그렇지만 손광성은 하늘을 날 수 있는 연습도 해 보기 전에 어느 날 갑자기 어미와 형제들이 있는 둥지를 잃고 낯선 땅에서 혼자 살아남은 실향민이 된다. 어미가 아기에게서 젖을 떼더라도 서서히 떼어 언젠가는 떠나야 할 엄마 품으로부터의 이별 연습을 한 걸음 한 걸음씩 해 나가며 아픔 없이 정을 떼는 것인데, 아비규환의 흥남 철수로 갑자기 고향을 잃고 낯선 땅, 어른의 세계로 던져진 작자는 어렸던 그 시절이 너무도 행복했던 기억으로 남고, 이별의 아픔이 오래도록 남아 있을 수밖에 없다.

이런 의미에서 그의 수필은 일반적인 귀향 문학과는 다르다. 그것은 흔히 있는 감상주의적 고향 노래가 아니라 절실한 실향민의 아픔을 저변에 깔아 나간 우리 분단 문학의 한자리를 차지하고 있는 것이다.

둘째로 그는 이런 소재들 속에서 유난히 미의식에 탐닉하며 이것이 예술적 본질로서의 미의 창조 작업에 매우 유효하다는 것을 발견하고 있다. 그런 의미에서 그의 수필은 다분히 탐미주의적이다.

셋째로 그 아름다움은 예술적 기법상의 것만이 아니라 다분히 윤리적 · 철학적 삶의 가치관에 바탕을 둔 것이다.

이런 의미에서는 그의 소재가 과거에만 매여 있는 것이 아니다. 현재 시간 속에서도 그는 끊임없이 어린 시절의 아름다움을 찾아 나가고 있다. 고향의 둥지처럼 따뜻함이 있고 고달픈 육신과 영혼을 위로받을 수 있는 것이면 모두 현재 이 시간에 찾아낸 과거의 어린 시절이다. 이런 작업으로써 그의 수필은 나만의 이야기가 아닌 우리 모두의 따뜻하고 사랑스럽고 아름다운 이야기가 되며 나아가서 그것은 삶의 철학적 의미까지 제시해 준다.

이상 세 가지 중에서 둘째의 예술적 미의 창조 작업을 보자.

2. 시간의 미학, 공간의 미학

문인에게 그의 창작물은 그가 찾는 소중한 것을 담아 나가는 그릇이다. 창작은 가치 있는 것을 만들어 내는 작업인 동시에 그것을 담아내는 그릇이며, 시인은 시라는 그릇을, 수필가는 수필이라는 그릇을 만들어서 사용한다.

여기서 손광성이 물레를 돌리고 가마에 구워 낸 수필이라는 그릇에 담아 나간 것은 그 그릇만큼이나 예술적 아름다움을 지닌 것이다. 그렇지만 그 아름다움은 도자기의 시각적 아름다움처럼 조형적인 것 또는 율동이나 멜로디나 꽃의 아름다움 같은 것만은 아니다. 그보다는 훨씬 더 인간 존재의 근원적인 고독이나 삭막한 사회적 · 문명적 조건 속에서 인간이 짊어지고 있는 아픔과 고달픔을 치유하고 위안을 얻는 어떤 것들이다.

손광성에게 귀향 의식은 이런 의미의 아름다움을 찾기 위한 고달픈 원정遠征이다.

그러면 고향에 가서 찾을 수 있는 호루라기와 주머니칼과 확대경이 왜 아름다운 것일까?

이 물음에 답하기 위해서 앞에서 말한 것처럼 "주머니칼이란?" 하며 개념 설명을 해 나가는 것은 거의 헛수고다. 그런 식이라면 지금 문방구에 가서 사든지 없으면 돈 들여서 만들면 된다. 그리고 아무리 잘 만들어도 그것은 답이 되지 않는다는 것을 알게 될 것이다.

정답은 그런 아름다움이 아니고 언어 예술만이 지닐 수 있는 특수 장치로 유발된 '그리움의 정서'다. 즉 어떤 단어 하나나 문장이나 한 단락의 이야기 등을 통해서 갖게 되는, 돌이킬 수 없는 과거에 대한 그리움이다.

그리고 이것은 공간적 거리 개념에서도 동일하게 나타난다. 어린 시절은 소급이 불가능하기 때문에 그리움이 되고 그 정서가 곧 아름다움이듯, 고향도 가기 어려운 고향은 그리움이 되기 때문에 가난하고 불행했어도 모두 아름다운 기억이 된다. 다시 말해서 고향은 갈 수 없는 고향일 때만 그리운 고향이고 아름답게 되새겨지는 고향이므로 지금처럼 승용차 몰고 아무 때라도 쉽게 갈 수 있는 사람에게는 그런 고향은 없다.

이런 과거의 세계, 먼 세계는 그것을 회상하는 사람에게는 전설의 세계나 다름없다. 손광성의 호루라기에는 그가 주인공인 손광성의 전설이 있다. 주머니칼에는 그것을 소재로 하는 이야기가 그 속에 있고, 확대경에는 그걸 갖고 노는 작자 자신이 주인공이 되는 옛이야기가 그 속에 있다. 그가 〈아름다운 소리들〉에서 기억해 나간 다듬이 소리, 곡마단의 나팔 소리, 풀벌레 소리, 닭 울음소리, 파초잎에 듣는 빗소리 등도 그렇고 〈냄새의 향수〉 〈상추쌈〉 〈문간방 사람〉과 같은 많은 작품 속에는 그의 지난날의 사건을 말해 주는 그의 전설이 이육사의 〈청포도〉처럼 주저리주저리 열리고, 말해지고 있다.

우리는 이것을 시간의 미학이라 해도 좋고, 공간적 미학이라 해도 좋고, 김소월의 시를 빌리자면 '저만치의 미학'이라 해도 좋을 것이다.

산에 산에 피는 꽃은
저만치 혼자서 피어 있네
산에서 사는 작은 새여
꽃이 좋아 산에서 사노라네

김소월이 그린 이 풍경에서 새와 꽃 사이에는 공간적 거리가 있다. 갈 봄 여름 없이 꽃이 피고 지며 세월이 흐르지만 새와 꽃 사이의 거리는 영원히 숙명적으로 좁혀지지 않는 거리다.

이 시가 미적 감동을 유발하는 이유는 이것 때문이다. 영원히 만날 수 없는 숙명적 이별의 슬픔과 대상에 대한 그리움의 정서가 아름다운 문학적 감동으로 전해지고 있기 때문이다.

손광성이 그렇게 옛 기억을 찾아 나가는 것은 이런 그리움이 만들어 내는 환상적인 풍경에 대한 탐미주의적 작업이라고 해도 과히 틀린 말은 아닐 것이다. 이런 경우에 수필은 그것을 그려 내는 화법의 성취도만큼 독자들에게 유사한 상상력을 유발케 한다. 문학은 언어에 의한 메시지의 전달이며 공감의 세계니까.

나도 독자이므로 예외는 아니다. 작자가 어린 시절의 호루라기를 말하면 독자인 나도 어린 시절의 호루라기를 찾아내게 된다. 여기서 내가 찾아낸 것은 70년 전 먼 과거 속에 묻혀 있던 나의 호루라기이며, 이와 함께 그리운 그 시절이 전설처럼 되살아난다. 해마다 눈이 많이 내리던 내 고향. 그리고 옛날 내 고향의 겨울 추위는 왜 그렇게 지독했는지. 나는 그렇게 추운 어느 날 호루라기를 불고 싶어 견딜 수가 없어서 방문 밖 마루 끝에 앉아서 삑삑 불고 있다가 이모한테 시끄럽다고 야단맞은 일이 있다. 그 이모가 지금은 호루라기 생각과 함께 그리워져 눈시울이 뜨거워진다.

이렇게 독자의 입장에서 70년 전의 기억이 재생되는 것은 한 작품 속의 호루라기가 그것을 상기시키는 작용을 하기 때문이다. 문학작품 속의 단어 하나 또는 한 구와 절과 문장은 이렇게 위력을 발휘하기도 한다. 작자가 그런 기억을 재생시킬 수 있는 적절한 말을 그 자리에 놓으면 그것이 가능하다. 감동적으로 다가오는 이런 그리움의 정서는 문학에서 말하는 아름다움의 주요 부분을 차지한다. 좋은 수필은 작자의 이런 고백을 통해서 독자에게 그와 유사한 많은 기억을 재생시키고 전설적인 이야기를 거기서 읽게 하기 때문에 매력이 있다. 다시 말하자면 수필은 그 문맥 하나하나가 다른 많은 상상의 세계를 이끌어 내는 연상 기능을 가짐으로써 특히 예술적 효율성을 높이게 되며, 손광성의 수필들은 그런 면에서 특히 돋보인다.

여기서 우리는 소설의 허구성과 수필의 실제성이 지닌 차이와 상상 세계의 수필적 독자성을 보게 된다. 즉 소설은 그것 자체가 상상의 산물이지만 수필은 허구가 아닌 사실의 실체라는 엄격성을 유지하면서도 그 문맥 뒤에서 독자에게 많은 상상 작용을 일으키게 하는 특수성이 있고 이를 살렸을 때만 그 문장은 문학적 수필이 될 것이다.

그런데 손광성이 시간적 · 공간적 거리의 미학을 기법으로 삼고 찾아 나간 아름다움은 그냥 그리움의 세계가 지닌 매력 때문만은 아니다. 기법 자체가 미적 감동을 유발하는 장치이기 때문에 그것 자체가 아름다움 만들기가 되지만 더 중요한 것은 소재나 주제가 지닌 아름다움이다.

사람은 누구나 현실 속에서 산다. 그런데 현실의 8, 9할 이상은 오염 물질로 가득 차 있다. 이런 오염된 환경에서 적응이 안 되고 돌연변이가 안 되는 사람은 맑은 물과 공기를 스스로 찾아서 여행이라도 떠나야 한다.

옛날의 금잔디에서 호루라기 불고 주머니칼 갖고 놀던 시절도 그런 맑은 환경이기 때문에 작자가 그곳으로의 타임머신 여행을 떠난다. 작품 〈아름다운 소리들〉은 그런 의미에서 소리를 통한 청정 환경 찾기가 되는 셈이다.

> 이제 이 모든 소리들이 그립다. 돌이킬 수 없는 유년의 강물처럼. 우리 곁을 떠나 버린 옛 친구의 다정했던 목소리처럼 그렇게 그리운 것이다.
>
> – 〈아름다운 소리들〉

손광성이 이렇게 말하면서 연어처럼 어린 시절 맑은 물을 찾아 과거로 거슬러 올라가는 시간 여행의 몇 가지 풍경을 옮겨 본다.

> 눈이 많이 오는 나의 고향에서는 아름드리 원목을 실은 기차가 가파른 함경선 철로 위를 오르지 못해서 밤새 올라갔다가는 미끄러지고, 다시 올라갔다가는 또 미끄러져 내려왔다. 그런 날 밤은 언제나 그 소리를 들으며 잠이 들었는데, 꿈속에서도 기차는 올라갔다가 미끄러지고, 미끄러지고, 미끄러지고…. 그러나 아침에 깨어서 나가 보면 기차는 어디로 갔는지 보이지 않았다.
>
> – 〈아름다운 소리들〉

> 그리고 저 바다의 찝찔한 냄새.여덟 살의 사내아이였던 내 앞에 전개되어 있던 나의 최초의 바다는 몹시 성이 나 있었고, 발정기에 든 암말처럼 번들거리며 나를 향해 돌진해 오고, 또 오고…. 그러다가는 호소라도 하듯 내 발 아래 허연 거품을 쏟고는 다시 물러가고…. 그리고 헛되이 거품만 남기고 아득히 수평선이 되어 돌아서 갔다.
>
> – 〈냄새의 향수〉

점점 멀어져 가는 선생님을 어떻게든 우리에게로 끌어내려야 한다고 생각했지만 나는 아무것도 할 수가 없었다. 그 가을이 다 가기도 전에 선생님은 우리 곁을 떠나고 말았다. 마치 파란 하늘로 빨려 들어간 것처럼 사라지고 만 것이다.

그때 선생님은 흰 옥양목 적삼에 도라지꽃색 치마를 받쳐 입고 있었다.

– 〈도라지꽃〉

언제 다시 고향에 가는 날이 온다면 나는 제일 먼저 그때 그 자작나무 숲으로 가겠다. 그리고 자작나무 밑에서 살다가 자작나무 껍질에 싸여서 자작나무 밑에 잠들었으면 싶다. 아름다운 나무여, 그리운 고향의 나무여.

– 〈자작나무야, 자작나무야〉

앞의 예문 〈아름다운 소리들〉 속의 기차는 지금은 사라진 증기기관차다. 그런데 여기서는 기적 소리가 어떻게 울렸다는 표현은 없어도 멀리서 그 소리가 들려오는 듯하다. 밤새도록 김을 뿜어내며 씩씩거리던 소리도 들려오는 것 같다. 이것은 증기기관차를 기억하는 사람들에게 흘러가 버린 그 시절에 대한 간절한 그리움을 자아낸다. 표현하지 않은 기적 소리까지 독자가 듣게 하고 증기기관차를 타고 멀리 떠나던 고달픈 시절의 많은 기억을 독자 나름대로 재생하게 한다. 이 문장이 그만큼 강한 기억의 재생 장치를 지니고 있기 때문이다.

문학 또는 다른 장르들이 지니는 예술성은 다름이 아니다. 어떤 사물 하나가 상징적 이미지로서 유사한 다른 사물을 연상시킬 때 그 감동적 효과가 곧 예술이 지닌 가장 훌륭한 미의 본질이 된다. 그렇게 연상된 세계가 지금은 만날 수 없는 먼 과거의 기억일 때는 미적 감동이 더욱 증대된다. 손광성의 고향 기차 얘기는 그런 의미에서 더욱 기억에 남는 부분이다.

다음 〈냄새의 향수〉도 그렇다. 바닷가에서 파도가 밀려왔다 다시 빠져나가는 풍경은 현장 감각을 극대화한 매우 뛰어난 사실적 표현이다. 그리고 그것을 그렇게 성공시킨 것은 발정한 암말에

견준 활유법 때문일 것이다. 사물은 항상 적절한 비유를 만남으로써 생명의 숨결이 살아나는 법이다. 이 장면도 그가 바다 냄새를 말하지 않았더라도 상큼한 냄새를 맡게 하고 우리를 바닷가로 데려가 준다.

〈도라지꽃〉도 작자의 기억 속에 남아 있는 먼 전설적인 이야기이고, 또 이별의 이야기이므로 더욱 머나먼 시간적 · 공간적 거리를 갖는 소재가 되며, 그래서 더욱 가슴을 파고드는 미적 감동을 자아낸다. 특히 떠나가던 선생님의 모습을 흰 옥양목 적삼에 도라지꽃색 치마로 묘사하고 파란 가을 하늘을 그 배경으로 그린 것은 도라지라는 중심 소재의 아름다움을 말미에서 가장 멋진 수채화로 살려 나가면서 이런 향수의 작품이 지닐 수 있는 수필의 매력을 극대화한 것이다.

이런 기법의 우수성이 수필 장르의 독자적 예술성을 높인다는 것은 〈달팽이〉를 보면 더욱 확실해진다.

〈달팽이〉는 달팽이에 대한 매우 예리한 관찰 기록이다. 개미, 벌, 메뚜기, 방아깨비와의 비교를 통해서만이 아니라 그 구조와 기능에 대한 모든 점검은 지극히 철저하고 빈틈이 없다. 그리고 달팽이 조상들이 떠나온 옛 고향 바다까지 더듬고 있다. 파브르도 《곤충기》에서 그들의 조상과 고향까지 말하지만 그들의 향수와 실향자 연체동물로서의 슬픔까지는 말하지 않았다. 이것이 과학과 문학의 차이다.

그뿐만 아니라 사물을 관찰하는 그의 문장에는 서정적 감각이 묻어난다. 대상에 대한 깊은 연민의 정이 있을 때만 이런 정서가 글의 표면을 촉촉이 적셔 줄 것이다. 과학자의 차가운 눈이나 현미경으로 보는 것이 아니라 두근거리는 따듯한 가슴으로 보고 있기 때문에 이렇게 적셔지게 되고 흡인력이 강해질 것이다.

물론 달팽이에 대한 이것은 약자에 대한 사랑을 의미한다. 전연 아무런 자기 방어 능력이 없는 약자를 바라보면서 그의 처절한 절규, 어떤 응답도 메아리가 되어 돌아오지 않는 절대 고독과 절망의 소리를 가슴으로 듣고 보며 전하고 있는 것이 이 작품이다.

3. 유추와 이미지의 미학

그런데 〈달팽이〉만이 아니라 〈쐐기나방을 보내며〉 등 그의 여러 작품에 나타나는 관찰 태도에는 항상 그 대상에 대한 깊은 애정이 깔려 있다. 사람을 쏘는 쐐기나방에 대한 것도 그렇듯이, 작고 볼품없고 소외된 지역의 어떤 존재에 대한 그의 연민과 사랑은 남다르다. 그러면서 때로는 그 속에서 작자 자신의 모습을 보기도 한다. 누구나 작품 속에는 작자 자신의 그림자가 나타나지만, 특히 〈달팽이〉는 다른 사물을 통해서 그 속에 자신의 모습을 그려 나가며 은유법의 언어 예술적 가치를 보여 준 대표적인 작품이다.

> 달팽이는 끝내 아무 소리도 내지르지 못했다. 투명한 달빛이 조그만 몸을 비추고 있었다. 밀폐된 유리벽의 저편에서 키가 작은 한 남자가 울고 있는 것을 나는 보고 있었다.
>
> **– 〈달팽이〉**

이것은 이 작품의 마지막 부분인데 느닷없이 한 남자가 튀어나왔다. 달팽이만 보고 있던 작자가 갑자기 "밀폐된 유리벽의 저편"에 서 있는 "키가 작은 한 남자"를 보고 있는 것으로 바뀐 것이다.

이 장면은 자칫 독자를 혼란시킬 수도 있지만 표현 관찰 대상이 갑자기 그렇게 바뀐 것은 그가 그때까지 관찰하고 있었던 대상이 결국은 '키가 작은 한 남자'였음을 의미하게 된다.

이렇게 되면 작자는 다만 달팽이를 통해서 그 남자를 보고 있었던 것이 된다. 다시 말해서 이 작품에서는 달팽이가 그 남자를 유추해 내는 상징적 이미지의 역할을 하고, 작자는 달팽이를 말하면서 내면적으로는 키가 작은 한 남자의 이야기를 하고 있었던 셈이다.

작품의 구조로 보자면 이 수필은 다음 두 가지를 생각할 수 있다.

1) 나 → 유리창 속의 나의 영상 → 달팽이

2) 나 → 달팽이 → 나

작품의 끝부분이 의미하는 것에 따르면 작자인 나는 밤의 밀폐된 유리창 안에 서서 마치 밖에서 있는 것처럼 비친 자신의 영상을 바라보며 그동안 힘들게 외롭게 살아온 지난 세월을 생각한다. 그는 키가 작다. 언덕의 달동네 무허가 판잣집에 살다가 집이 헐리고 자살하게 되는 조세희의 《난장이가 쏘아올린 작은 공》의 주인공도 난장이듯 키가 작다는 것은 약자의 상징이다. 작자는 어둠 속에 비친 그런 모습이 마치 아무런 힘도 없이 혼자서 외롭게 살아가는 달팽이 같다고 생각한다. 그러니까 그가 실제로 이 작품을 쓰면서 보고 있는 대상은 달팽이가 아니라 자신의 영상이다. 달팽이가 처음부터 사실적으로 묘사되어 있지만 그것은 다만 유리 속의 나를 본 다음에 상상으로 떠오른 이미지일 뿐이다. 그런데 작법상으로는 다음의 형태였을 수도 있다.

작자인 나는 먼저 달팽이를 보고 있었다. 자세히 볼수록 형편없이 허약한 놈이다. 등에 지고 다니는 반투명체의 얄팍한 집은 조금만 건드려도 찌그러져서 자기 보호 구실을 하지 못할 것 같다. 다른 모든 조건이 그렇게 허약하다. 그래서 이 험한 세상을 저런 몸으로 어찌 살까 하는 걱정을 해 본다. 그런데 손광성은 과학자가 아니라 수필가다.

물론 많은 수필가들은 과학자처럼 글을 쓴다. 과학자로서 미숙하기는 해도 본 대로 쓰는 것 이상 다른 상상을 보태지 않으면 과학자와 비슷하다. 이와 달리 어떤 대상이든 그것이 수필이 되려면 그 대상을 통해서 다른 것을 봐야 한다. 즉 그것을 다른 무엇을 나타내는 이미지로 봐야 한다. 그처럼 손광성은 달팽이를 통해서 작자로서의 '나'의 이미지를 본 것이다. 그러므로 1)의 경우에 작자가 실제로 본 것은 자기 자신의 영상이고 달팽이는 상상인 데 반하여, 2)의 경우에 작자가 본 것은 달팽이이며 작자인 나는 상상으로 그 다음에 나타난 것이다. 그리고 이 과정을 거친 다음에 작자의 실제적인 창작은 1)의 형태로 나타났을 가능성이 있다.

이렇게 분석해 본다면 그는 가스통 바슐라르가 주장하는 가장 감동적인 미의 창조 기법을 아주 적절히 구사하고 있는 셈이다. 즉 이미지의 상상력으로써 보조관념 A를 통하여 원관념 B에 도달하게 될 때의 감동적인 순간이 바로 예술의 아름다움이라고 하는 미의 창조 기법이다. 달팽이 전체를 서술해 나가는 과정에서도 자주 그런 A와 B의 아날로지가 가능하게 되지만, 말미에 이르러 작품 전체가 한 이미지의 덩어리가 되어 달팽이가 곧 작자 자신일 거라는 상상에 도달하게 만드는 것이 그런 기법이다. 그런데 작자가 여기서 그렇게 자기 자신을 그렸다고 하더라도 그는 그것이 자기임을 직접 말한 일은 없다. 이것은 두 가지 의미로 해석된다.

작자는 아마도 달팽이가 바다를 떠난 실향민이듯, 그리고 달팽이가 그 얄팍한 나선형 껍질 하나를 아슬아슬하게 자기를 보호해 주는 유일한 집으로 삼고 살아왔듯이, 고향을 떠난 실향민으로서 힘들게 살아온 자신을 유리창 너머의 영상으로 보며 울고 있었을지도 모른다.

그런데 만일 작자가 이런 자기 고백기를 직접 화법으로 써 나갔다면 수필은 자칫 동정을 구하는 구질구질한 넋두리가 되었을 것이다. 즉 누구나 한 번쯤 마음껏 자기의 아픔을 토해 내며 감정적 카타르시스를 경험하고 싶은 욕구를 그는 억제하며 수필의 품위를 살린 셈이다.

또 하나는 나 개인이 아닌 '우리'라는 확대된 영역에서 세상을 보며 더 가치 있는 의미를 전하기 위함이다. 달팽이는 우리 사회의 그늘에서 힘들게 외롭게 살아가는 많은 약자의 상징이다. 이런 경우에 화자인 '나'가 직접 이야기의 주인공이 되고 자기 고백적 수필이 되면 그 속에 담길 수 있는 사회적 의미가 개인의 영역으로 축소되고 만다. 그 속에 담을 수 있는 휴머니즘의 소중한 주제가 날아가 버린다. 그런 창작 의도를 살리기 위해서라면 이렇게 나라는 개인의 목소리가 이면에서만 작게 들려오도록 해야 할 것이다.

4. 고백문학의 미학

수필은 허구가 아니다. 기본 소재는 실제적인 것이다. 상상은 이 같은 실제적 소재 다음에 따르는 작업이다. 그런데 작자 개인의 소재가 아니라 객관적 입장에서 사회적 문제 등을 논하는 중수필이 아니고 작자의 실제적 · 경험적 사실에서부터 써 나가는 수필은 대개 자기 고백기나 다름없다. 자기가 살아오면서 보고 느낀 것이 소재인 이상 자신을 솔직하게 드러내는 고백문학이다.

이렇게 기본 소재가 자기 자신이라면 수필은 항상 자신이 빠질 위험한 함정을 파 놓고 쓰는 장르가 된다. 자기 고백은 자신의 미화도 되고, 그 반대로 추화醜化도 되고 거짓 증언도 된다. 이는 모두 수필의 품위를 망치거나 자신을 부끄럽게 만들기 쉽다.

〈달팽이〉는 그런 함정을 지닌 대표적인 소재들 중의 하나다. 그리고 이보다 더 위험한 소재는 사랑의 고백기다. 〈사랑은 은밀한 기도처럼〉은 그런 사랑 고백으로 호기심을 끈다.

작자는 지금의 아내와 만나기 전에 네 번 다른 여자를 사랑했다고 하니 손광성 세대치고는 적은 편이 아니다. 단 한 번이었다 하더라도 보통 아내들은 이를 싫어하기 때문에 수필가로서 명작을 남길 가장 좋은 소재라 해도 쓰기 어렵다. 물론 그 사랑의 질과 농도가 문제지만.

〈사랑은 은밀한 기도처럼〉은 그런 면에서 위험 요소가 많은 소재인데도 품위 유지에 성공한 수작이다. 자신을 아름답게 미화하지도 않고, 또 감상주의에 빠지지도 않고 담담하고 솔직하게 너무 바보스러웠던 옛이야기를 아름다운 수채화 풍경처럼 그려 나갔다. 앞에서 말한 시간의 미학이 특히 이 작품의 아름다움을 더한 것도 이유가 될 것이다. 그리고 짝사랑은 원천적으로 무죄라는 의미에서 작자는 고백기 쓰기에 조금은 부담이 덜했을지도 모른다.

그리고 이 수필의 감동은 특히 지난날의 풍경에 대해 간결하게 마무리하면서 이를 서정적인 수채화 물감의 터치로 한껏 미화해 나갔기 때문일 것이다.

> 두 번은 그것이 사랑인 줄도 모르고 한 사랑이었고, 나머지 두 번은 사랑하면서도 말 한마디 못하고 만 사랑이었다. 하지만 모두가 투명한 아침 이슬이었고, 빈 방에서 홀로 드리는 은밀한 기도였다. 그리고 지금은, 꽃잎을 스쳐 간 젊은 날의 어느 쓸쓸한 바람이 되고 말았다.
>
> **– 〈사랑은 은밀한 기도처럼〉**

그런데 이 부분은 피천득의 〈인연〉의 마지막 문장을 연상시키기도 한다. 문장의 길이도 비슷하고 지나간 사랑에 대한 결산 형태도 비슷하다. 피천득은 여기서 사랑하는 여자와 세 번 만났다고 했고, 손광성은 네 번 만났다고 했다. 다만 피천득은 아사코 한 여자지만, 손광성은 그때마다 다른 여자다. 그리고 순수하기만 하다가 놓쳐 버린 과거사에 대한 아련한 그리움과 인생이란 무엇인가 하는 질문을 몇 번이고 다시 하고 싶게 만드는 문학적 감동 효과는 서로 다르다.

그런데 작자는 우연히 스승인 피천득과 수필에서 숫자 게임을 한 인상이 짙다. 피천득의 사랑의 만남은 세 번이고 손광성은 네 번이라고 되어 있다. 이와 달리 두 사람은 장미를 소재로 하고 또 숫자 게임을 한다. 피천득의 〈장미〉는 꽃이 일곱 송이다. 손광성의 〈서른한 번째 장미〉는 물론 서른한 송이다. 여기서 7과 31의 숫자적 차이는 별다른 의미가 없다. 그보다는 이 숫자들이 작품 속에서 형성되는 과정에 나타나는 창작 기법의 차이가 흥미를 끈다. 피천득의 〈장미〉에서 작자인 나는 장미 일곱 송이를 샀다가 그중 두 송이를 Y에게 준다. 아내가 달포째 앓아누워 있는데 약 지을 돈도 없는 친구다.

다음에는 C에게 두 송이를 준다. 시든 꽃만 꽂혀 있던 그의 화병이 생각나 그의 집에까지 가서 빈 화병에 꽂아 주고 나오는 것이다. 다음에는 K를 만나서 나머지 세 송이를 준다. 애인을 만나러 가는 친구다. 그래서 작자인 나는 장미를 다 잃게 된다. 산수 풀이로 적으면 7−2−2−3=0이다.

이와는 달리 〈서른한 번째 장미〉는 10+10+10+(10−9)=31이 되는 숫자 놀이다.

작자는 꽃가게에서 한 다발 열 송이 묶음 세 다발을 사고 덤으로 한 송이만 더 달라고 한다. 상점 주인이 안 된다고 하니까 그러면 한 송이만 팔라고 한다. 그런데 그것도 안 된다고 한다. 졸라도 소용이 없다. 한 묶음에서 한 송이가 빠지면 나머지는 팔기가 어렵게 된다는 것이다. 이때 다른 여자가 이 광경을 보고 있다가 한 묶음을 사더니 한 송이를 작자에게 주고 간다. 그래서 위의 수학 공식이 성립된다. 그리고 이것을 아내에게 서른한 번째 결혼 기념일 선물로 갖다 준다.

이 31의 숫자가 그냥 10+10+10+1=31의 형식으로 되었었다면 아마도 수필은 성공하기 어려웠을 것이다. 상점 주인이 한 송이를 덤으로 줘도 그렇고, 한 송이만 따로 팔았어도 그렇고, 다른 사람이 한 송이만 그냥 줬어도 재미는 반감된다. 그 한 송이가 타인에 의해서 10-9의 형식으로 들어왔기 때문에 숫자 게임이 훨씬 재미있어진다.

그런데 더 중요한 것은 10-9의 주인공이다. 그가 꼭 작자에게 1을 준 나머지 9의 장미가 필요했을까? 그것은 작자도 알 길이 없었겠지만 작자가 여기서 표현한 것은 그 숫자의 의미다. 거기에는 인사도 한번 나눈 일이 없는 타인이 있다. 그 타인에 의해서 이 수필은 나의 영역에서 우리라는 공동체적 · 사회적 공간으로 영역이 확대되고 있다. 즉 아름다운 세상, 살 만한 가치가 있는 세상, 그리고 무엇보다도 나와 우리의 삶을 윤택하게 만드는 것이 무엇인가 하는 물음에 대한 진지한 해답을 주고 있다. 이런 점에서 〈서른한 번째 장미〉는 자신을 미화하는 것이 아니라 타인을 미화하고 있다.

수필이 아무리 개인적 사생활의 소재에 자주 머문다 하더라도 개인의 소재가 개인적 주제의 한계를 넘어서지 못하면 가치도 그만큼 적어진다. 그런 의미에서 〈서른한 번째 장미〉는 성공한 작품이라 하겠다.

5. 아름다움을 찾아가는 문학

김광균의 30년대 시 〈북청 가까운 풍경〉은 “기차는 당나귀같이 슬픈 고동을 울리고”로 시작된다. 그 기차가 머무는 정거장 지붕 위에는 “가마귀 한 마리가 서글픈 얼굴을 하고” 있다.

북청은 함경도다. 손광성도 함경도가 고향이다. 그래서 그가 들었던 고향 기차의 기적 소리는 김광균이 “당나귀같이 슬픈 고동을 울리고” 갔다는 바로 그 기차의 기적 소리일 수도 있다.

그런데 손광성은 〈아름다운 소리들〉에서 그 기적 소리를 말하면서도 가마귀가 지붕 위에 앉은 청승맞은 정거장 풍경은 그리지 않았다.

손광성이 정거장을 그렸다면 거기에도 가마귀가 지붕 위에 나타났을까? 김광균의 작품은 시니까 가마귀 대신 지붕 위에 공룡을 올려놓아도 좋고 도깨비를 올려놓아도 좋다. 그렇지만 수필은 그런 자유가 없으니까 조금은 망설일 수 있을 것이다. 그냥 풍경 묘사라면 가마귀 몇 마리 표현은 거짓에 해당되지는 않지만.

그런데 시인으로서의 김광균은 상상의 시적 풍경으로서 실제로는 없었던 가마귀를 그렸을 수 있지만 수필가로서의 손광성은 실제 속에서 그런 풍경을 찾아 나선다. 그리고 그 풍경은 시각적인 것, 청각적인 것 등 감각적인 것이 있고, 한편으로는 어떤 풍경을 통해서 들여다볼 수 있는 내면 풍경이 있으며, 그 내면 풍경은 넓은 의미에서 아름다움에 속하는 것이다.

그의 수필집 《나도 꽃처럼 피어나고 싶다》는 우선 시각적 아름다움에 대한 심미적 감각을 최대한 살려 나가면서 여기에 주제를 담아 나간 것이다. 그리고 그는 이에 그치지 않고 수필집마다 아름다운 삽화를 그려 나가고 있다. 문학과 회화적 기법을 이 정도의 수준에서 공유하고 있는 사람은 지극히 드물다. 그리고 수필마다 도처에 아름다운 사물 표현의 묘사가 나타난다.

그런데 이와 달리 그의 문학이 지닌 중요한 가치는 넓은 의미에서의 아름다운 주제에 있다.

그의 〈상추쌈〉을 읽으면 상추쌈이 먹고 싶어지고, 〈문간방 사람〉을 읽으면 그런 곳에 사는 사람과 정을 나누고 싶어지고, 〈지붕을 고치며〉를 읽으면 지붕에 올라가 보고 싶어지고, 〈장작 패기〉를 읽으면 장작을 패고 싶어진다.

이것은 지금 우리의 타락한 천민자본주의 사회에서 정말로 가치 있는 삶이 무엇이고 정말 재미있고 행복한 삶의 방법이 어떤 것인지를 말해 준다. 즉 올바른 철학적 가치관을 제시하고 있는 것이며, 이것이 작품의 예술적 감동 효과를 통해서 아름답게 받아들여지고 있다. 그뿐만 아니라 그의 문학은 매우 따뜻하고 보드라운 모성애적 휴머니즘을 지니고 있다. 그의 작품에는 〈나의 어머니〉 〈누나의 붓꽃〉 〈아내의 꽃밭〉 그리고 〈러시아 처녀들의 미소〉 등 여성 취향의 소재가 많으며, 〈비에 젖은 참새〉 등 짐승들에게까지 영역이 확대된 페미니즘을 보는 것 같지만, 이런 여성성이 아니라도 그의 작품 속에는 춥고 외로운 약자들을 위한 따뜻한 배려가 있고 위로의 손길이 있다. 그런 의미에서 그 휴머니즘은 투쟁적인 것보다는 모성애적인 보드라운 사랑에 속한다.

이것은 아마도 분단 이후 실향민으로서 달팽이처럼 힘겹게 살아오면서 그래도 이 객지에서 살 만한 가치를 찾으려고 수필 쓰기를 통해 얻어 낸 귀중한 정신세계일 것이다. 그리고 과거에의 감상적 회고만으로는 돌이킬 수 없는 어린 시절의 아름답고 소중한 것을 그는 이렇게 복원해 나간 셈이다. 이렇게 손광성 수필을 기법과 주제라는 다각적 측면에서 분석해 보면, 수필 장르가 지닌 무한한 가능성과 그 예술적 성과를 볼 수 있으며, 나아가서 오늘날 우리 수필의 정상 수준이 어디쯤에 와 있는가를 여기서 확인할 수 있게 되는 것이다.

※2003년 계간《에세이문학》가을호에 실림.

수필의 예술성-손광성의 〈달팽이〉의 경우

김 우 종 문학평론가 • 전 경희대 교수

문학은 사상과 감정을 전달하는 예술이다. 그러므로 "심오한 지성이나 뜨거운 정열을 필요로 하지 않는다"는 선배 작가의 수필론은 오히려 수필의 예술성을 훼손하고 약화시키는 반예술적 수필론이 된다. 그런데 이것은 주제가 만드는 예술성이며 형식적 조건이 만드는 예술성도 함께 성취되지 않으면 안 된다. 그중에서 가장 중요한 것이 상상성이다.

상상은 문학의 필수조건이다. 문학은 상상력의 힘을 빌려서 언어(문자)로 쓰여진다는 것이 기본 개념이다. 소설은 작법의 기본 자체가 상상이므로 그것만으로도 예술의 기본 조건을 갖추게 된다. 그러나 수필은 사실의 세계가 기본이며 이를 함부로 배반할 수 없으므로 운명적으로 비문학적 · 비예술적 장애 조건을 지니게 된다.

그러므로 수필은 이런 조건이 타 장르와 다른 수필의 특성인 이상 이 개성의 바탕 위에서 수필 고유의 예술의 집을 지어야 하며, 그것을 수필의 전형으로 삼아 나가야 한다. 즉 예술의 가장 본질적 조건이 상상의 문을 통해서 만들어지는 것인 이상 상상력에 의한 수필의 예술성은 어떻게 가능한 것인가를 정리해 나갈 필요가 있다.

그런 예술을 위해서 가장 중요한 것은 상상에 의한 유추와 상징의 기법을 극대화해 나가는 것만큼 효과적인 것은 없다.

수필이 어떻게 사실의 세계에 충실하면서도 이를 초월한 상상의 예술 세계를 이런 기법으로 구축해 나갈 수 있는지를 보여 주는 우수작의 하나가 손광성의 〈달팽이〉다.

달팽이를 보고 있으면 걱정이 앞선다. 험한 세상 어찌 살까 싶어서이다.

개미의 억센 턱도 없고 벌의 무서운 독침도 없다. 그렇다고 메뚜기나 방아깨비처럼 힘센 다리를 가진 것도 아니다. 집이라도 한 칸 있으니 그나마 다행이다 싶지만, 찬찬히 뜯어보면 허술하기 이를 데 없다. 시늉만 해도 바스라질 것 같은 투명한 껍데기. 속까지 비치는 실핏줄이 소녀의 목처럼 애처롭다.

이렇게 시작되는 〈달팽이〉의 서두 부분은 달팽이에 대한 예리한 관찰력을 나타내고 있다. 움직이는 달팽이의 여러 모습을 빈틈없이 묘사해 나가고 있는 과학적 · 사실적 관찰 기록으로서의 가치를 지닌다. 그리고 이것은 소설처럼 거짓으로 꾸며서 만들어 내야만 되는 기록이 아니라 실제적 관찰로만 가능한 것이므로 실제적 사실의 세계로서 수필의 기본 조건에 철저하다.

그러나 그 같은 사실성에도 불구하고 여기에는 과학 논문과 본질적으로 다른 서정성이 있다. 달팽이에 대한 따뜻한 동정이다. "속까지 비치는 실핏줄이 소녀의 목처럼 애처롭다"고 한 것은 날카로운 관찰력만이 아니라 대상에 대한 그 같은 사랑과 깊은 이해가 있으며 또 이것은 비유법에 의한 상상의 이미지를 만들어 주고 있다.

다음에는 달팽이의 고향이 바다였다는 서술에서부터 다음과 같이 이어진다.

잃어버린 고향에 대한 그리움 때문일까? 육지에 사는 달팽이의 목과 눈은 물달팽이의 그것보다 훨씬 가늘고 길다. 슬픔도 내림이라. 수많은 세월이 흘렀는데도 조상들의 슬픔으로부터 그들은 자유로울 수가 없는 모양이다. 실향민의 후예. 달팽이는 늘 외로움을 탄다.(중략)

여름도 다 끝나려는 어느 늦은 저녁 무렵이었다. 그때 나는 달팽이의 이상한 몸짓을 보았다. 억새풀의 제일 높은 끝에 한 방울의 이슬처럼 위태롭게 맺혀 있었다. 목은 길게 솟아올랐고 조그만 입은 약간 벌어졌으며, 꽃의 수술 같은 두 개의 눈은 긴장되어 있었다. 마치 노래를 부르려는 순간의 어떤 가수처럼, 나뭇가지를 떠나려는 순간의 새의 자세처럼 보였다. 가늘고 긴 목에서 벌레 소리 같은 어떤 슬픈 소리가 나올 것 같았다. 그러나 달팽이는 끝내 아무 소리도 내지르지 못했다. 투명한 달빛이 조그만 몸을 비추고 있었다.

밀폐된 유리벽의 저편에서 키가 작은 한 남자가 울고 있는 것을 나는 보고 있었다.

전체 중에서 지극히 적은 부분만 옮겼으므로 설명에는 무리가 있지만 〈달팽이〉는 이렇게 마무리되어 있다. 그리고 관찰자 이외의 사람 하나가 나오지만 이것은 이 마지막 한두 줄에만 나오는 장면이다.

그런데 이 글에서 우리는 달팽이만 보게 되는 것이 아니다. 달팽이는 우리 인간의 험한 세상을 혼자 힘으로 살아가기에는 너무도 어려운 사회적 약자를 연상하게 한다. 그럼으로써 이 글에서는 달팽이와 사회적 약자인 한 가엾은 인간이라는 양자간의 유추 현상이 성립된다. 작자는 외형적으로는 달팽이만 말했지만 그것을 통해서 우리 사회의 힘없고 외로운 인간을 상상으로 서술해 나가고 있었다는 것이다. 그리고 이런 암시를 통해서 문학이 지향해 나가야 할 지극히 소중한 휴머니즘의 주제를 짙게 깔아 나갔다고 볼 수 있다.

그리고 여기서 달팽이는 사회적 약자라는 불특정한 인간만이 아니다. 달팽이는 무엇보다도 먼저 작자 자신이다. "밀폐된 유리벽의 저편에서" 혼자 울고 있는 키 작은 남자는 누구일까? 말미의 한 남자의 모습은 울고 싶어도 "끝내 아무 소리도 내지르지 못했다"는 달팽이의 가엾은 모습과 이어져 있다. 그러므로 달팽이는 작자 자신을 연상시킨다.

그렇다면 작자는 처음부터 달팽이를 보고 있었던 것이 아니다. 자신을 보고 있었다는 추측이 가능해진다. 투명한 달빛이 스며드는 창가에 서서 유리벽에 반사되고 있는 자신의 모습, 울고 있는 자신의 모습을 바라보며 험한 세상을 살아가는 힘없고 외롭고 슬픈 달팽이의 존재를 통해 자신을 바라보고 있었던 셈이다.

그러고 보면 앞에서 인용한 "고향을 잃어버린 달팽이" "실향민의 후예"라는 것도 북쪽의 고향을 떠나온 실향민으로서의 작자 자신을 유추해 나가게 되는 중요한 키워드였음을 알게 된다.

이런 점에서 이 작품은 수필의 세계가 고수해야 할 실제적 사실성을 전체적으로 유지해 나가면서 이것을 유추해 낼 수 있는 상징적 세계로서 달팽이를 옮겨 온 것이다.

이런 기법은 허구성 자체로 시작되고 끝나는 소설에 비해서 다음과 같이 더욱 예술성을 높이게 된다. 모든 문학은 한마디 말과 구와 절과 문장의 바른 해석이 따라야 하고, 전체 주제 파악이 있어야 하지만 일반적인 소설이나 수필에 비해서 〈달팽이〉의 경우는 작자의 창의적 상상력만큼 독자도 많은 상상력이 있어야 한다. 왜냐하면 달팽이만 보지 말고 그 뒤에 가려진 우리 사회의 소외되고 뒤처진 약자들, 그리고 더 나아가 그곳에 서서 울고 있는 한 남자, 즉 작자 자신을 보며 읽어야 하기 때문이다.

A		B
달팽이	⟷	사회적 약자 혹은 작자 자신

이렇게 이 수필은 A와 B의 두 가지가 서로 대칭적 유추 장치를 형성하고 있으며, 달팽이는 표면 상징, 작자 자신이나 사회적 약자는 이면 상징적 구조를 이루게 된다.

여기서 작자는 A를 통해서 B를 나타내며 독자는 상상에 의해서만 A에서 B를 유추해 낼 수 있다. 즉 우리는 A를 통해 작자가 숨긴 이면적 상징물에 도달함으로써 작품을 이해하게 된다.

그러면 이 같은 상상에 의한 의미 전달과 이해 과정이 왜 필요할까?

가장 빠르고 정확한 표현은 직접적 설명이다. 문학을 제외한 거의 모든 산문은 이런 형태를 따른다. 그렇지만 문학은 빠르고 정확한 의미 전달만이 아니라 그 전달의 효율성을 따진다. 얼마나 감동적이냐가 성패를 가르며 그래서 기술적 표현 수단이 필요하다. 만일 감동이 없다면 문학이 아니다.

그런데 설명적인 글은 때때로 지겹고 짜증이 날 때가 많다. 수동적으로 받아들이기만 한다면 아무런 흥미 유발이 안 되기 때문이다. 독자에게도 역할이 주어져야 한다. 독자도 작자와 함께 작품을 완성시켜 나간다면 더욱 좋다. 독자가 스스로의 상상력에 의해서 작품 세계를 그려 나가고 의미를 발견해 나갈 때의 감동은 작자가 직접 설명으로 전해 준 경우의 것에 비할 바가 아니다.

즉 달팽이의 사실적 묘사를 따라가다가 그 뒤에 숨겨진 달팽이를 닮은 우리 인간 사회의 어두운 그늘의 의미를 독자 자신이 상상력으로 발견했을 때의 기쁨은 마치 땅 속에서 보석을 발견했을 경우와 비슷한 기쁨을 주게 된다. 사실 이 작품 말미에 이르러서 달팽이의 소리도 없는 처절한 울부짖음이 바로 실향민으로 살아온 작자 자신의 외로운 모습임을 발견했을 때의 놀라움과 감동은 매우 크다. 다른 어떤 표현 방법도 이 이상 감동적일 수 없다는 결론에 도달하게 된다.

이것은 가스통 바슐라르가 《이미지의 현상학》에서 아름다움에 대한 해석을 내린 것으로도 설명을 대신해 나갈 수 있을 것이다.

바슐라르는 그가 연구하던 '이미지의 현상학'에 대하여 그것은 "혼의 울림, 즉 미적 감동을 추적하는 일 외의 다른 아무것도 아니다"라고 하면서 우리가 상상력에 의해 원형의 이미지에 도달했을 때의 감동이 바로 아름다움이라고 주장하고 있다. 달팽이라는 작은 생물체가 이 수필 속의 화자 자신의 원형적 이미지라면 달팽이를 보면서 그것이 바로 그 뒤에 가려진 작자의 모습임을 발견하는 놀라움은 이 같은 미적 감동을 의미한다. 다만 바슐라르가 주로 물, 불, 흙, 공기 같은 사물을 중심으로 이미지를 논해 나간 것과 달리 〈달팽이〉의 경우는 한 인간의 외로움, 힘겨움, 좌절감, 그런 삶의 이야기, 그리고 실향민을 만든 분단 현실의 역사적 배경 등 어떤 것이든 이미지로 대치될 수 있는 문학 형태를 보여 주고 있는 것이 다르다.

이런 표현 기법에 의해서 상상의 세계가 만들어진다면 이것은 수필만의 고유한 예술적 기법이 된다. 왜냐하면 소설의 허구성이나 시의 압축적 언어와 달리 이것은 상상 아닌 실제적 사실의 세계를 전제로 하고 그 내면에서 또 하나의 상상의 세계를 상징적 영상으로 병행시켜 나가는 형태이며, 이는 오직 수필만이 가능한 특수한 상상의 형태가 되기 때문이다.

문학의 예술성은 물론 다양한 복합적인 조건에 의해 형성되어야 한다. 수필도 마찬가지다. 그렇지만 그중에서도 가장 효율적으로 예술성을 나타내는 표현 기법은 상징에 의한 유추 현상으로 만들어지는 상상력의 기법이다. 그것이 이 〈달팽이〉 같은 수작에 다같이 이르지는 못한다 해도 그 기법은 수필이 다른 문학에서는 볼 수 없는 독자적인 장르의 우월성을 확보해 나가게 할 것이다.

수사법에서 '유추'는 A라는 상징을 통해서 그와 비슷한 B를 미루어 짐작한다는 '상상의 사고 형태'를 말한다. 이때 우리는 작자가 B를 A에 '비유(견줌)'했으므로 그 표현법은 '비유법'이 된다. 그리고 물론 이런 비유법에 의해서 유추의 상상적 사고가 가능해지려면 A와 B 사이의 유사성이 필수조건이다. 달팽이와 작자의 운명적 삶의 형태가 유사하듯. 그리고 이 수필은 비유법 중에 은유법에 해당된다. 사실로 유리벽 밖에 서 있는 남자가 작자이며 달팽이가 바로 그 삶이라는 것은 독자인 나의 상상일 뿐 실체는 숨겨져 있으니까.

그러므로 이 수필은 직유의 형태로 바꾸어 쓸 수도 있다. 다만 그것은 은유보다 작법은 쉬워지더라도 상상의 세계가 지닐 수 있는 매력은 다소 감소될 것이다.

문학의 언어는 상상의 언어(상징)다. 나는 해방 다음 해이던 중 3년 때 〈딱따구리〉라는 작문을 쓴 일이 있다. 중학생 작문이니 수준은 논외로 하고 내용만 말한다면, 이것은 딱따구리의 관찰에서 시작하여 마지막에 한두 줄 내 얘기를 붙인 것이다. 딱따구리는 단단한 나무껍질을 두드리고 구멍을 내서 그 속에 숨어 있는 벌레를 가늘고 긴 혀로 찾아내서 먹는다. 이 새는 이런 방법으로 살아가야 했기 때문에 신체 구조마저 그에 알맞도록 그런 모양으로 변형 발달시켜 나갔으리라는 것을 써 나갔었다. 그리고 이렇게 마무리했다.

"…그렇다면 나도 앞으로 성장하며 이 세상을 살아가려면 저 새처럼 나도 자신을 그에 알맞게 변형시켜 나가야 되는 것일까? 필요하면 아무한테나 고개도 숙이고. 그렇지만 저 새는 그렇게 자신을 변형시켰어도 여전히 얼마나 아름다운가? 나도 그럴 수 있을까?"

60년 전의 작문이니 기억이 분명치 않지만 이와 비슷하게 끝맺은 것 같다. 그리고 이것이 교지에 실리고, 칭찬도 많이 받았다.

그렇지만 이때의 칭찬 때문에 신이 나서 내가 문인의 길로 간 것은 아니었다. 나는 그 무렵에 미술반장을 비롯한 상급생들한테 몰매를 맞았었다. 경례를 안 붙인다는 것 때문이었다. 그리고 한 번 더 크게 당했다. 결국 그들에게 경례를 붙여야만 나는 살아남을 수 있을 것 같았다. 그때의 고민이 딱따구리의 모습을 통해서 내 작문이 된 셈이다.

나는 그들에게 경례를 붙이지 않는 대신 미술반을 나와 버렸다. 그리고 그림 대신 독서에 기울면서 문학 지망생으로 변신했다. 이때의 내 작문은 나를 직접 새에 비유했기 때문에 직유법이 된다.

내가 만일 60년 전의 이 작문 기억을 되짚어 가며 재생시킨다면 이를 은유의 형태로 바꿀 수도 있다. '나'를 딱따구리 이면에 가리고 암시만 하면 된다. 그리고 이제 70이 넘었으니 내가 그때 바라던 대로 여전히 초록빛의 예쁜 새로 남아 있는지 아니면 얼마나 추한 새로 변했는지를 고백하는 것도 좋을 것이다. 그리고 그만큼 세월이 흘렀으니 중간에 다른 삽화 하나쯤 추가해도 좋을 것이다. 문학하다가 투옥되고 해직되고 출옥 후 다시 에세이집이 긴급조치 4호 위반으로 판매 배포 금지되어 할 수 없이 그림으로 먹고 살았다. 살기 위한 변신이다. 그리고 6년 후 정권이 바뀌자 나는 다시 문학을 강의하는 교수가 되고 과거로 재변신했다. 60년 전에 미술에서 문학으로 바뀐 것과 거꾸로 된 것이다. 딱따구리에 지지 않을 만큼 나도 자꾸 변신한 것이다.

그런데 이런 이야기일수록 너무 가까운 자기 고백이 되기 때문에 은유법이 더욱 가치가 있다. 수필은 이처럼 실제적 자기 고백이 많을 수밖에 없고 그것은 자신의 미화나 동정 구하기가 되어 자칫 품위를 잃기 쉽다. 피천득이 〈장미〉에서 돈 주고 산 소중한 장미를 만나는 사람에게 세 차례에 걸쳐 다 주어 버려서 자신에게 남은 것은 한 송이도 없었다는 얘기는 아름답고 재미는 있지만, 자기 미화의 결과가 되기 때문에 글의 품위를 잃기 쉽다. 그러므로 수필은 더 많이 상상의 은유법에 의한 암시가 필요하다.

〈달팽이〉도 만일 그런 상징물의 등장 없이 직접적 자기 고백 형태로 바뀐다면 글은 넋두리의 구질구질함에 빠질 위험이 크다.

문학은 상상의 세계다. 그 세계는 비유의 형태를 통해서 가장 효율적으로 넓어지고 심화된다. 그리고 모든 것은 이런 상상의 세계로서의 상징을 찾아내어 비유를 가능하게 할 수 있다. 나는 〈그 겨울의 날개〉에서 번데기가 나비가 되었다가 날개가 다 부서진 채 죽어 버린 나비 얘기를 썼었다. 어린 시절에 겪었던 이 나비는 내가 70년대에 출옥 후 좌절감에 빠져 있던 시절을 간접적으로 나타낸 상징이었다. 또 사슴벌레를 통해서 우리의 분단 현실을 말한 일도 있다. 두 마리에게 전쟁을 시켰더니 막무가내로 싸움을 하지 않다가 오히려 싸움을 시킨 내 손가락(강대국)을 물어 버린 얘기다.

문학에서 비유는 특정 사물이나 사건에서만 가능한 것이 아니다. 모든 것은 그것을 유추해 낼 수 있는 다른 상징적 사물이나 사건을 지니고 있다. 그것이 문학의 언어다. 문학적 언어와 일상적 언어의 차이가 여기에 있다. 그러므로 문학을 한다는 것은 그런 상징적 언어를 찾는 작업일 수도 있다. 만일 그런 상상의 언어가 아닌 직접적 · 사전적 표현에만 충실하면 상상의 폭이 축소되어 이미 다 설명되어 버린 무미한 글이 되기 쉽다.

이 경우에 상상력은 우리의 모든 일상적 삶 자체를 다른 무엇으로 대신 말해 줄 수 있는 힘을 발휘해 주는 것이므로 이런 언어 찾기를 망설일 필요가 없다.

모든 것은 그것을 말해 줄 수 있는 다른 짝을 지니고 있다. 비가 눈물의 언어이고 눈물이 비의 언어가 되듯, 하나의 쌀알이든 우주 전체든 그것은 모두 다른 사물의 상징으로서 서로 짝이 될 수 있다. 우리는 그런 언어로 독자에게 말하고 독자도 그런 상상의 언어에 의해서 자기 나름의 상상의 세계를 만들며 응답하면 된다. 그리고 독자가 그런 상상의 세계를 갖는다면 그것이 바로 미적 감동의 순간임을 의미한다.

이런 미적 감동의 효과를 매우 잘 입증하고 있는 대표적인 사례의 하나가 〈달팽이〉다. 그리고 상상적 언어(상징)에 의한 은유적 유추의 세계는 꼭 이 같은 방법 외에도 다양하게 선택될 수 있다. 그리고 은유가 아닌 날카로운 분석적 · 논리적 · 직접적 표현 형태도 수필의 격을 높이는 것이므로 기법은 항상 다양해야 할 것이다. 다만 예술은 본질적으로 상상의 세계라는 필수조건을 갖추려면 상징적 언어에 의한 비유의 기법 역시 필수이며, 따라서 이런 기법이 효과적으로 많이 쓰일수록 수필은 고유한 장르적 특성을 확보하며, 아름다운 예술의 집을 지을 수 있을 것이다.

※2015년 계간 《에세이문학》 봄호에 실림.

손광성 수필에 나타난 이미지 연구

이 희 자 수필가 • 전 에세이문학 주간

1. 고등어

"손광성 수필은 시야."

언젠가 금아 선생께서 하신 말씀이다. 손광성 선생이 1994년 봄 〈달팽이〉로 등단 절차를 거친 후 〈돌절구〉 〈아름다운 소리들〉과 같은 작품을 《수필공원》에 잇달아 발표하던 즈음이었을 것이다. 그와 같은 인상은 비단 금아 선생뿐만 아니라 주변 사람들의 공통된 반응이기도 했다. 선생의 첫 수필집 《한 송이 수련 위에 부는 바람처럼》을 읽은 후 필자의 느낌도 마찬가지였다.

그러나 그때는 시가 무엇인지조차 제대로 알지 못하던 때였으므로 그저 막연하게나마 간결한 문장, 잦은 행갈이에서 비롯되는 여백의 효과, 도저한 미의식과 문장의 운율에서 느껴지는 아름다움 등이 서정시를 읽을 때 느끼는 감상과 일치하지 않나 짐작하였을 뿐이다.

그후 선생은 1995년 6월부터 2년여에 걸쳐 '한국일보 문화센터'에서 수필 강의를 하게 되는데, 필자는 그 강좌의 수강생으로서 선생의 강의를 들으며 비로소 '시적인 수필'이 어떤 이론의 바탕 위에서 어떤 식으로 구체화되는가를 점차 깨닫게 되었다. 지금도 잊히지 않는 것은 강좌 첫 시간에 마치 화두처럼 우리에게 던져진 한마디다.

"바다의 이미지를 가장 잘 나타낼 수 있는 물고기는 무엇이겠는가?"

동해의 명태에서 울릉도 오징어, 연평도의 조기에 이르기까지 온갖 바다 생물이 교실로 불려왔다. 정답은 '고등어'였다. 나중에 알게 된 사실이지만 그 답은 선생의 작품 〈어물전에서〉를 조금만 주의 깊게 읽었더라면 금방 알아챌 수 있는 것이었다.

파도 무늬를 닮은 고등어의 등줄기를 넘어 배는 미끄러지고, 땀으로 번들거리는 팔뚝을 한 어부들이 부둣가 선술집에서 소주를 들이켠다.

"위하여!"

"위하여!"

잔과 잔이 부딪히는 소리.

— 〈어물전에서〉

이미지에 대한 선생의 가르침은 그렇게 시작되었다.

2. 감각적 이미지의 향연

이미지는 '말로 그린 그림'이다. 그것은 독자의 상상력을 자극하여 작가가 겪은 감각적 체험을 생생하게 재현시켜 준다. 이미지즘 운동의 기수였던 에즈라 파운드는 "방대한 저작을 남기느니 평생에 한 번이라도 훌륭한 이미지를 만드는 것이 낫다"고 하였다. 훌륭한 이미지는 작가의 뛰어난 상상력에서 탄생한다.

앞서 고등어에서 바다를 연상하는 간단한 예를 보였지만, 선생은 사물의 핵심을 파악하여 그것을 다른 사물에 빗대어 표현하는 데 탁월하다. 그것은 대상에 대한 주도면밀한 관찰에서 얻어지기도 하지만 대상을 보는 즉시 전광석화와도 같이 떠올려지기도 한다. 선생과 함께 문학 기행을 해 본 사람들은 다 아는 사실이다. 길을 가다 선생의 눈에 띄는 사물은 대개 자신의 이름 앞에 '~과 같은'이라는 수식어를 부여받게 마련이다. 예를 들면, 우리가 흔히 계란꽃이라고 부르는 개망초꽃은 눈에 띄는 즉시 '단발머리 소녀 같은'이라는 수식어를 달게 된다. 함께 걷던 이가 엉뚱한 비유를 대면, 보조관념이 원관념을 훼손시켜서는 안 된다는 설명과 함께 재차 연상되는 것이 무엇인지 질문을 던진다. 궁지에 몰린 제자는 결국 자신의 상상력 부족을 인정하지 않을 수 없다.

그럴 때 선생은 어떤 대상을 보든 이미지로 바꾸어 생각하고 있음을 알 수 있다.

선생의 수필집은 비유에 의한 다양한 이미지들이 도처에서 불꽃처럼 솟아오르는 축제의 장이다. 우리가 선생의 작품에서 일차적으로 만나게 되는 것은 감각적 이미지다. 그는 자신의 체험을 보고, 듣고, 맛보고, 냄새 맡고, 만져보고, 움직이는, 다양한 감각적 이미지로 재생해 낸다.

> 운두의 가장자리에서 시작된 선이 조용히 내려가는가 하면 어느새 다리께쯤에서 저고리 깃선처럼 동그스름하게 휘어진다. 이 휘어진 선이 다시 한 번 빠른 속도로 꺾이면서 직선으로 되돌아간 채 서서히 바닥까지 내려가서 멈춘다. 직선이 주는 날카로움을 곡선이 부드럽게 감싼다. 두 다리의 직선과 복부의 부드러운 곡선의 경계에서 이루어지는 오묘한 아름다움. 마치 토르소를 보는 것 같다. 그렇다고 아무 데서나 볼 수 있는 그런 흔한 토르소가 아니고, 천에 하나 만에 하나나 될까 말까 한 그런 드문 기회가 아니고는 볼 수 없는 토르소. 그러니까 미의 여신상이거나, 아니면 풍요의 여신상 같은 그런 토르소라는 이야기다.
>
> – 〈돌절구〉

선생은 수필가이면서 또한 동양화가이기도 하다. 그가 추구하는 것은 '시중화詩中畵'의 세계다. 화가의 예리한 눈썰미에 포착된 사물은 화선지에 붓으로 그림을 그리듯 글 속에 섬세하게 되살려진다. 〈돌절구〉는 우선 그 자유자재한 붓끝에서 피어나는 묘사적 이미지를 통해 선線의 미학을 선보인다. 그런 다음 위 예문에서 보듯 마치 마침표를 찍듯 비유를 통해 한 개의 선명한 시각적 이미지가 제시된다. 화룡점정이라고나 할까. 그때 대상의 전체적인 이미지는 하나로 정돈이 되고, 통일된 인상으로 독자에게 전달된다.

돌절구처럼 움직이지 않는 대상을 묘사하기는 비교적 쉽다. 그러나 대상의 움직임을 그려내기란 쉽지 않은 일이다. 〈부채의 미학〉은 선면화扇面畵나 선면 공간의 아름다움뿐 아니라 부채의 천변만화한 표정을 동작적인 서술어와 비유를 통해 잘 드러낸 작품이다.

어느 서정적인 대목에서는 가볍게 날리는 꽃이파리인 양 살랑거리는가 하면, 어떤 결의의 순간에 이르면 허공을 가르는 검광劍光처럼 서슬이 퍼렇다. 분노에는 부르르 치를 떨고, 비탄과 절망 앞에서는 천길 나락으로 곤두박질치듯 '툭' 하고 떨어지는 것은 역시 소리꾼의 오른손에 들린 부채다. 그러다가는 득의와 회심의 절정에 이르고 보면, 꽉 닫혔던 하늘에서 햇살이 쏟아지듯 문득 머리 높이에서부터 또 한번 '탁' 하는 통쾌한 파열음과 함께 서른여덟 살 합죽선이 좌르르 펼쳐진다. 응축되었던 감정의 응어리가 봇물 터지듯 쏟아지는 순간이다. 정오에만 열리는 공작의 꼬리라고나 할까.

— 〈부채의 미학〉

부채는 꽃잎처럼 "살랑거리는" 작은 움직임에서부터 시작하여 "부르르 치를 떨고", 나아가 "천길 나락으로 곤두박질치"는가 하면, "햇살이 쏟아지듯" 좌르르 펼쳐지면서 극중 인물과 소리꾼, 그리고 관객의 감정의 응어리를 "봇물 터지듯 쏟아지"게 만든다. 그 역동적 이미지의 구사는 일개 사물에 불과한 부채를 살아 있는 존재로 변신하게 한다. "정오에만 열리는 공작의 꼬리"와 같이 또한 마지막 순간 부채의 화려한 아름다움을 한 줄의 비유를 통해 하나의 지배적 심상으로 통합시킨다.

직유와 은유로 엮어 나가는 그의 비유법은 구체적인 사물을 유사성을 지닌 다른 사물에 빗대어 말할 때보다, 얼핏 연결되지 않는 두 가지 대상을 비유로 엮을 때 더 참신하고 인상적이다.

1) 임의 무덤 앞에 피어오르는 향연香煙이라고나 할까.

한은 닫혀진 현실을 부정하며 열려진 세계를 향해 떠나려는 몸짓이요 발돋움이며 비상이다.

— 〈한恨〉

2) 비가 오고 있다. 칠월의 풀밭에 푸른 비가 내리고 있다. 공원 벤치에도 무성한 잣나무 숲에도, 그리고 아스팔트 위에도 달려가는 자동차 위에도 비가 내리고 있다. 한 사흘 내릴 듯이, 아니, 한 열흘 내릴 듯이 오이 냄새를 풍기며 푸른 비가 내리고 있다.

– 〈비 오는 날〉

3) 하지만 찬물에 한 번 씻고 나면, 저것 보게, 보얗게 빛나는 계집의 단단한 무르팍. 살살 문지르면 솔솔 벗겨지는 얇디얇은 껍질 밑으로 수줍은 듯 드러나는 말간 속살.
배꼽티라도 입혀 주랴?
배꼽이 예쁜 감자야.

– 〈감자 타령〉

한/향연, 비/오이, (못생긴)감자/여인은 한 문맥에서 쉽게 만날 수 있는 대상들은 아니다. 그러나 1)에서 우리는 비애悲哀와 비상飛翔으로 축약되는 한의 정서가 임의 무덤 앞에서 꿈틀거리며 피어오르는 한 줄기 향연으로 시각화된 것을 본다. 2)는 풀밭에 내리는 여름비의 싱그러움을 강조하기 위해 '비'라는 시각적 대상을 '오이 냄새'라는 후각적 대상으로 전이시킨 공감각적 이미지이며, 3)은 감자를 여체에 비유하여 시각적 · 촉각적 이미지로 부각시켰다.

선생이 의인법을 통해 드러내는 비유적 이미지에는 여성적인 것이 많다. 여성으로 의인화될 때 얻어지는 효과는 대개 관능적이다. 언젠가 우리는 '시와 수필에서의 관능적 표현의 효과'를 공부한 적이 있는데, 눈 내리는 모습을 "먼 곳에서 여인이 옷 벗는 소리"로 감각적으로 표현한 김광균을 비롯하여 김춘수, 이영희, 이우환 등이 예로 뽑혔다. 그때 읽은 선생의 글 중에 아직도 기억에 선명하게 남아 있는 한 구절이 있다.

동해의 쪽빛 물결, 여인의 둔부 같은 부드러운 해안선 그리고 살결보다도 부드럽고 하얀 모래 언덕, 거기에 점점이 찍힌 붉은 입술 자국 같은 꽃.

– 〈지금도 해당화는 피고 있는지〉

3. 상징적 이미지를 통한 상상의 효과–〈달팽이〉와 〈장작 패기〉

2003년 《에세이문학》 가을호에서 김우종 교수는 '수필의 예술성'이란 제목의 논문에서 손광성 선생의 〈달팽이〉를 면밀히 분석한 적이 있다. 그는 "사실의 세계에 충실하면서도 이를 초월한 상상의 예술 세계를 구축해 나가기 위해서는 상상에 의한 유추와 상징 기법을 극대화해 나가는 것만큼 효과적인 것이 없다"고 전제하였다. 그리고 "〈달팽이〉가 날카로운 관찰력을 바탕으로 한 과학적 · 사실적 관찰 기록 위에 비유법을 통해 서정성을 획득하고 있으며, 나아가 우리 사회의 힘없고 외로운 인간을 달팽이로 은유함으로써 독자는 상상을 통해 큰 감동을 얻게 된다"고 하였다.

'달팽이'가 작자를 상징하는 이미지임을 독자가 확실히 깨닫게 되는 것은 끝구절 때문이다. "밀폐된 유리벽의 저편에서 키가 작은 한 남자가 울고 있는 것을 나는 보고 있었다"는 구절이 없었더라면 〈달팽이〉는 김우종 교수가 얘기한, 그토록 강한 암시력을 갖지 못하였을 것이다. 그 구절에 이르러 독자는 비로소 작자가 사물로서 달팽이를 보고 있었던 것이 아니라 작자 자신을 보고 있었다는 것을 알게 되고, 그렇다면, 하고 거슬러 올라가서 다시 읽어 보면서 "고향을 잃어버린 실향민의 후예" "무골호인" "예민하고 수줍고 식물에 가까운" "외로운" "방황하는 영혼" "고독한 산책자" "고행승" 등의 이미지가 바로 작자 자신의 초상이었음을 새삼 깨닫게 되는 것이다.

우화등선羽化登仙하는 매미가 흔히 시인으로 비유되듯, 이제 달팽이는 〈달팽이〉라는 작품을 통해 실향민 혹은 사회의 소외 계층을 상징하는 한 이미지로 성공을 거두었다. 그런데 선생의 작품 중에 유추와 상징 기법을 적용하여 실향민의 체험을 다룬 또 한 편의 글이 있다.

1999년 겨울에 발표한 〈장작 패기〉는 같은 체험을 다루면서도 그 역동적 이미지 구사로 인해

〈달팽이〉와 대척점에 있다. 우선 장작을 패는 사람에 대한 비유로 "유능한 외교관" "훌륭한 검객" "정복자" "승자" "제관祭官" 등이 등장하며 그에 대한 묘사도 "햇빛에 번들거리는 청동빛 어깨, 온 세계라도 움켜쥘 듯한 단단한 주먹, 상기된 이마 위에 흐르는 구슬 땀" 등 건장하고 활기찬 남성의 모습으로 그려지고 있다. 나무토막 또한 남성에 비유된다.

> 그러나 모탕이 잘 고정되어 있다고 해도 그 위에 나무토막을 잘못 놓으면 만사 헛수고가 되고 만다. 헛수고 정도가 아니라 낭패를 보는 수도 없지 않다. 도끼날이 닿는 순간 나무토막이 옆으로 몸을 피하면서 정강이를 걷어찰지도 모른다. 아니면 튕겨오르면서 손등을 깨물거나 이마를 받아 버리든가, 심하면 아예 코를 으깨 버리는 수도 있다.
>
> **–〈장작 패기〉**

마치 장작과 장작을 패는 사람 사이의 무술 대련을 보는 듯하다. 장작은 단단하다. 일반적으로 단단한 물건은 "인간에게 저항하고, 인간의 근육이 여기에 온갖 힘을 다해 맞서야 하는 대립물"의 상징이다.* 즉 장작은 작자가 쪼개야 할 그 무엇이다. 글의 말미에 작자는 장작을 팬 시절이 6 · 25전쟁 직후였음을 밝힘으로써 그가 정작을 패고 싶었던 것이 무엇이었는지 짐작하게 한다. 이것은 〈달팽이〉의 끝부분에서 유리벽 안쪽의 남자를 등장시킴으로써 달팽이가 작자의 상징이었음을 환기시키는 것과 같은 효과를 가져온다.

'장작 패기'는 지난 한 시절 그가 싸워 이겨야 했던 '세상살이'에 대한 은유인 것이다. 장작은 일상에서 오는 모든 대립과 갈등, 타파해 나가야 할 생활고, 적의로 가득 찬 세상이다. 그는 그것을 패려 한다. 장작을 팰 때 그것은 "보이지 않는 세상의 적들을 향해 자신의 힘을 발휘하고, 분노를

---

* 가스통 바슐라르, 《대지와 의지의 몽상》(삼성출판사, 1993), 29쪽

표현하며, 혹은 자존심을 보이는, 혹은 경멸할 수 있는 기회"였을 것이다.**

실향민의 고단한 생활 속에서도 작자는 장작을 패는 순간만은 걱정거리를 쪼개고, 불안을 몰아내며 삶과 맞설 수 있는 용기를 얻었으리라. 그러나 그 사실을 그는 직설적으로 토로하지 않았다. 다만 세상을 단단한 장작으로 은유하여 자신이 어떻게 세상을 상대로 싸워 왔는지를 보여 줄 뿐이다. 때로는 피하고, 때로는 한 발 물러서며, 그러나 대개는 격파하면서.

그런데 장작을 쪼갠 후, 그 이후는 지금까지 그가 대립했던 세상과는 전혀 다른 세계가 전개된다. 〈달팽이〉의 애상적인 정서와는 다른 서정이 글의 후반부를 장식한다. 그 서정은 숲의 체취를 연상시키는 신선한 송진 냄새로부터 시작된다. 그렇다. 그 냄새를 따라 먼 옛날 그의 과거가 꿈속으로 들어오는 것이다. 〈냄새의 향수〉 속에서 어린 그를 감농시켰던 복재소의 인부들이 스무 살 나이의 장작을 패는 그의 모습과 오버랩되면서, 세상을 격파하고 싶었던 힘에 대한 동경은 어느새 노동자의 순수한 힘에 대한 동경으로 바뀌어진다. 그는 마치 꿈꾸듯 노동의 아름다움을 찬미한다. 이제 장작을 패는 행위는 그가 최초에 인식하였던 노동에 대한 무의식이 되살아나면서 쾌활하고 건강한, 남성적인 매력이 넘치는 역학적 서정으로 승화되는 것이다.***

선생은 그 이전에도 기왓장을 갈아끼우는 작업을 통해 노동의 아름다움을 예찬하고, 그것을 인생살이와 비유한 적이 있다. 〈장작 패기〉에서 노동의 강도는 더 강해지고, 세상살이에 대한 은유 또한 보다 상징성을 띠며, 그 감동 또한 배가되었다.

김우종 교수는 논문에서 "문학에서 비유는 특정 사물이나 사건에서만 가능한 것이 아니다. 모든 것은 그것을 유추해 낼 수 있는 다른 상징적 사건이나 사물을 지니고 있다. 그것이 문학의

** 같은 책, 249쪽

*** 바슐라르는 대장간의 노동에 대한 이미지를 분석하면서, 힘차게 철판을 내려치는 대장장이의 일이 효용성을 넘어서 쾌활하고 건강한 아름다움과 남성적인 매력을 나타낸다고 하였다. 그리고 그것을 '대장간의 역학적 서정'으로 표현했다. 같은 책, 299~306쪽.

언어다"라고 하였다. 그리고 작가가 그런 언어로 말할 때 독자 역시 그런 상상의 언어에 의해 자기 나름의 상상의 세계를 만들며 응답한다고 하였다. 선생은 '달팽이'와 '장작 패기'라는 문학 언어를 사용하여 독자에게 상상의 공간을 제공하고, 커다란 미적 감동을 안겨 주고 있다.

4. 산문과 시의 경계-〈바다〉와 〈겨울 갈대밭에서〉

손광성 선생은 수필에 시적 요소를 도입하여 수필의 새로운 경지를 열어 온 드문 작가 중의 한 사람이다. 필자의 기억으로는 가까이 금아 선생을 비롯하여 〈어느 바다의 소년기〉를 쓴 김열규, 〈길〉을 쓴 김기림 등이 두서없이 떠오른다. 그들의 시적 산문은 말 그대로 시의 특징을 갖고 있다. 그들은 이야기하기보다는 보여 주기에, 설명하기보다는 느끼게 하는 데 더 중점을 둔다. 언어는 압축되고 생략되며, 앞에서 예를 든 것처럼 비유적 이미지를 사용하는 것도 주된 표현 방법이 된다. 그들이 산문에 시의 기법을 도입하는 것이 효과적인 표현이라고 생각하게 된 동기는 무엇일까? 이 문제에 대해 손광성 선생은 이렇게 말한 바 있다.

"'수필은 자기 고백이다'라는 말을 겪은 일을 숨김없이 사실대로 말하는 것으로만 생각해서는 안 된다. 그것은 대중적이며 세속적인 해석이다. 그 말의 참된 의미는 '자기 인생 체험에서 얻은 진실을 드러내어 밝히는 것'이라고 받아들여야 옳다."

그가 염두에 두는 것은 글의 내구성이다. 자기 고백이라 하여 겪은 일을 그대로 늘어놓았을 때, 그 글의 생명은 일회에 그치고 말기 쉽다(결말을 본 소설을 다시 읽지 않는 것처럼). 그와 같이 표면적 진술로 끝나고 마는 글과는 달리, 이미지와 상징으로 상상의 공간을 제공하는 글은 독자의 정서적 성숙도에 따라 읽을 때마다 그 해석이 달라지기도 하는 차이가 있다.

선생의 수필 중에는 거의 시로 읽히는 몇 작품이 있다. 그중에 시에 가장 가깝게 다가간 글은 〈바다〉와 〈겨울 갈대밭에서〉일 것이다.

〈바다〉는 남다른 관찰과 오랜 명상을 통해 바다의 본질을 파악한 작자가 그것을 인생과 연결하여 경구적警句的적으로 표현한 작품이다. 이 작품의 전반부는 대지와 대비되는 바다의 불모성, 자신 위의 군림을 허락하지 않는 자존심, 길들기를 거부하는 야성, 욕망과 좌절 사이의 번민 등 역동적이며 남성적인 이미지로 가득 차 있다. 그러나 작품 중반에 이르러 바다는 또 하나의 얼굴을 보여 주기 시작한다.

> 바다는 자신을 꾸미지 않는다. 가식과 허세를 장식하지 않으며 가면을 벗고 순수를 드러낸다. 자신이 실오라기 하나 걸치지 않은 알몸인 것처럼 그 앞에서는 사람들도 그렇게 하기를 바란다.
> 우리를 흥건히 적시는 끈끈한 체취, 햇빛에 번득이는 윤택한 피부, 그리고 언제나 출렁이는 풍만한 젖가슴, 한 번도 손상된 적이 없고 앞으로도 또 그러할, 저 관능의 출렁임이 언제나 우리를 부른다.
>
> – 〈바다〉

글의 전반부에 등장하는 바다는 육지의 삶이 반영된 바다였다. 바다는 이제 그 현실의 옷을 벗어던지고 순수하면서도 관능적인 여인의 모습으로 다가온다. 바다는 자신을 찾는 사람들을 "부드럽게 감싸안고 갈증을 풀어 준다." 마치 자애로운 어머니가 자식을 보듬고 젖을 물리듯이. 자식의 삶은 곧 어머니 자신의 삶이다. 그들이 회의할 때 함께 일렁이고, 사랑에 상처받을 때 함께 멍든다. 모성은 슬픔과 기쁨을 함께할 뿐만 아니라 그 사랑으로 세상을 가득 채우고 넘친다.

육지의 삶에 지친 사람들에게 바다는 "또 다른 세계를 향한 길이요 가능성이다." 뭍이 육肉의 세계라면 바다는 영혼의 세계다. 바다는 모성적이면서 또한 인간이 동경하는 영원한 세계를 상징한다. 바다는 그의 여성성—참고, 그리워하고, 감싸안고, 받아들이는—을 남김없이 다 보여 준 후에 이제 선禪적인 경지로 승화된다.

깊이도 무게도 잴 수 없는 하나의 물방울이면서 모든 물방울인 바다. 어린아이의 조그만 손에 의해서도 가끔 가볍게 들릴 줄 아는, 꿈과 환상을 함께한 동심의 바다. 그러나 영리한 바보들은 그것을 모른다.

— 〈바다〉

"하나의 물방울이면서 모든 물방울인" 절대絶對의 바다. 그 바다는 시간이 흔적을 남길 수 없는 곳이다. "영리한 바보"가 되어 버린 작자는 그 바다 앞에서 잃어버린 동심을 되찾는다. 일곱 살 때 처음 본 바다. 그는 〈냄새의 향수〉 속에서 "그 후의 모든 바다는 유년기 바다의 복사판에 지나지 않는다"고 그때의 경이로움을 말한 적이 있다. 그의 여러 작품 속에서 반복적으로 드러나는 바다의 이미지는 곧 "찝찔한 해초 냄새와 함께 언제나 돌아가야 할 고향"으로 귀착된다. 그리고 그 잃어버린 고향의 추억 속에는 어머니가 있다. 작자는 마침내 바다의 모습에서 그가 어린 시절 떠나 보낸 어머니의 모습을 만난다. "그의 젊음으로 내 나이를 지우고 그의 커다란 눈물 속에 나의 작은 눈물을 받아들이는" 영원한 모성, 나의 어머니. 그리고 오랜 세월 갈구하던 그 품에 안기고 있다.

〈겨울 갈대밭에서〉는 노년의 인생을 갈대에 비유하여 노년에 되돌아보는 지난날에 대한 무상감, 현재의 적막감 그리고 담담한 체관의 심정을 노래한 글이다. 작자는 되풀이되는 후렴구 속에서 "우리들"을 주어로 갈대와 자신, 나아가 모든 노년의 사람들을 한데 묶어 주면서 대상을 자아 쪽으로 끌어당기는 서정시의 특징을 보이고 있다. 또한 비유법을 즐겨 쓰는 그의 수필에서조차 흔치 않은 상징적 시어들을 만나게 된다.

슬퍼하지 말자.

날카롭던 서슬 다 갈리고, 퍼렇던 젊은 핏줄 모두 잘리고, 눈, 코, 입, 귀, 감각이란 감각 다 닫혀 버리고, 바람에 펄럭이는 남루를 걸친 채 섰을지라도, 슬퍼하지 말자.

찬물에 발목이 저린 이들이 우리뿐이겠는가.

물방개 같은 것들, 잠자리며 철새 같은 것들, 친구들, 다정했던 이웃들. 그들이 칭얼거리다 간 빈 자리에, 아무것도 줄 수 없었던 내 무능의 뜨락에, 바람 말고는 이제 다시 찾아오는 이 없다 해도, 허기와 외로움도 때로는 담담한 여백일 수 있는 것.

다 내주어서 편안한 가슴들아, 갈대들아.

–〈겨울 갈대밭에서〉

"바람에 펄럭이는 남루"는 노쇠한 육신을, "아무것도 줄 수 없었던 무능의 뜨락"은 노년의 소외된 삶을 암시하는 상징적 이미지임을 알 수 있다. 짧은 인용글에서도 알 수 있듯이 이 글은 소리 내어 읽으면 그대로 시가 된다. 쉼표, 마침표에서 행이 바뀌고, 단락이 바뀔 때 연이 나뉘어진다. 시에서 맛볼 수 있는 음악적 효과가 우수를 자아내면서 노년의 서글픔과 회한, 체관으로 이어지는 주제에 비장미를 더해 주는 것이다. 산문과 시의 경계선이 있다면, 선생은 이 작품을 통해 산문을 어디까지 밀고 나가면 그 경계에 이르는지 실험해 보고 있는 듯하다.

그 외에도 〈이 가난한 11월을〉 같은 일련의 작품들이 시적인 운율과 아름다운 비유를 통해 수필의 경지를 한층 끌어올린 것으로 독자들의 아낌없는 찬사를 받은 바 있다. 임영조 시인의 표현을 빌리면, 선생은 "모국어에 봉사한 작가"다. 그 말은 작가로서 받을 수 있는 최고의 찬사일 것이다. 선생의 작품들이 서정 수필로 가장 성공한 예로 평가받고 있음은 이제 틀림없는 사실인 듯하다.

그러나 이 사실은 아이러니컬하게도 작가 자신에게는 다만 긍정적인 쪽으로만 작용하지는 않는 것 같다. 수필을 읽는 독자의 온유성, 우아미에 대한 경도傾倒 등은 그렇게 표현되어질 수 있는 것을 모두 드러낸 작가에게 이제 하나의 굴레가 될 수도 있을 것이다. 선생 스스로 표현하였듯이 "꽃을 가꾸는 일과 장작을 패는 일"만큼은 남에게 맡기고 싶지 않은 사람이다. 말하자면 그의 글은 얼핏 여성적으로 느껴지지만 여러 편의 지적 수필에서 엿볼 수 있듯 남성적인 저력 또한 만만치 않다. 무엇보다 〈달팽이〉에 암시되어 있는, 실향민으로서 고단한 삶을 살아온 그의 인생 역정을 수필이라는 우아한 그릇에 담기에는 한계를 느끼고 있을지도 모른다.

손광성 선생은 비유적 이미지를 주된 기법으로 시적 수필을 써 왔다. 그리고 〈겨울 갈대밭에서〉를 통해 그 극점에까지 도달해 보았다. 그러고 나서 1999년 겨울 〈장작 패기〉를 마지막으로 긴 침묵이 이어지고 있다. 그는 이제 아예 절필한 것일까. 아니면 반대편 극점에서 자신을 표현할 방법을 모색하고 있는 중일까. 다른 출구를 모색 중이라면 그때 그의 고독한 영혼이 내는 소리는 킬리만자로의 표범처럼 포효할지언정 더 이상 "끝내 아무 소리도 내지르지 못한" 달팽이의 슬픈 목소리는 아닐 것 같다. ※2004년 《다월》 2집에 실림.

'아니마'로 캐는 수필의 미학

– 손광성의 수필선 《달팽이》를 읽고

장 백 일 문학평론가 • 국민대 명예교수

1

수필은 인연으로 만난 소재를 진술하고도 진지하게 밝히는 언어 표현이다. 이를 깨달음에의 감동으로 전달하는 인간학이다. 세상은 역려逆旅요 수필가는 거기서 수필 캐기로 지새는 심마니다. 전광처럼 왔다 석화같이 가는 일장춘몽에 초로인생이지만, 그래도 수필쓰기를 지천명으로 좇는다. 그로써 보람을 갖는다. 손광성도 그런 수필가다. 그의 수필은 삶의 진실에서 깨어나고, 그 진통과 고뇌는 감동으로 여무는 수필을 빚는다.

이에 그의 수필은 자신과 동심동체다. '나'가 수필이요 '수필'이 곧 '나'다. 수필은 자조自照문학으로서의 '나'를 주관화로 고백하는 문학이다. 수필은 감동을 줄 땐 문학으로 형상화되지만 이를 외면할 땐 신변잡기로 타락하고 만다. 수필의 어려움이 바로 여기에 있음이다. 그래서 그의 수필이 주는 문학적 의의는 크다.

2

그는 수필가요 화가다. 수필로 인생을 캐되 이를 다시 화필로 미화한 그의 수필쓰기는 글과 그림의 융합이요 융해다. 그의 수필은 '재생적 상상'에다 뿌리를 심는다. 즉 '추억'과 '회상'을 나름의 색깔로 색칠하는 정애의 미학을 편다.

그의 성장은 기구했다. 어린 나이에 어머니와의 사별, 전쟁, 피란, 누나 손에 매달린 월남의 고해를 헤집고 자수성가한 수필가요 화가다. 그토록 지긋지긋한 삶의 준령과 가시밭길을 헤쳐 온 아픔이 남달리 깊다. 이젠 그것들이 추억과 회상이라는 재생적 상상이 돼 인생의 뒤안길에서 주마등처럼 스친다. 그 하나하나가 생존의 상은傷恩으로 어루만져진다. 그것의 묶음이 이 수필선이다. 그는 수필선 '머리글'에서 다음과 같이 말한다.

> 일곱 살 때 호루라기를 하나 가지고 있었다. (중략) 멋진 주미니칼을 하나 가지고 있었다. (중략) 렌즈가 세 개나 달린 확대경을 얻은 것도 그 무렵이었다. (중략) 종이에 대고 가만히 기다리고 있으면 연기가 피어오르면서 십팔금 반지 같은 불이 났다. (중략) 검은 종이에는 하나둘 구멍이 늘어갔다. 가끔 그 종이를 들고 하늘을 쳐다보면 낮에도 별이 보였다. 어느 날 나는 이 모든 것들을 한꺼번에 잃어버리고 말았다. 그리고 어른이 되었다. 어른이 된다는 것은 무언가 소중한 것을 잃어가는 것이라는 사실을 깨닫기까지는 많은 시간이 흘러야 했고, 그것들을 다시 찾아야겠다고 마음을 먹기까지는 더 많은 시간을 흘려보내야 했다. 나이 마흔, 나의 숨은 글쓰기가 비로소 시작되었다. (중략)
>
> 이것들을 모아 한 권의 책으로 묶는다. 여기 실린 글들은 그러니까 다시 찾은 내 어린 날의 확대경이며 호루라기며 주머니칼이라 해도 좋으리라.

추억과 회상을 묶은 재생적 상상임을 증언한다. 그 점에서 수필은 정서와 상상과 사상을 하나로 버무리는 의미구조체意味構造體다. 그것은 수필가의 수필에 의해 창조된 정신적 소산이다. 그래서 한 편의 수필은 시간을 꿰뚫는 영원의 가치에서 이해되고 시간적으로 생성 발전하는 역사적 존재로 표현된다. 그 한 편 한 편이 모두 역사적 사상事象이다.

수필에서 정서는 인간 본능이 갖는 희로애락의 감정을 깨운다. 상상은 그 정서 체험을 통해 현실에 없는 사물의 심상을 마음속에다 다시 재생시킴이다. 사상은 수필의 주제인 인생과 사물에 관한 판단 체계다. 이에 정서와 상상이 수필의 창조성을 낳는 어머니라면, 사상은 위대성(철학성)을 낳는 어머니다. 그로써 수필은 본질에서 아름답고 속성으론 진실한 글이다.

위에서 수필의 세 요소를 살폈다. 그것들은 각기 독립해 독자적인 구실을 하되 서로 긴밀히 융합하며 수필을 빚는다. 어떤 수필은 정서나 상상에 또 어떤 수필은 사상이 두드러지게 돋보이나, 그러면서도 그것들은 안으로 유기적 관계를 맺는다. 이런 수필일수록 수필의 문학적 가치는 크다. 수필선《달팽이》또한 여기에 뿌리를 심은 인간학을 펼쳐 보인다.

이 수필선은 7부로 나뉜다. 1부 〈발자국 소리〉는 생존에 결부된 애환과 향수를, 2부 〈장작 패기〉는 손때로 익힌 생활의 애수를 쫓는다. 3부 〈바다〉는 눈물을 감추며 가슴 조이는 사랑의 메아리다. 4부 〈두 번째 서른 살〉은 뒤안길에서 펼쳐 본 인생 수첩이다. 5부 〈지붕을 고치며〉는 헛간에서 들춰 본 색 바랜 자화상이요, 6부 〈비 오는 날의 산책〉은 속가슴에 묻어 둔 한恨의 가슴앓이다. 7부 〈모스크바 처녀들의 미소〉는 여창旅窓에다 새긴 인생 회한으로 집약된다.

이제 공수래공수거의 인생무상과 부심을 씹는다. 사연 따라 사생 사화하며 수필 〈멀을 섭는 여인〉처럼 "눈물 속에서 피어나는 웃음"을 배우겠단다. 그로써 수필 〈평생도〉에서의 "자신에 알맞은 평생도"를 좇되 수필 〈김형의 새 농장〉에서 찾은 "개울 건너 양지바른 언덕, 두어 그루의 사과나무와 그 사이로 반쯤 보이는 하얀 집"을 짓고 "세계를 나의 농장으로 받아들이는" 자연과 하나 되어 살고지고 싶음이 소망이란다.

3

정서와 상상과 사상의 융합에 뿌리 내린 그의 수필은 다음의 특징을 갖는다.

첫째, 그의 수필은 소재의 '아니마 투사'에서 피어난다. 아니마 투사의 수필적 형상화다. 아니마 투사란 남성의 무의식 속에 스며 있는 여성적 요소다. 아니무스가 여성에의 무의식적 남성성이라면 아니마는 남성에서의 무의식적 여성성이다. 수필가는 자기의 아니마, 아니무스를 수필로 색칠한다. 사람은 물론 사물(꽃, 풀, 나무, 새, 해, 달, 별)에 아니마를 투사하면 그것들은 '사랑의 대상'으로서 '마음의 상像'이 된다. 그의 수필 또한 여기서 피어난 사랑의 대상이요 마음의 대상이다. 그것을 통해 그의 수필의 특징이 돋보인다.

향기가 그러하듯 소리는 신비의 세계로 오르는 계단이요, 우리의 영혼을 인도하는 안내자가 된다. 그만큼 소리와 향기는 종교적이다. (중략) 성가는 나의 마음을 승화시키고 독경 소리는 나의 마음을 비운다. (중략) 그러나 무엇보다 나는 나나 무스쿠리의 목소리와 케니 지의 소프라노 색소폰 소리를 좋아한다. 애수 어린 그런 소리를 듣고 있으면 나는 내 나이를 잊고, 내 차가 낡았다는 사실을 잊고, 젊은이처럼 빗속을 질주할 때가 있다. (중략) 이제 이 모든 소리들이 그립다. 돌이킬 수 없는 유년의 강물처럼, 우리 곁을 떠나 버린 옛 친구의 다정했던 목소리처럼 그렇게 그리운 것이다.

– 〈아름다운 소리들〉

유년의 강물처럼 흘러가 버린 세월의 강가에서 아름다웠던 세월을 아름다운 목소리로 회상한다. 그 그리움에의 정서를 흘러간 목소리로 쫓는다. 그 회상 지향에의 아니마 투사다. 그래서 아니마 투사는 영원을 향하는 갈망에의 열정이다. 이렇듯 아니마가 투사된 곳엔 주목할 만한 감정이 발산된다. 그러기에 수필가는 수필쓰기에서 추억을 어루만지며 미래를 캔다.

잃어버린 고향에 대한 그리움 때문일까? 육지에 사는 달팽이의 목과 눈은 물달팽이의 그것보다 훨씬 가늘고 길다. 슬픔도 내림이라. 수많은 세월이 흘렀는데도 조상들의 슬픔으로부터 그들은 자유로울 수가 없는 모양이다. 실향민의 후예, 달팽이는 늘 외로움을 탄다.

– 〈달팽이〉

그는 달팽이에도 아니마를 투사한다. 잃어버린 고향, 그로써 많은 세월을 몸부림친 달팽이로부터 실향의 자화상도 캔다. 여기서 나와 달팽이는 하나다. 실향의 아니마가 투사된 달팽이요 거기에 비친 '나'다. 언제나 아니마는 소재와 '대극적 합일'을 이룬다. 그 소재가 사랑의 대상이 됨도 대극적 합일의 결과다. 수필 〈냄새의 향수〉 〈도라지꽃〉 〈돌확〉 〈돌절구〉 등 일련의 소재 또한 '대극의 합일'로 절어진 사랑의 대상이요 마음의 상이다.

둘째, 그의 사랑의 원형原形은 어머니다. 사람의 일생을 살피면 뒤에서 인도해 준 위인이 있다. 그는 어머니다. 성 어거스틴 어머니, 맹자 어머니, 율곡 어머니 신사임당은 아니마 원형의 훌륭한 존재다. 단테 《신곡》의 주인공을 천국으로 인도한 베아트리체도 그런 여인상이다. 우리는 사람의 마음속에 스며 있는 사랑을 아니마, 아니무스 원형에서 발견한다.

> 하얀 한지를 덮은 오지 약탕관에서 끓던 약 냄새는 지금도 어머니의 체취처럼 그립다. (중략) 그때가 여덟 살이었던가. 어머니는 나에게 우리글과 천자문을 가르치셨다. (중략) 어머니가 빨래를 하시는 동안 나는 혼자서 놀아야 했지만 어머니 곁이라면 조금도 심심하지가 않았다. (중략) 나의 피부에 어머니의 손길이 닿았다. 거친 손길, 하지만 그렇게 따뜻할 수가 없었다. (중략) 이제 어머니가 가신 지도 마흔다섯 해란 세월이 흘렀다. (중략) 나의 기억 속에 남아 있는 어머니의 마지막 모습은 쇠잔하지만 그래도 살아 계실 때의 표정 그대로이다.
>
> – 〈나의 어머니〉

그의 수필의 밑뿌리(원형)는 어머니 사랑이다. 그 따뜻한 사랑은 그의 모든 수필의 자양분이다. 우리는 이런 사랑의 원형과 친숙해 가다가 성장하면서 맹목적으로 그 사랑에다 자기를 맡길 필요가 없어졌을 때, 바꿔 말해 어머니 사랑에서 벗어날 때 우리는 자기실현의 가장 큰 난관을 통과해야 한다. 그것이 생존을 헤치는 고해의 역경이다. 그의 성장도 그랬다.

> 이 돌절구를 보고 있으면 가끔 갓 시집온 셋째 형수님이 생각날 때가 있다. (중략) 어머니를 일찍 여읜 어린 나를 귀여워해 주셨는데, 안타깝게도 우리는 6·25 때 헤어져야 했다. 갑산으로 간다고 떠난 형님은 석 달이 지나도 소식이 없었다. 폭격은 날로 심해지고, 우리는 피란길을

떠나야 했다. 형수님은 친정으로, 나는 아버님이 계신 둘째 형님 댁으로 가고 있었다. (중략) 내가 막 정자나무 뒤로 사라지려는 순간 멀리서 형수님의 목소리가 들렸다.

"되련님, 몸 조심하셔요… 아버님 말씀도 잘듣구요…."

나는 돌아다보지 않았다.

– 〈돌절구〉

두 차례의 전쟁, 어머니의 죽음, 형제들과의 이별, 그 모든 것들이 스치고 지나간 이마에는 깊은 고랑이 패이고 탄력 잃은 피부는 이제 병색이 짙다. (중략) 그저 카랑카랑 늙어 가는 얼굴이다. 이왕이면 나도 곱게 늙어 가는 얼굴이었으면 하고 바라던 때가 있었다. 그러나 이제 그런 욕심도 없다.

– 〈돌확〉

이렇듯 어머니의 사랑에서 벗어났을 때 폭풍우 몰아치는 자기실현에의 난관을 헤쳤다. 자수성가는 그로부터의 자수성가다. 어머니를 애타게 그리워하며 헤친 자기실현에의 역경은 그의 수필 도처에서 쉽게 접해진다. 수필 〈어미 참새〉 〈고향 사투리〉 〈바다〉 〈한恨〉 〈누나의 붓꽃〉 〈아내의 꽃밭〉에서 어머니 사랑의 그림자에 접한다. 그 사랑에서 멀어졌을 때의 삶의 역경이 어떤 지경이었는지의 실상을 증언해 준다. 그래서 어머니는 우리의 영원한 고향이다. 그 사랑은 무의식에 그대로 남아 다른 물질에 투사될 준비를 갖춘다.

셋째, 그는 관찰과 체험으로 익힌 소재를 발로 확인하며 수필을 쓴다. 수필에 삶의 약동이 고동침도 그 때문이다. 그 소재는 관찰과 체험의 손때가 짙게 묻은 아니마 원형의 투사를 받은 것들이다. 그로써 모체의 특성을 지닌다. 수필 〈한 송이 수련 위에 부는 바람처럼〉 〈러시아의 초원에 핀 꽃들〉 〈모스크바 처녀들의 미소〉 〈도다리의 친절〉 등의 관찰은 유독 예리하다. 바람처럼 피었다

사라지는 수련의 일생을 끈질기게 추적한다. 러시아의 초원에 핀 꽃들의 생태도 꼬치꼬치 캔다. 퇴락 암울한 나라에 별처럼 빛나는 모스크바 처녀들의 미소도 좇고, 횟집 수족관에서 세상을 비틀어 보는 도다리의 엉뚱한 생리도 좇는다. 이는 사실을 신봉하는 그 예리한 관찰안이 좇은 애착이다.

이렇듯 관찰과 체험으로 어루만져진 소재에 아니마의 입김이 닿을 때 그것들은 평범한 소재의 의미를 떠난다. 그 소재는 단순히 수필로 이용됨이 아니라 수필로써 신봉된다. 신봉이 짙어질 땐 애착을 능가한다. 여기서 수필은 피어난다. 이런 소재 애착의 원형은 그의 수필 구석구석에 스며 있다. 수필 〈상추쌈〉과 〈어물전에서〉의 관조일 수도 있고, 〈동해 작은 섬 물가에〉서의 뼈아픈 생존일 수도 있다. 이를 〈부재의 미학〉으로 승화하기도 하고 〈싸리나무와 회초리〉로 달래도 본다. 〈자작나무야, 자작나무야〉 하고 울부짖는 향수일 수도 있다.

그것들은 손때 묻은 하찮은 생활의 일상들이다. 해도 그만 안 해도 그만인 밑바닥 생활의 관찰이요 체험들이다. 그는 수필 〈어물전에서〉 "나는 외롭고 쓸쓸할 때면 아내를 따라 장보러 가기를 좋아"한다 함도 거기서 모체의 아니마 원형의 물씬한 체험에 젖을 수 있어서다. 수필 〈감자 타령〉의 "못생겨서 예쁜 감자" "우리네 수더분한 맏며느리 같은 감자" "가난한 식탁에서 아침저녁으로 살신성인하는 우리의 보살님"인 감자를 만날 수 있어서다.

> 문간방에 사는 사람이 제일 슬퍼질 때가 있다. 자기 아이가 주인집 아이와 싸웠을 때다. 이겼을 때는 더욱 그렇다. 그는 다음 날부터 다른 셋방을 찾아나서야 한다. 하지만 아이가 있으면 셋방을 주려고 들지 않으니 더 슬프다. 그러니 문간방에 살려면 아이가 없어야 한다. 어쩔 수 없이 아이가 있다고 해도 주인집 아이보다 힘이 세어서는 못쓴다. 그렇다고 울지도 않고 힘도 약한 아기를 낳게 해달라고 기도할 수도 없으니 슬프다.
>
> – 〈문간방 사람〉

가난한 셋방살이의 비애를 씹는다. 문간방에서 셋방살이를 해 본 사람만이 뼈저리게 체득되는 아픔이요 슬픔이다. 그 아픔과 슬픔이 그때 가난했던 인생살이를 마구 후벼댄다. 그런 체험의 사실화에서 감동은 스며든다. 그래서 수필은 있을 수 있는 픽션이 아니라 참말로 있었고 있는 참말이다. 이것이 타 장르와 다른 수필의 차이요 수필만의 참이다.

> 참나무와 낙엽송은 자르기는 어려워도 쪼개기는 쉽다. 대쪽처럼 갈라진다. 소나무는 무른 편이어서 자르기도 쉽고 쪼개기도 쉽다. 밤나무나 대추나무는 만만한 상대가 아니다. (중략) 돈으로 해결할 수 있는 일까지 손수 처리하기에는 인생은 너무 짧다. 그러나 나는 꽃을 가꾸는 일과 장작을 패는 일만은 돈으로 해결하고 싶은 생각이 없다.
>
> – 〈장작 패기〉

장작 패기로 꿰뚫는 인생 관조요 달관이다. 그렇게 해서 생존의 의의를 캔다. 그 체험의 증언이 진실함에서 수필은 사람이 참말로 사람답게 사는 인간학임도 교시한다. 그것이 수필이 우리에게 주는 소중한 자산이다. 그러나 수필은 의도적 오류를 범하기 쉽다. 이는 관찰과 체험의 부실에서 온다. 그래서 수필은 백문이불여일견百聞而不如一見이요 돌다리도 살피며 건너라고 타이른다. 그의 수필은 관찰과 체험으로써의 의미구조체임을 확인시킨다.

넷째, 그의 수필은 관찰과 체험으로부터 상상의 나래를 편다. 상상은 공상과 다르다. 공상은 체험이 없는 허무맹랑한 거짓이다. 그러나 상상은 체험의 디딤돌 위에서 날개를 편다. 그의 수필은 지성의 바탕 위에서 정서적 · 상상적 이미지로 여문다. 사실 체험과는 또 다른 체험의 세계, 곧 승화된 환상의 세계다. 그의 수필은 상상 수법의 소산이기도 하다.

> 오늘밤에는 막차라도 타고 길을 떠났으면 싶다. 가다가 아무 역에서나 내려 처음 만나는 여인

숙에서 하룻밤 묵었다 오고 싶다. 창가에 오동나무가 서 있는 방이라면 더 좋을 것이다. 깨끗이 쓸어 놓은 빈 뜰에 달빛이 하얗게 부서지는 밤, 오동잎이 떨어지는 소리를 다시 한 번 듣고 싶다.

– 〈오동나무〉

한 그루의 오동나무에서 상상의 나래를 소망하는 낭만에 젖는다. 그러나 거기는 공상의 세계가 아니라 실현 가능의 세계다. 그러면서 그 세계를 이미지화한다. 이미지란 마음속에 한 폭의 그림처럼 떠오른 세계다. 그것이 곧 심상이요 영상이다.

어떤 사물이나 사실을 독자에게 실감 있게 전달하기 위해선 그 사물의 형태를 재현해 사실의 현장을 눈으로 보듯 구체적으로 표현해야 한다. 그 점에서도 그의 수필의 형상화, 곧 이미지화가 돋보인다.

다섯째, 개성적인 그의 문체(문장)다. 표현은 간결하고 정밀하며 의미 전달이 정확해 군더더기 다 없다. 문장은 명료하다. 긴 문장일수록 해석과 이해는 애매해지고 그 확인 또한 불필요한 오해를 부르기도 한다. 허나 그의 문체는 핵심을 파고들기에 수필의 묘미를 불러 깨운다. 그로써 주제 파악을 돕는다. 이 또한 그의 문체만이 갖는 개성의 미학이다.

그런데 함흥의 연인들은 (중략) 한 그릇의 냉면을 함께 먹는다. 양쪽에서 먹어 들어가다 보면 결국 어떤 현상이 벌어질 것인가는 상상에 맡기기로 한다. 물론 이때의 냉면은 곱빼기다. 함흥냉면에 비해서 평양냉면은 쉽게 끊어진다. 함흥냉면 하면 연상되는 것은 비빔냉면이고, 비빔냉면 하면 연상되는 것은 역시 얼얼한 회냉면이다. (중략) 평양냉면 하면 물냉면이고 물냉면 하면 떠오르는 것은 닭고기거나 꿩고기로 된 꾸미다.

– 〈냉면〉

함흥냉면과 평양냉면의 비교다. 그 비교는 문체의 간결성과 치밀성과 정확성으로부터 구체적으로 유머러스하게 우러난다. 그것들의 사실적 비교에 의해 두 냉면의 진미가 제대로 씹힌다. 그래서 수필은 간결성과 치밀성과 정확성으로부터 참이 밝혀지는 문학이다. 그 점에서 수필은 해학적 비평정신의 문학이다. 여기서 수필의 심오성을 음미하게도 된다.

이상에서 손광성의 수필선《달팽이》를 살폈다. 이는 자기 고백이되 삶의 아픔과 슬픔이 하나로 얽힌 애환을 나름의 수필로 그린 피맺힌 자기실현에의 자조적 자화상이었다. 그 점에서 에세이라기보다는 수필로서의 맛을 더해 준다. 그동안 우리는 에세이와 수필을 동일시해 왔다. 그러나 엄밀한 의미에서 둘은 차이를 갖는다.

에세이는 '시금試金' '시험' '계획'을 뜻하는 글로서 '계량하다' '음미하다' '시험하다' '시도하다'의 뜻을 갖는다. 이에 수필은 자신의 적나라한 고백적 자조의 글로 집약된다. 에세이는 신중하게 그리고 호기심 있게 쓰인 포멀적 비망록에 명상록의 특징을 갖는다. 에세이가 주로 사회 문제를 의론적 · 경구적 · 객관적으로 귀납하는 포멀 에세이 쪽이라면, 수필은 인생의 내면적 영적 문제를 명상적 · 설화적 · 주관적으로 사색하는 인포멀 쪽이다.

다시 요약하면 에세이는 어떤 특수한 주제, 한 주제의 일부분이 되는 것에 관한 알맞은 길이의 작문으로 특징지어진다. 그리고 문체에 다소 정교성을 갖는다. 그러나 수필은 자유로운 마음의 산책이요, 불규칙하고 소화되지 않는 글이되 이를 곰삭히려고 애씀에서 규칙적이고 질서 잡힌 글은 아니다. 주제가 특수한 개성적인 글이되 문예적이며 누구나 알 수 있는 글이다. 수필의 매력은 여기서 우러난다. 이를 전제한다면 그의 수필은 인포멀 쪽이요 예술성과 철학성을 하나로 융해시키려는 수필이다. 그는 우리 수필에 그 나름의 교본을 제시했다 할 것이다.

달팽이에서 하늘잠자리까지

– 손광성의 수필력隨筆曆 읽기

박 양 근 문학평론가・부경대 교수

손광성은 언어의 장인이다. 그의 수필은 언어의 축제장이라고 부를 정도로 모든 사물과 대상이 살아 숨 쉰다. 돌절구가 투명한 피돌기를 하고, 어물전의 생선은 금방이라도 바다로 돌아갈 듯 꼬리를 퍼덕인다. 비 오는 날이면 물소가 황토 내를 건너오고, 합죽선이 일으킨 바람에 잠자리가 비천飛天을 시작한다. 그런가 하면 투명한 아침 이슬에 네 번째 사랑한 여인의 얼굴이 비치기도 한다. 이런 만물상은 환각과 환시가 아니다. 차디찬 무생물에도 생명의 피가 흐른다고 말하는 손광성이 언어의 이랑에서 찾아낸 "작지만 눈부신 생명"들이다.

작가의 도리는 무엇일까. 손광성은 작가는 명의名醫와 같은 소명을 가져야 한다고 말한다. 명의란 생명을 회복시켜 주는 의사다. '나는 의사다'라고 말하려면 "정확하게 진단하고 효율적인 처방을 내리고 효험 있는 약을 제조하는" 능력이 필요하다. 그렇다면 언어의 명의로서 수필가는 영성으로 언어망을 짜는 기술을 가져야 한다. 의사의 정성이 없으면 아무리 좋은 약이라도 효험이 없듯이 작가는 공감과 감수성을 베푸는 마음 높이를 지킬 필요가 있다. 누구보다도 심안의 언어를 중요시하는 손광성은 수필적 정체성이 이야기 담론이 아니라 언어 미학에 있음을 믿는다는 뜻이다. 《손광성의 수필쓰기》는 이 점을 "수필은 언어를 표현수단으로 하는 예술"이라고 명쾌하게 정의를 내리고 있다.

《하늘잠자리》는 작가의 삶과 문학을 완결해 준다. 암반에 새겨진 공룡 발자국 문양처럼 작가의 문학적 일대기를 펼쳐 낼 뿐 아니라 수필 이론가로서의 치열한 학구열을 입증하는 자료이기도 하다. "일곱 살 때 확대경과 호루라기와 주머니칼"을 가졌던 그가 만년에 "수필의 완결판"을 이루어 낸 성과는 수필집이 지닌 의의가 무엇임을 단적으로 보여 준다.

소년 시절의 손광성이 손에서 떼지 않았던 확대경과 호루라기와 주머니칼은 놀이기구라기보다는 학습도구였다. 이것으로 그가 관찰한 대상은 인간 사회가 아니라 자연물로서 향후 수필적 자산으로 자리잡게 된다. 어린 시절의 학습도구는 어른이 되면서 버려져야 했지만 그는 오감으로 빚어낸 수필과 그림을 대신 갖게 된다. 그의 수필이 회억의 간이역이 아니라 철학적 집터로 평가받는 이유가 여기에 있다. 그가 수필가이면서 수필인이 된 이유도 마찬가지라 하겠다.

손광성에게 '하늘잠자리'는 고행과 비상의 분신 역할을 한다. 그는 잠자리를 지켜볼 때마다 "나도 투명한 침묵 속을 날고 싶다"는 꿈을 꾸는 가운데 묵언 같은 삶을 이루려고 노력하였다. 이러한 염원으로 그는 비천飛天의 청령蜻蛉이 될 수 있었던 것이다.

《하늘잠자리》는 작가의 수필 미학인 말맛론을 구현하고 있다. "말맛으로 쓰고 말맛으로 읽는다"는 언어에 대한 존경심은 '말맛'과 수필이 무엇이어야 하는가에 대한 작가의 흔들리지 않는 결기를 강조해 준다. 멋이 외적 포맷이라면 맛은 심적 입력input에서 생겨난다. 문법적인 규칙을 지키더라도 말초를 자극하는 천박성으로는 글맛을 제대로 낼 수 없다. 말과 글을 융숭하게 결합하는 집적회로 같은 언어 기술이 말맛을 낸다. 손광성은 그 요건을 '장작 패기의 기력'과 '문간방 사람의 아량'과 '흰죽의 단아함'으로 은유화한다. 그런 언어야말로 명의가 제조한 환약처럼 대상을 살려 낸다고 하겠다.

손광성의 글맛과 글맛론은 어찌 보면 태생적이라고 할 것이다. 《하늘잠자리》는 이것의 형성 과정을 숨기지 않고 있다. 작가의 삶이 문학적 특징을 결정한다고 말할 수는 없지만 언어의 선택과 문장 구성에 적잖은 영향을 끼치고 있음은 어느 작가에서도 부인하기 어렵다.

손광성은 함경도 홍원군에서 태어났다. 함경북도 나남시에서 살았던 유년기와 12세에 어머니를 잃은 상처와 월남 실향민으로서의 디아스포라는 그의 전 생애 동안 몽고반점 같은 역할을 한다. 밖으로 떠돈 아버지의 부재(그의 수필에서 아버지를 다룬 소재는 거의 찾기 어렵다.)와 15세 때 큰누나와 함께 피란 온 이력도 강건체보다는 우유체 같은 인성을 지니게 했다. 국어교사로서 25년여를 여자중고등학교에서 근무한 경력과 1남3녀를 둔 가족 구성과 40여 년에 걸친 문인 활동도 여성 중심의 공간에서 이루어졌다. 달리 말하면 거의 평생을 여성적 환경에서 보냈다고 하여도 과언이 아니다.

손광성 수필의 기저도 여성적이다. 큰누나의 존재, 여학교 국어교사, 동양화의 필력은 그의 인품에 조응하는 아이콘에 해당한다. 남성적인 투쟁 논리보다는 사물을 껴안는 포용력을 키워 온 가운데 체득한 나지막한 목소리와 온화한 미소는 '꽃대를 오르는 달팽이'처럼 단신으로 타향에서 살아야 했던 시절을 반영해 준다. 정감어린 인생관과 삼라만상과 교감하려는 성품에도 고스란히 적용된다. '돌절구, 문진, 부채, 지팡이'가 오감을 지닌 인격체로 변하고 '달팽이, 잠자리, 참새, 쐐기나방, 도다리'가 고통과 고독을 등짐 지는 이유가 여기에 있다. 호쾌한 어조보다 진지한 안목으로 삼라만상을 껴안는 보살심이 독자에게 진정한 위안을 주지 않는가. 이렇듯 손광성의 글 앞에서는 누구도 제 본성을 숨길 필요가 없다.

말맛에 담긴 글맛도 세 가지를 지닌다. 첫째는 주변 현실에 대한 이해력이며, 두 번째는 국어에 대한 남다른 애착이며, 세 번째는 화가로서의 이미지 구성력이다. 3원소가 바탕이 된 그의 수필을 피천득 선생은 "한 편 한 편이 모두 시"라고 하였다. 그러나 그의 수필은 단순히 시적이지 않다. 굳이 표현한다면 그의 '시로서의 수필'은 언어 기교를 초월하여 독자의 눈과 귀를 여는 '시간의 문'이라는 뜻일 것이다.

손광성의 수필은 4기로 나누어진다. 제1기의 첫 작품집 《한 송이 수련 위에 부는 바람처럼》은 〈나의 어머니〉 〈냄새의 향수〉 〈별을 접는 여인〉 〈문간방 사람〉 〈비에 젖은 참새〉 〈고향 사투리〉 〈돌확〉 등으로 이루어져 있다. 돌확에 고인 물에서조차 "전쟁과 어머니의 죽음과 형제와의 이별로 이마에 깊은 고랑이 패인 자신의 얼굴"을 지켜보듯 함께 나누어야 할 외로움과 향수가 곳곳에서 발견된다.

제2기는 《달팽이》에 실린 〈흔들리는 섬〉 〈달팽이〉 〈아름다운 소리들〉 〈두 번째 서른 살〉 〈돌절구〉 〈장작 패기〉처럼 자연물과의 영적 교감이 확장되는 시기다. 주목할 점은 언어에 대한 낯선 실험으로서 〈감자 타령〉은 국어가 지닌 고유한 음조를 되살려 낸 '마당수필'로 분류할 만하다.

감자야, 못생겨서 예쁜 감자야. 우리네 수더분한 맏며느리 같은 감자야, 가난한 식탁에서 아침저녁으로 살신성인하는 우리의 보살님아.

민요에 쓰이는 타령조로 펼쳐지는 감자 예찬은 독자의 신분을 청자와 관객으로 바꾼다. 작가와 독자는 소리꾼과 청자가 되어 미각과 시각이 어울린 언어의 향연에 함께 자리한다. 토속적인 어휘와 가락이 이어지는 가운데 전반부에서 감자는 "보얗게 무르팍이 빛나는 계집"으로 그려지지만 주모酒母와 맏며느리의 이미지로 바뀌었다가 결미에 다다르면 "살신성인하는 우리의 보살님"으로 승화한다. 언어가 의미를 진화시키고 성性 이미지를 성聖 이미지로 변환시킨다. 이처럼 제2기의 수필이 묘사하는 소재들은 대승적 · 초월적 범아로 발전해 나간다.

제3기에 발간된 화문집 《작은 것들의 눈부신 이야기》에서는 이미지와 언어가 융합하는 회화성이 강조되고 있다. 나아가 작은 것이 지닌 품격을 일깨워 주면서 여성적 취향에 가까웠던 감각주의가 휴머니즘적인 의미화로 탈바꿈한 시기이기도 하다.

화문집 이후의 제4기는 작가로서의 전성기에 해당한다. 〈하늘잠자리〉 〈물소 문진〉 〈나의 멸치 존경법〉과 같은 미물에 대한 경외감, 〈누님의 체온〉 〈큰애의 쪽지 편지〉에 비친 혈육애, 〈두 친구〉에 깔린 돈독한 우정, 〈흰죽〉과 〈지팡이〉에 담긴 철학적 사유, 〈오름〉과 〈하늘잠자리〉로 형상화한 선학禪學은 작가의 언어기술과 문학론을 망라하고 있다. 실험적 기법도 관심을 끈다. 사물, 자연, 인간, 음식 그리고 소장품에 걸친 다양한 소재, 딜레탕티슴에서 생태주의까지의 폭넓은 문예이론, 타령조의 언술부터 〈블루스카이〉와 〈흰죽〉 같은 단수필, 〈비에 젖은 참새〉 〈누나의 붓꽃〉과 같은 동수필 등은 그의 수필적 지평이 얼마나 넓은가를 입증해 준다. 이처럼 《하늘잠자리》는 처녀작 〈문간방 사람〉부터 2011년 부산일보에 게재한 〈에덴동산에도 뱀이 있다〉에 이르기까지의 작품세계를 묶은 손광성의 책력이라고 하겠다.

작품 배치가 바뀐 순서도 놓칠 수 없다. 첫 수필집 《한 송이 수련 위에 부는 바람처럼》이 〈나의 어머니〉로, 두 번째 수필집 《달팽이》가 〈아름다운 소리들〉로 시작한다면 《하늘잠자리》는 물소 문진, 멸치, 잠자리, 달팽이에 대한 회화적 필력으로 첫 장을 연다. 작품의 배열 순서는 작가가 추구하는 수필론을 파악할 수 있는 단서다. 손광성의 경우도 마찬가지로서 초기에 보여 주었던 그리움의 체화보다는 철학적 사유와 언어적 감수성을 우위에 두고 싶다는 후반기의 견해를 간접적으로 천명해 준다.

작가의 문학적 이상인 선禪수필은 〈물소 문진〉으로 구현된다. 보이는 것보다 강물에 몸이 반쯤 잠긴 물소와 '땡땡이친' 소몰이꾼 소년의 행방에 더 많은 관심을 기울이는 작가는 언어가 아니라 그림으로 이야기한다. 가시적인 것보다 보이지 않는 것을 밝혀내는 기법은 손광성이 수장하는 상상의 요체에 일치한다. 불목不目의 세계를 이끌어 내는 것이 산수화의 본질이라면 수필의 함축성은 여백미에 있다. 여백미는 서구의 리얼리즘과 달리 우주적 상관성을 파악할 수 있는 입체적 시선이라고 하겠다. 이러한 시선과 말맛으로 쓰인 〈하늘잠자리〉 〈돌절구〉 〈달팽이〉가 제1장에 배치되어 있다. 이러한 배열 구도는 손광성의 수필이 서구적 에세이보다는 동양화풍의 진경산문에 접근한다는 사실을 반영한다.

《하늘잠자리》를 읽을 때 놓치지 않아야 할 사실은 수필집 제목을 바꾼 것이다. 초기와 중기의 대표작이라고 할 수 있는 〈달팽이〉가 1994년에 집필되어 제2 수필집의 제목으로 선정되었다면, 〈하늘잠자리〉는 2010년 《에세이문학》 겨울호에 발표되었다. 두 작품 사이에는 16년에 걸친 작가의 완숙한 인생과 왕성한 창작의 세월이 놓여 있다. 당연히 전 · 후반기의 삶과 문학에는 적잖은 차이가 나타나기 마련이다. 더군다나 두 작품은 작가의 정신적 편력과 심미적 변화를 상징한다는 점에서 비교가 된다.

달팽이는 얇은 패각을 지닌 연체동물이다. "뼈도, 힘센 다리도, 무서운 독침도, 이웃도 없이" 껍데기만으로 자신을 지키면서 지표면을 평생 동안 떠나지 못한다. 작가는 달팽이에게 "험한 세상을 어찌 살까 걱정이 앞선다"는 연민의 시선을 보낸다. 하지만 달팽이는 외부의 동정에 개의치 않고 "금욕주의자와 고행승"인 양 "오체투지의 말 없는 순례"를 이어 간다. "밀폐된 유리벽의 저편에서 울고 있는 작은 남자"가 누구인가. 말할 필요도 없이 달팽이와 작은 남자는 이형동체異形同體다. 연약한 달팽이는 먼저 작가 자신이며 나아가 모든 남자이며 끝으로 세상의 모든 인간들이다.

> 억새풀의 제일 높은 끝에 한 방울의 이슬처럼 위태롭게 맺혀 있었다. 목은 길게 솟아올랐고, 조그만 입은 약간 벌어졌으며, 꽃의 수술 같은 두 개의 눈은 긴장되어 있었다. 마치 노래를 부르려는 순간의 어떤 가수처럼, 나뭇가지를 떠나려는 순간의 새의 자세처럼 보였다.

"억새풀의 제일 높은 끝"에 올라선 달팽이는 패자가 아니다. 투명한 달빛이 비친 날이면 "고독한 산책자"로서 달팽이는 나뭇가지를 떠나려는 "새의 자세"를 취한다. 새의 몸짓은 "현실로부터 탈출"하려는 철인의 몸짓을 닮아 있다. 디아스포라적 삶을 살아온 작가 자신의 초상화를 그려 낸다랄까. 작가는 분명 여러 작품에서 그랬듯이 자신을 달팽이로 체화한다. 나아가 모든 인간이 감내할 고독과 고통도 투영시킨다. 이것이 초기의 수필에 나타난 손광성의 안목이자 미덕이다.

하지만 16년 후 손광성의 분신은 경이롭게 탈바꿈한다. 2010년에 발표한 〈하늘잠자리〉의 주역이 잠자리라는 점이다. 잠자리는 달팽이와 달리 비상하는 날개와 중력을 무시하는 가벼움과 흙을 묻히지 않는 자존심을 갖고 있다. 달팽이가 인고의 침묵을 끌고 간다면 하늘잠자리는 "회심의 침묵"으로 비상한다. "새의 자세"를 취했던 달팽이가 "하늘을 나는" 잠자리가 된 것이다. 이러한 변용은 작가 손광성이 아니고서는 달리 찾을 수 없는 변신에 해당한다.

> 날고 있다. 파란 하늘 속을 꿈꾸듯 날고 있다. 손이 닿을 수 없는 높이에서 나부끼는 우리의 꿈과 사랑과 희망처럼, 꼭 그만한 높이에서 한 마리의 하늘잠자리가 날고 있다. 땅이란 험한 현실을 딛고 서기에는 여섯 개의 다리로도 불안하단 말인가. 아니면 결코 발에 흙을 묻히고

싶지 않는 자존심 때문일까. 허공에 의지한 채, 하늘잠자리는 공중 부양에 취한 듯 도무지 내려올 생각이 없다.

자유와 해탈을 향하여 비상하는 잠자리야말로 작가가 경배하고 싶은 대상이다. 잠자리가 보여주는 "가붓한 부상"은 손광성이 희구하는 무화無化에 일치한다. 그 점에서 "눈부시도록 깨끗한 소멸"을 지향하는 《하늘잠자리》에 실린 64편은 "가볍게 날고 싶은 작가의 심정"을 얹고 수필계로 날아온 '언어잠자리'들이다.

손광성의 수필에 대하여 김우종은 "귀향 의식으로의 회귀와 아름나움을 찾기 위한 원정"이라고 말한다. 회귀와 원정은 작가의 심미적 구심력과 원심력을 지적한 키워드다. 그러나 손광성 수필의 진정한 특징은 노스탤지어와 미적 아우라가 아니라 언어와 의미로써 경험의 체화를 선禪적인 무화로 진화시킨 과정에 있다. 《하늘잠자리》에 실린 수필 또한 맑으면서 깊고, 가벼우면서 무거운 "이룬 자의 묵언"을 전달해 준다. 이런 까닭으로 《하늘잠자리》를 손광성의 시적 삶이 무화된 완결판이라고 부르는 것이다. ※2012년 계간 《에서이문학》 봄호에 실림.

한국 현대 수필의 구조와 미학

손광성의 〈물소 문진〉

안 성 수 문학평론가 • 제주대 명예교수

1. 상상수필을 찾아서

흔히 문학적 상상력을 미적 이야기를 창조하는 핵심 동력으로 규정할 때, 수필작가들은 상상력의 기능에 대하여 혼란스럽게 생각할 수도 있다. 그도 그럴 것이, 허구문학과 비허구문학은 각기 상상력을 부리는 방법에 큰 차이를 보이기 때문이다.

이 양자 사이의 가장 현저한 차이는 소재의 취재와 이야기의 창조과정에서 확인된다. 허구문학에서는 상상력을 소재는 물론 모든 이야기를 자유롭게 꾸며 내는 동력으로 사용하지만, 자기 체험에서 소재를 가져오는 비허구문학(수필)에서는 그것을 철학적으로 통찰하고 미적으로 재배열하여 바람직한 세계를 찾아가는 과정에서 상상력을 주로 활용한다. 이 차이는 매우 본질적이어서 허구문학과 비허구문학을 구별하는 준거가 되기도 한다. 따라서 허구문학이 상상력을 도구로 모든 가능한 상황 속에서의 진실 찾기라고 한다면, 비허구문학인 수필은 과거에 존재했거나 현존하는 자기 체험 속에서의 진실 찾기라고 할 수 있다. 이러한 사실은 수필문학이 실재하지 않은 이야기를 꾸며 내는 데 상상력을 사용하는 것이 아니라, 체험 속에서 구한 소재를 주로 깊이 있게 통찰하여 미적 담론으로 재구성하는 동력으로 활용함을 뜻한다.

수필 장르에서 문학적 상상력을 가장 즉물적이며 대화적으로 쓰는 것이 상상수필이다. 그것은 소재가 제공하는 이미지에 상상력을 투사하여 즉발적인 상상을 펼치고, 그 과정에서 획득된 체험 내용을 현장감 있게 들려주는 독특한 형식을 보여 준다. 그리하여 작가와 대상 간의 상상적 대화를 중심으로 그 심미적 체험 결과를 핵심 줄거리로 들려준다는 점에서 허구적 이야기와는 구별된다.

손광성의 수필 〈물소 문진〉은 매우 흥미롭고 이채로운 작품이다. 작가가 인사동에서 첫눈에 반한 독특한 형상의 물소 문진을 놓고 펼치는 기발한 상상 체험의 이야기를 감수성 넘치는 문장에 실어 들려주는 상상수필의 명편이다. 이제 〈물소 문진〉의 작품 분석을 통해서, 작가가 어떻게 상상 체험의 세계를 펼쳐 나가는지를 그 작법과 함께 확인하게 될 것이다.

2. 텍스트의 선정

〈물소 문진〉의 분석 텍스트는 을유문화사에서 출간한 《하늘잠자리》(2011, 3판 1쇄)에서 뽑았다. 이 작품집에는 손광성의 수작이 거의 다 실려 있는데, 그중에서도 〈물소 문진〉은 상상수필이라는 새로운 형식을 보여 준 텍스트라는 관점에서 선택되었다. 특히 이 작품은 제재에 대한 독특한 상상 체험과 작가의 예리한 문학적 감수성, 그리고 세련된 심미안이 만나 형상화해 낸 개성 있는 작품이라는 점에서 흥미를 더한다.

> 내 책상 위에 물소 문진이 하나 있다. 청동으로 만든 것인데, 소의 아랫도리가 보이지 않는다. 강물에 잠겨 있기 때문이리라. 어찌 보면 작은 섬도 같고 또 어찌 보면 가지를 반으로 쪼개서 도마 위에 엎어 놓은 것도 같다. 입을 약간 벌린 채 목을 오른쪽으로 틀어서 살짝 들고 있다. 뒤미처 오는 송아지를 재촉하고 있는 것일까. 초승달처럼 잘 휘어진, 크고 긴 두 개의 뿔은 뒤쪽을 향하고 있다.
>
> "댁을 공격할 생각 같은 건 전혀 없거든요."
>
> 마치 그렇게 말하고 있는 것 같다. 분명 우리의 한우는 아니다. 중국 양쯔 강이거나, 메콩 강 지류 어디쯤에 사는 물소다. 왼쪽 엉덩이 위에 S자형으로 올려놓은 꼬리가 잔뜩 긴장하고 있다. 귀찮게 구는 파리 떼를 혼내주려고 그러는 것인지, 아니면 몸뚱이가 젖는 것은 어쩔 수 없다 치더라도 마지막 자존심만은 적시고 싶지 않다는 뜻인지 알 수 없다.

물소는 중국 그림에 자주 등장하는 소재인데, 등에다 아이를 태우고 강을 건너는 광경을 그린 것이 대부분이다. 이 물소 문진도 그러니까 중국에서 만든 것이 분명하다. 그런데 한 가지 특이한 점은, 등에 타고 있어야 할 아이가 없다는 것이다. 아이의 소지품만 있다. 챙이 넓은 밀짚모자와 그 밑에 멜빵이 달린 가방 하나. 신발은 보이지 않는다. 1950년대 우리처럼 그곳 아이들도 맨발로 사는 모양이다. 가방은 우리가 어렸을 때 메고 다니던 것과 비슷하다. 물론 가죽은 아니고 무명이나 삼베로 만든 듯한, 그래서 김치 국물이나 풀물이 든 자국이 몇 군데쯤 얼룩져 있을 법한 그런 가방이다.

모자와 가방이 있는 것을 보면 근처 어디쯤에 녀석이 있는 것이 분명하다. 그런데 보이지 않는다. 혹시 강가 모래밭에서 다른 아이들과 씨름이라도 하고 있는 것일까. 아니면 버드나무에 기대서 풀피리라도 간드러지게 불고 있는 것일까. 그러나 그럴 가능성은 거의 없어 보인다. 소더러 혼자 건너라고 내버려둘 수는 없을 테니 말이다.

그렇다면 녀석은 대체 어디로 잠적한 것일까? 있을 만한 곳은 한 군데, 그러니까 물속밖에 없다. 그렇다면 소를 타고 강을 건너던 녀석이 강 중간쯤에 이르자 물속으로 풍덩 뛰어들었다는 말인가? 모든 정황을 고려할 때 그럴 가능성이 가장 높다. 굳이 서둘러 집에 가야 할 이유가 어디 있겠는가. 날씨는 덥고 기분은 꿀꿀한 데다, 일찍 가 봤자 귀찮게 잔심부름을 시키거나 아니면 동생을 돌보라고 할 것이 뻔한데 말이다.

"땡땡이치는 거지 뭐."

녀석은 이렇게 속으로 중얼거리며 지금 물속 어디쯤을 신나게 잠영潛泳하고 있을 것이 틀림없다. 물살에 흐트러진 검은 머리카락, 부릅뜬 눈, 작은 풍선처럼 부풀어 오른 두 개의 귀여운 볼때기. 아마 입술은 조가비처럼 굳게 다문 채 헤엄을 치고 있으리라. 마치 수족관을 들여다보고 있을 때처럼 녀석의 모습이 환히 잡힌다. 겨우 소지품 두 가지를 보여 주고서 나에게 이런 정황을 상상하게 하다니 놀라운 일이 아닐 수 없다. 만약 아이를 생략하지 않고 쇠잔등에 앉혀 놓았더라면 어떠했을까? 나의 상상력은 지금처럼 이렇게 자유로울 수 있었을까? 아마 그렇지 못했을 것이다. 시선이란 보이는 사물에 쉽게 얽매이는 법. 그러니 보이지 않는 세계까지 어찌 다 거두어들일 수 있었겠는가. 숨기고도 드러낸 것보다 더 잘 드러낸 장인의 절묘한 의장意匠에 그저 말문이 막힐 뿐이다. 마치 동양미학의 전형을 보는 것 같다.

산수화에서 산사를 그릴 때도 그렇다. 고지식하게 절집 전체를 다 그리는 바보는 없다. 길이 다하는 곳에 일주문一柱門 하나만 그려 놓고 시치미를 뗀다. 저 울창한 숲 속에 산사가 있다. 지금은 녹음이 우거져서 보이지 않을 뿐이다. 마음을 가라앉히고 고요히 귀를 기울여 들어보라. 솔바람을 타고 들려오는 독경 소리 사이사이로 청아한 풍경 소리가 들리지 않는가. 이렇게 우긴다. 그런데 이런 억지가 도무지 밉지 않다. 구차스러운 설명을 뛰어넘는 저 경쾌한 비약. 상쾌하다 못해 통쾌하다. 이런 비약은 때때로 우리에게 정직한 일상을 가볍게 초월하는 쾌감을 준다.

인사동에서 처음 보는 순간 녀석은 이미 나의 것이 되어 있었다. 아니다. 나는 이미 녀석의 것이 되기로 예정되어 있었던 것이리라.

그림을 그릴 때 나는 이 문진으로 화선지를 눌러놓는다. 화선지 한 귀퉁이에 놓인 물소를 보고 있으면 긴 화선지 한 장이 그대로 장강長江이 되어 넘실거린다. 하얗게 작열하는 남국의 태양 아래 은빛으로 빛나는 물비늘을 헤치며 물소 한 마리가 나를 향해 천천히 헤엄쳐 오고 있는 것이다.

그림이 잘 되지 않을 때면 붓을 잠시 멈춘다. 그리고 눈을 반쯤 감고 이놈을 바라본다. 그렇게 하고 있으면 물속을 잠영하던 아이가 더는 못 참겠다는 듯이 '푸푸'거리며 화선지를 찢고 불쑥 내 앞에 솟구쳐 오를 것만 같다. 햇볕에 가무잡잡하게 그을린 녀석이 숨을 몰아쉬면서 내뿜는 시원한 물보라! 아, 이럴 때 내 옷은 속수무책으로 흠뻑 젖고 만다.

– 〈물소 문진〉

3. 이야기 조직의 기본원리

1) 이야기 요약과 조직원리

모든 문학 텍스트는 핵심적인 이야기의 조직 방법과 전개 과정 속에 고유한 미적 구조를 숨기고 있다. 이러한 사실은 원소재인 스토리를 미적 이야기의 질서로 변형시켜 재배열한 플롯 라인을 확인하는 과정에서 쉽게 드러난다. 문학성과 의미작용이 심오하고 복잡할수록 텍스트의 패러프레이즈는 용이하지 않다. 전체 텍스트를 해체하여 핵심적인 의미 기능을 패러프레이즈하면 다음과 같다.

① 내 책상엔 아랫도리가 없는 물소 문진이 있다.(사실) (강물에 잠겨 있음? 뒤미처 오는 송아지 재촉? 공격의사 없음 말함?)(상상) ② 왼쪽 엉덩이 위의 S자형 꼬리가 긴장하고 있다.(사실) (파리 떼 혼내주려고? 마지막 자존심?)(상상) ③ 물소 등에는 아이의 소지품만 보인다.(사실) (중국산 문진? 소지품이 우리의 것과 비슷?)(상상+경험 재구성) ④ 모자와 가방을 보니 근처에 아이가 숨어 있다.(사실) (씨름놀이? 풀피리? 소 혼자 도강 불가?)(상상+경험 재구성) ⑤ 아이는 물속으로 잠적한 것 같다.(상상) (물속? 일찍 귀가 이유 없음?)(상상+경험 재구성) ⑥ 물속에서 잠영하며 땡땡이치고 있을 것이다.(상상) (땡땡이치며 잠영? 녀석 모습이 환히 잡힘?)(상상+경험 재구성) ⑦ 아이를 숨긴 절묘한 의장에 탄복한다.(사실) (아이가 쇠잔등에 있다면?)(상상) ⑧ 산수화의 작화법은 생략과 시치미떼기다.(사실 ; 산수화 작법) (저 경쾌한 비약? 초월의 쾌감?)(상상) ⑨ 문진과의 만남에서 필연을 직감했다.(사실) (만남의 예정?)(상상) ⑩ 그림을 그릴 때, 이 문진으로 화선지를 눌러놓는다.(사실) (화선지가 장강 되어 넘실거림? 물소 한 마리 헤엄쳐 옴?)(상상) ⑪ 그림을 멈추고 문진을 바라본다.(사실) (아이가 솟구쳐 오를 것만 같음? 아이가 내뿜는 물보라?)(상상) ⑫ 내 옷이 물보라에 흠뻑 젖는다.(상상)

이상의 문장 요약을 항목식으로 다시 압축하면 다음과 같다. ① 하체가 잠긴 물소 문진, ② 긴장한 꼬리, ③ 소지품만 보임, ④ 아이 숨음, ⑤ 물속 잠적, ⑥ 땡땡이치기, ⑦ 생략 의장에 탄복, ⑧ 비약기법의 쾌감원리, ⑨ 만남의 필연, ⑩ 작화 시 물소 상상, ⑪ 상상 속 아이 발견, ⑫ 상상 체험의 쾌감 즐김 등으로 정리할 수 있다.

이렇게 정리한 플롯 라인을 사건의 발생시간 순서로 환원시키면 스토리 라인의 정체가 드러난다. 작가는 스토리 라인의 통찰 과정에서 불필요한 이야기를 삭제하고, 미적 기법을 삽입하여 재구성하는 방식으로 아래와 같이 플롯 라인을 재조직했기 때문이다.

플롯 라인과 스토리 라인의 대비를 통하여 드러난 중요한 기법은 서너 가지쯤 된다. 우선, 전체 이야기의 조직 원리다. 작가는 연결법連結法을 도입하여 소재의 독특한 외형이 주는 이미지로부터 생성되는 상상 체험을 즐기는 방식과 과정을 보여 준다. 연결법이란 작가가 소재의 모든 이야기들을 차례로 경험하여 하나의 주제로 통합하는 방식이다. 따라서 주제는 강력하게 통일된 단성적인 목소리를 지향한다.

두 번째 기법은 단락의 조직방식 속에 숨겨져 있다. 모든 단락의 전반부에는 사실 체험의 내용을 서술하고, 후반부에는 그것을 대상으로 한 상상 체험을 서술하는 방법을 쓴다. 이를테면 매 단락에서 '사실 관찰+상상 체험'의 반복구조를 패턴화하여 텍스트의 의미를 창조한다.

세 번째는 물소 문진이라는 동일한 제재를 놓고, 사실 진술과 상상 체험을 교차법交叉法 형태로 배열하여 의미망을 구조화한다. 사실 진술은 상상 체험을 가능하게 열어 주는 동기로 작용하고, 상상 체험은 그 결과로써 생성된다.

마지막으로 단락 ⑧, ⑨를 제외한 모든 단락이 순차적인 배열을 하고 있다는 점이다. 이는 순서order의 시간 착오를 거의 활용하지 않고 시간 순서에 따른 사건의 배열법을 사용했다는 뜻이다. 이럴 경우 뒤에서 다시 언급하겠지만, 텍스트의 구조적 울림이 문제될 수 있다.

2) 이야기의 전개원리

이 수필은 모두 12개의 단락으로 조직된 이야기다. 매 단락은 사실 진술과 상상 체험이라는 패턴을 교차시켜 텍스트의 의미망을 조직한다. 그 결과 전체 이야기의 전개구조는 발단－전개－절정－결말의 전통적인 4단 구성 방법을 보여 준다. 이와 같은 4단 구성법은 거의 순차적인 사건의 배열이라는 점에서 강력한 주제의 통일성을 창조하는 데는 유리하지만, 미적 울림을 생성하는 데는 한계가 있다.

먼저, 발단 단계는 단락 ①, ② 부분이다. 주로 제재의 독특한 생김새를 소개하고, 그로 인해 장차 벌어질 상상 행위에 대한 암시가 주어진다. 따라서 발전 단계는 작가의 상상 행위에 동기를 부여하는 제재들(물소 문진의 재료, 생김새, 표정, 물소의 고향, 꼬리 모습)에 대한 독특한 정보를 제공한다. 이러한 정보들은 독자의 궁금증을 유발하고, 이후 그것들을 중심으로 다양한 상상이 펼쳐질 수 있음을 시사한다.

전개 단계는 단락 ③~⑨에 해당된다. 이 단계에서 가장 중요한 정보는 물소 등에 타고 있어야 할 아이의 부재 문제다. 아이는 보이지 않고, 그의 소지품인 밀짚모자와 멜빵가방만 보인다. 이러한 사실 정보들은 아이가 숨은 곳을 짐작하게 도와주는 보조관념의 역할을 한다. 그것은 아이가 어디에 숨어서 무슨 짓을 하고 있는지를 상상하도록 돕는 역할을 한다.

전개 단계에서 작가에게 상상 체험의 기쁨을 주는 것은 세 가지다. 첫째는 물소의 어린 주인의 행방을 좇는 일이며, 둘째는 아이의 소지품이 작가의 유년 시절의 모습과 유사하다는 점, 셋째는 물소 문진의 예술성을 완상하고 평가하는 일이다. 전개 단계의 후반부는 문진의 구입 장소(인사동)에 대해 언급하는 부분이다. 이는 소재의 출처를 밝힘으로써 허구성에 대한 논란을 피하고 이야기에 사실성을 부여하기 위한 의도, 그리고 물소 문진과 작가와의 필연적 인연성을 들어 그 가치를 강조하고 있는 부분이다.

절정 단계는 단락 ⑩, ⑪에서 확인된다. 이 단계에서는 물소 문진에 대한 몰입적 상상을 통하여 상상 체험의 절정을 보여 준다. 그림을 그릴 때 화선지를 눌러놓은 물소 문진을 보며 물소가 장강長江을 헤엄쳐 오는 장면을 상상하는 장면과 붓을 멈출 때, 물속에서 잠영하던 아이가 화선지를 찢고 '푸푸'거리며 나오는 장면을 상상하는 장면이다.

결말 단계(⑫)는 상상 체험의 쾌감에 빠져 일종의 자아도취적 경지에서 행복해하는 작가의 모습을 보여 주는 마지막 문장이다.

4. 상상수필의 창조기법

작법의 관점에서, 이 수필의 창의성은 제재의 외적 이미지로부터 내적 상상 체험을 이끌어 내는 방법과 기법에서 발견된다. 이러한 성과는 작가의 감수성 넘치는 순발력과 심미적 안목, 그리고 자기 체험의 깊이 등이 어울려 만들어 낸 결과다.

작가는 1차 재료인 물소 문진을 매개 삼아 독자들에게 향수 짙은 유년 시절의 상상 체험을 이끌어 내고, 그를 통하여 작가의 영원한 그리움의 시공간인 유년 시절의 체험과도 등가적으로 이어 준다. 여기서 작가가 노리는 미적 상상의 체험효과는 유년기의 풋풋한 체험에 대한 동경의식이다. 그러한 상상 체험을 불러내기 위해 작가는 패턴, 몽타주, 설의법, 대화법, 상호텍스트성, 몰입기법, 낯설게 하기 등의 기법을 도입한다.

1) 교차패턴

이 텍스트의 구조 속에서 의미를 생성하는 가장 중요한 기법은 패턴이다. 단락마다 사실 진술을 앞세운 뒤, 그에 대한 상상 체험을 곁들이는 방식으로 이야기를 전개함으로써 전체적으로는 겉이야기와 속이야기가 교차 전개되는 형태를 보여 준다. 즉 사실 진술인 겉이야기는 속이야기의 상상을 불러일으키는 보조관념의 기능을 수행하고, 작가가 상상하는 속이야기는 겉이야기의 원관념 구실을 한다.

여기서 패턴의 기능에 유의할 경우, 의외의 구조적 특성을 밝혀낼 수 있다. 예컨대 패턴을 주제의 형상화를 돕는 논리적 기능과 인물의 성격 창조와 사건의 동기부여를 돕는 심리적 기능으로 유형화할 때, 이 텍스트는 두 가지 기능을 통합적으로 활용한다. 즉 사실 관찰 패턴은 상상 체험의 패턴을 잉태하게 만들고, 상상의 즐거움을 가져다주는 심리적 동기로 작용한다. 작가가 물소 문진으로부터 이끌어 내는 상상의 즐거움은 패턴이 누적적으로 증폭시켜 만들어 낸 결과물이다.

또 하나의 패턴은 "그림을 그릴 때"와 "그림이 잘 되지 않을 때" 반복적으로 떠올리는 상상 체험

행위와 관련된다. 전자는 넘실거리는 장강을 헤치며 헤엄쳐 나오는 물소 한 마리를 상상하는 일이며, 후자는 잠영하던 아이가 화선지를 찢고 불쑥 솟구쳐 오를 것만 같은 정황을 상상하는 패턴이다. 이 두 패턴은 리얼한 상상 체험을 통해서 순진무구한 어릴 적 추억을 환기시켜 준다는 점에서 심리적 기능과 상상 체험을 통한 미적 쾌감의 향수라는 측면에서 주제적 기능도 수행한다.

여기서 제재에 대한 '사실 관찰'은 이 수필이 허구적 창조가 아님을 보여 주고, '상상 체험'은 그로부터 상상해 낸, 이른바 실재에 바탕을 둔 또 하나의 사실 체험임을 보증한다. 따라서 작가의 상상은 허구가 아니라 실제로 존재했던 상상 체험의 일부분이 된다.

2) 몽타주

이 작품에서는 다양한 몽타주를 혼용한다. 물소 문진의 출처를 상상하면서 "청동으로 만든 것인데, 소의 아랫도리가 보이지 않는다", "중국 양쯔 강이거나 메콩 강 지류 어디쯤에 사는 물소다", "물소는 중국 그림에 자주 등장하는 소재인데, 등에다 아이를 태우고 강을 건너는 광경을 그린 것이 대부분이다" 등이 그 예다. 이런 형태 몽타주는 제재로부터 작가와도 유관한 동양미학의 보편성과 유년 체험의 등가적 보편성을 찾아내기 위한 전략이다.

아이의 소지품에 대한 관찰 몽타주도 상상력을 효율적으로 환기해 내기 위한 전략이다. "챙이 넓은 밀짚모자와 그 밑에 멜빵이 달린 가방 하나. 신발은 보이지 않는다", "1950년대 우리처럼 그곳 아이들도 맨발로 사는 모양이다. 가방은 우리가 어렸을 때 메고 다니던 것과 비슷하다. (중략) 그래서 김치 국물이나 풀물이 든 자국이 몇 군데쯤 얼룩져 있을 법한 그런 가방이다", 이런 식의 몽타주 역시 작가의 유년 풍경과 추억을 불러내어 등가화시키기 위한 의도다.

아이가 숨은 곳을 상상하기 위한 공간 몽타주 또한 풍성하다. 예컨대 "모자와 가방이 있는 것을 보면 근처 어디쯤에 녀석이 있는 것이 분명하다", "혹시 강가 모래밭에서 다른 아이들과 씨름이라도 하고 있는 것일까. 아니면 버드나무에 기대서 풀피리라도 간드러지게 불고 있는 것일까", "그렇다면 녀석은 대체 어디로 잠적한 것일까", "물속으로 풍덩 뛰어들었단 말인가?", "지금 물속 어디쯤을 신나게 잠영하고 있을 것이 틀림없다. 물살에 흐트러진 검은 머리, (중략) 마치 수족관을 들여다보고 있을 때처럼 녀석의 모습이 환히 잡힌다", 이러한 몽타주 기법들도 유사성과 동일성을 불러내어 작가의 유년 체험과 향수를 효율적으로 환기하도록 돕는다.

3) 설의법

설의법設疑法은 의문 형식을 통하여 보다 적극적으로 결론을 강조하거나 유도하는 수사법이다. "만약 아이를 생략하지 않고 쇠잔등에 앉혀 놓았더라면 어떠했을까? 나의 상상력은 지금처럼 이렇게 자유로울 수 있을까?" 이것은 작가가 언급한 동양미학의 전형인 생략과 비약을 통한 함축의 미학적 기능을 강조하거나, 물소 문진의 예술성이 동양미학의 전형적 수준에 도달한 수작임을 보여 주기 위한 서술전략의 일종이다.

4) 대화법

이 텍스트에서 대화는 두 군데서 발견된다. 하나는 단락 ①의 끝부분에서, "댁을 공격할 생각 같은 건 전혀 없거든요"라는 소의 내적 독백 같은 문장이다. 이것은 "입을 약간 벌린 채 목을 오른쪽으로 틀어서 살짝 들고" "초승달처럼 잘 휘어진, 크고 긴 두 개의 뿔은 뒤쪽을 향하고" 있는 소의 마음을 작가가 상상하는 대목이지만, 소의 마음은 물속으로 잠적해 버린 어린 주인의 행방을 쫓고 있는 게 분명하다.

또 하나의 대화문은 "땡땡이치는 거지 뭐"다. 이 또한 소를 몰던 아이의 독백처럼 들리지만, 사실은 작가의 "굳이 서둘러 집에 가야 할 이유가 어디 있겠는가. 날씨는 꿀꿀한 데다, 일찍 가봤자 귀찮게 잔심부름을 시키거나 아니면 동생을 돌보라고 할 것이 뻔한데 말이다" 등과 같은 아이의 마음을 대신한 작가의 상상적 독백이다.

이러한 대화들은 결국 물소와 아이의 마음을 대신 읽어 주는 상상기법을 통하여 특별한 흥미를 제공함은 물론, 독자를 작가의 유년의 세계로 끌어들이는 촉매 역할을 한다.

5) 상호텍스트성

상호텍스트성이란 한 작품과 다른 작품과의 의미론적 · 형태적 · 구조적 상관성 등을 총칭하는 말이다. 이는 두 텍스트 사이의 영향과 수용관계로도 설명할 수 있으나, 의식적이든 무의식적이든, 명시적이든 묵시적이든, 동일 작가의 작품 사이, 텍스트와 텍스트 사이, 작가와 작가 사이, 작가와 독자 사이, 서로 다른 장르 사이에서 발생하는 대화적 관계를 일컫는 말이다.

수필 〈물소 문진〉에서 발견되는 대표적인 상호텍스트적 자료는 단락 ⑧에서 물소 문진의 미학적 평가를 위해 끌어들인 산수화의 작법이다. 그것은 산사山寺를 그리면서 절집 전체를 다 그리지 않고 일주문 하나만을 그려놓고 시치미를 떼는 생략과 함축의 기법을 물소 문진의 미학성과 연결시키기 위해 도입한 자료다.

단락 ②에서 물소의 산지를 중국 양쯔 강이나 메콩 강 지류쯤으로 상상하고, 단락 ③에서 중국 그림에 자주 등장하는 물소 소재에 대한 언급도 두 가지 심미적 의도를 갖고 있다. 첫째는 동양미학의 전형적 특성을 암시하기 위한 배려이며, 둘째는 물소 문진의 문화적 배경과 작가의 유년 환경을 상호텍스트적으로 연결하기 위한 전략이다. 아이의 소지품을 1950년대 우리와 연결하는 것도 문화적 보편성을 불러내어 작가의 체험과 연결시키기 위한 전략이다.

단락 ⑤에서 아이의 잠적 상황과 그 심리를 손쉽게 상상하고, 단락 ⑥에서 아이의 잠영 모습을 환히 꿰뚫어 보는 장면도 자신의 유년 체험을 상호텍스트적으로 연결시킨 결과다.

6) 몰입기법

몰입이란 관조의 상황에서 대상의 본질과 소통하기 위해 주객일체의 상황에 놓이는 것을 말한다. 이를 위해 작가는 2단계의 심리적 체험전략을 활용한다. 즉 작가의 마음을 대상에 투사投射, projection하여 자아를 대상화한 뒤, 다시 그 대상의 통찰 결과를 자아화하는 동화同化, assimilation 과정을 체험한다. 작가는 관조를 통하여 자신의 마음을 물소 문진에 몰입시킨 뒤, 그 대상으로부터 자신의 유년 체험을 읽어내는 심미적 소통행위에 참여한다.

이 작품의 몰입기법은 단락 ⑩, ⑪, ⑫에서 발견된다. 단락 ⑩에서 작가가 "그림을 그릴 때" 문진으로 눌러놓은 화선지가 장강長江이 되어 넘실거리고 물소 한 마리가 나를 향해 천천히 헤엄쳐 오고 있는 모습을 상상하는 것도 몰입의 결과다. 이는 작가가 물소 문진을 중개자로 삼아 몰입의 상황 속에서 체험하는 심미적 환상의 세계다.

단락 ⑪에서 "눈을 반쯤 감고" 있으면 물속을 잠영하던 아이가 '푸푸'거리며 화선지를 찢고 불쑥 내 앞에 솟구쳐 오를 것처럼 상상하는 것도 몰입적 관조의 결과다. 그리고 여기서 시원한 물보라를 내뿜는 가무잡잡하게 그을린 녀석은 작가가 물소 문진을 중개자로 하여 몰입의 상황 속에서 떠올리는 자화상이다. 단락 ⑫에서 "아, 이럴 때 내 옷은 속수무책으로 흠뻑 젖고 만다"는 독백도 몰입을 통한 환상 체험의 결과다. 이처럼 작가는 몰입기법을 사용하여 대상으로부터 유년의 추억을 흥미롭게 환기해 내는 데 성공한다.

7) 낯설게 하기

오에 겐자부로는 비평 방법과 창작 방법으로서 낯설게 하기defamiliarization를 제의한 바 있다. 일반적으로 낯설게 하기는 모든 문학언어와 기법, 장치, 구조 등에 이르기까지 텍스트의 창조에 활용된 일체의 창작 방법을 총칭하는 말이다. 예컨대, 플롯은 스토리를 예술적으로 낯설게 만드는 대표적인 미적 변형 방법이며, 문학언어는 텍스트의 문맥 속에서 일상언어를 낯설게 사용한 특수한 기호가 된다. 〈물소 문진〉에서 발견되는 다채로운 낯설게 하기 장치 중 특별한 것은 상상수필의 구조와 형식이다. 아랫도리가 물속에 잠긴 물소의 형상과 소를 몰던 아이의 두 가지 소지품만을 보조관념으로 하여 소의 마음과 숨은 아이의 정황을 상상의 패턴으로 이끌어 내고, 나아가 작가의 유년 체험을 원관념으로 등가화하여 보여 주는 3중 구조 속에서 낯설게 하기의 진수가 발견된다. 이러한 낯설게 하기 전략을 위해 작가는 앞서 설명한 투사와 동화의 메커니즘을 활용한다. 이와 같이 작가는 입체적인 상상 체험을 유도함으로써 수필의 체험 범주를 확대하고, 유년 시절에 대한 동경의 심리를 극대화한다.

5. 경험의 재구성과 심미 체험

1) 이미지로 상상하는 세계

상상수필이 주는 재미는 제재의 독특한 외적 형상으로부터 받은 이미지(시각과 운동감각)를 모티프로 하여 개연적인 이야기를 풀어내는 상상의 힘에서 나온다. 특히 〈물소 문진〉의 상상 체험은 작가의 예리한 감수성과 재미가 어울려 독특한 미감을 창조한다.

이 수필의 제재(물소 문진)가 주는 이미지는 풍부하다. 첫째, 아랫도리가 강물에 잠겨 있는 물소. 둘째, 입을 약간 벌린 채 목을 틀어 살짝 들고 있는 모습. 셋째, 긴장한 듯 왼쪽 엉덩이에 S자형으로 올려놓은 꼬리, 넷째, 소의 등에 실려 있는 소지품. 다섯째, 장강을 건너오는 물소 등에서 제재의 이미지들이 몽타주 된다.

우선, 아랫도리가 강물에 잠긴 물소는 강을 건너는 운동감각 이미지와 시각 이미지가 더하여 강렬하고도 풍부한 연상 작용을 일으킨다. 게다가 물소가 입을 약간 벌린 채 목을 오른쪽으로 틀어 살짝 들고 있는 모습에서는 누군가를 찾고 있다는 이미지를 유발한다. 아마도 조금 전까지 등에 타고 있던 어린 주인이 보이지 않기 때문이 아닐까 싶다. 왼쪽 엉덩이의 S자형 꼬리의 시각적 이미지는 물속으로 사라진 어린 주인을 긴장하여 응시하고 있다는 증거일 것이다.

이 수필에서 상상의 백미는 역시 소의 등에 타고 있어야 할 아이가 보이지 않고, 그의 소지품인 모자와 가방만 보인다는 점에서 발생한다. 작가의 상상은 그 두 소지품을 근거로 아이의 잠적지와 잠적 사유에 대한 연상으로 전개된다. 아이의 잠영潛泳 사유를 꿀꿀한 날씨에다 귀찮은 잔심부름이나 동생을 돌보는 일을 기피하기 위해 땡땡이치는 것이라고 상상하는 재치도 기실은 자신의 유년 체험에 빗댄 것이다.

이러한 유아 심리적 상상이 가능한 것은 그것들이 소년 시절에 유사한 경험을 한 작가의 경험에 의해 재구성되기 때문이다. 그러기에 작가의 상상 행위는 물소 문진만을 보고 상상하는 이야기임에도 불구하고 실제를 방불케 하는 체험적 사실성을 뒷받침한다.

2) 경험의 재구성과 재미

이 수필의 미적 쾌감이나 재미는 전적으로 작가의 상상 체험에서 나온다. 그것은 작가가 이 수필을 쓰는 과정에서 발생했을 수도 있고, 그림을 그리거나 붓을 멈추고 대상을 직관하는 몰입적 상상의 상황 속에서 발생한 것일 수도 있다.

여기서 작가의 상상 행위가 자기 체험에서 나온 경험의 재구성이라는 근거는 충분하다. 단락 ③의 "1950년대 우리처럼 그곳 아이들도 맨발로 사는 모양이다. 가방은 우리가 어렸을 때 메고 다니던 것과 비슷하다. (중략) 김치 국물이나 풀물이 든 자국이 몇 군데쯤 얼룩져 있을 법한 그런 가방이다", 단락 ④의 "혹시 강가 모래밭에서 다른 아이들과 씨름이라도 하고 있는 것일까. 아니면 버드나무에 기대서 풀피리라도 간드러지게 불고 있는 것일까. 그러나 그럴 가능성은 거의 없어 보인다. 소더러 혼자 건너라고 내버려 둘 수는 없을 테니 말이다", 단락 ⑤의 "있을 만한 곳은 한 군데, 그러니까 물속밖에 없다. (중략) 굳이 서둘러 집에 가야 할 이유가 어디 있겠는가. 날씨는 덥고 기분은 꿀꿀한 데다, 일찍 가봤자 귀찮게 잔심부름을 시키거나 아니면 동생을 돌보라고 할 것이 뻔한데 말이다", ⑥장의 "땡땡이치는 거지 뭐. 녀석은 이렇게 속으로 중얼거리며 지금 물속 어디쯤을 신나게 잠영潛泳하고 있을 것이 틀림없다. (중략) 마치 수족관을 들여다보고 있을 때처럼 녀석의 모습이 환히 잡힌다"라는 진술 등에서 확인된다.

그렇다면 이 수필의 상상 체험은 근거 없는 상상이 아니라, 작가의 과거 체험에 바탕을 두고 재구성되었음이 확실하다. 그리고 작가의 이런 상상 체험은 그 경험의 보편성으로 인하여 감정이입을 쉽게 일으키고 독자의 상상 체험을 유도함으로써 자연스럽게 공감대를 구축한다. 이를테면 어린 시절에 그와 비슷한 체험을 한 독자가 자신의 과거 체험과 정서적으로 통합함으로써 상상력의 시너지 효과를 만들어 낸다.

이와 같은 논리는 노드롭 프라이의 상상력 이론에 의해서도 뒷받침된다. 그에게 "상상력이란 인간의 경험을 토대로 하여 있음직한 본보기를 구성하는 힘"이다. 다시 말해서, 상상력은 작가가 살고 있는 현실의 경험세계를 바탕으로 작가가 살고 싶은 미래의 이상세계를 꿈꾸게 해 주는 힘이다. 따라서 작가 손광성은 이 물소 이미지를 촉매 삼아 자신의 유년 시절을 바람직한 동경의 세계로 환기하고 있는 것이다.

손광성의 상상 체험이 경쾌하고 상쾌하며 통쾌한 미감을 안겨 주는 것도 그 그리움의 대상이 눈앞의 상상 공간에서 시원스레 실현되고 있기 때문이다. 그리고 작가의 상상 체험이 돌아갈 수 없는 순진무구의 시절을 상상으로나마 돌려주기 때문이다.

6. 작가의 욕망과 통과제의

1) 작가의 욕망과 그 실체

모든 문학작품 속에는 작중인물의 욕망이 숨어 있다. 수필문학에서도 작가 자신이나 작중인물의 욕망이 중요한 탐구 대상이다. 일반적으로 수필 속에서도 작중인물의 욕망의 지향의식 속에 주제와 바람직한 인간상이 내재한다.

수필 〈물소 문진〉에서 1차 욕망체계의 원관념은 물소의 엉덩이 위에 올려놓은 S자형 꼬리와 소의 등에 실려 있는 두 가지 소지품을 보조관념으로 하여 암시된다. 이때 물소 문진이 지향하는 원관념은 문진의 제작자가 꿈꾸었던 물소의 고향에 살았던 소년이다.

그러나 작가 손광성이 지향하는 2차 욕망체계의 원관념은 물소와 중국 소년에 의해 다시 굴절되어 환기되는 유년 시절의 자기 자신이다. 손광성은 중국제 물소 문진과 중국의 어느 소년을 중개자로 삼아 자기 자신의 어린 시절을 욕망하고 있다는 말이다.

따라서 물소 문진이 1차적으로 암시하는 중국 시골 소년은 보조관념에 불과하다. 작가가 암시하고자 하는 진정한 욕망의 대상(원관념)은 작가가 상상력으로 불러낸 유년기의 자신이다. 이처럼 작가의 상상 체험은 물소 문진을 매개로 자신의 유년 체험을 환기하여 재구성하는 데까지 나아간다. 이러한 상상 체험이 흥미롭고 소중한 것은 그것이 잃어버린 동심의 세계, 되찾고 싶은 순진무구한 욕망의 세계를 환기하기 때문이다.

작가의 유년 체험의 욕망행위는 여기서 끝나지 않는다. 비록 작중에서는 침묵하고 있지만, 그 순수성과 근원성으로 말미암아 작가의 유년 시절은 궁극적으로 유토피아적 환상으로 채색되어 환기된다.

2) 영원한 욕망과 통과제의

일반적으로 수필작품 속에서 궁극적으로 환기되는 것은 작가가 꿈꾸는 이상향이거나 이상적 자아상이다. 비록 현실 속에서는 실현 불가능한 욕망이라 해도 수필작품 속에서는 변증법적인 욕망의 성찰과 지향 형식을 통하여 갈망할 수 있다.

그런 의미에서 윌리엄 워즈워스가 〈무지개〉에서 보여 준 청정한 동심의 세계는 모든 성인들이 돌아가고자 갈망하는 신화적 순결성과 원초성이 묻혀 있는 통과제의적 세계다. 순수성과 진솔성을 잃어버리고 타락한 세속의 길을 걸어온 성인들이 늘 돌아가고자 갈망하는 세계는 현실 너머에 똬리를 틀고 있는 모성성이나 고향의식과 관련된다.

바로 그런 관점에서 이 수필의 욕망세계 또한 단순한 상상수필의 범주를 넘어선다. 그것은 다름 아닌 모성의 고향으로 돌아가고픈 통과제의적 욕망이 숨어 있기 때문이다. 그러므로 작가가 그림을 그리거나 그림을 멈추고, 상상력으로 물소 문진을 응시하며 관조하는 것은 유년의 세계로 이입하기 위한 통과제의적 행동이다. 그래서 이 작품은 돌아갈 수 없는 고향(함경도)을 둔 실향민 작가에게 간절한 그리움과 향수鄕愁의 상징물이 된다.

7. 은장미학과 해석미학의 호응

1) 감춤과 밝힘의 미적 호응

이 수필을 읽는 즐거움은 물소 문진에 내포된 이야기를 상상력으로 풀어내는 작가의 탁월한 심미안과 수준 높은 격조의 완상에 있다. 문진 조각가가 생략과 함축의 기법으로 감춤과 숨김의 은장隱藏미학을 창조했다면, 손광성은 다시 밝힘과 해석의 미학을 형상화한다. 이 작품이 주는 세련된 미의식은 전적으로 감춤의 구조를 밝힘의 구조로 해석해 내는 작가의 재치 있고 싱싱한 상상력에서 나온다.

이러한 문진 조각가와 손광성의 화답 형식 속에는 고급스런 동양미학의 기법이 내재한다. 전자가 생략과 함축으로 오히려 많은 이야기를 들려주는 이소친밀以疏襯密의 기법으로 조각작품을 창조했다면, 후자는 거꾸로 물소 문진에 함축된 이야기를 풍부한 상상력으로 풀어냄으로써 물소 문진의 미학성을 돋보이게 하는 이밀친소以密襯疏의 기법으로 형상화한다. 이런 근거는 “숨기고도 드러낸 것보다 더 잘 드러낸 장인의 절묘한 의장에 그저 말문이 막힐 뿐이다”라는 표현과 단락 ⑩, ⑪, ⑫에서 실상을 방불케 하는 작가 자신의 상상 체험에 대한 묘사를 들 수 있다. 따라서 전자가 은장隱藏의 수법을 썼다면, 후자는 그러한 은장의 미학을 해석解釋의 미학으로 풀어헤침으로써 두 작가의 상상력이 상호텍스트적으로 호응하며 화답한다.

두 작가의 미적 호응전략은 보다 깊숙한 곳에 순진무구한 유년의 추억을 숨기고 있다. 그것을 미적으로 감추고, 미적으로 불러오는 과정에서 두 작가는 행복한 상상력의 해후를 한다. 그 한복판에 두 작가가 예술을 매개로 삼아 공통으로 갈망하는 유년기의 자화상과 환상의 세계가 숨 쉬고 있다.

2) 기운생동의 창조미학

임태승의 주장에 따르면, “서로 관계하는 양자의 호응” 속에서 기운생동은 실현된다. 물소 문진의 제작자는 고개를 두리번거리며 어린 주인을 찾는 듯한 물소의 동세動勢와 물속에 숨어서 땡땡이를 치는 어린 주인의 정세靜勢가 호응하여 긴장감을 만들어 낸다.

손광성 역시 그림을 그릴 때, 화선지를 눌러놓거나 붓을 멈추고 문진을 바라보는 정세靜勢의 몰입 상황에서 장강을 건너오는 물소 한 마리(단락 ⑩)와 아이가 화선지를 찢고 불쑥 솟구쳐 오를 것만 같은 동세動勢인 환상을 본다(단락 ⑪). 이렇게 정과 동의 이미지가 만들어 내는 호응관계 속에서 역동적인 기운생동의 미학이 생성된다. 그리고 전체적으로는 물소 문진의 조각가가 함축의 기법으로 정靜의 기운을 만들어 냈다면, 손광성은 해석과 밝힘의 기법으로 동動의 기운을 만들어 냄으로써 양자가 합세하여 기운생동의 미학을 창조한다.

3) 초월적 쾌감과 방일

손광성은 아마도 물소 문진의 생략과 비약의 품격을 일격逸格의 수준으로 평가하는 듯하다. 일격은 동양미학에서 최고의 격조와 수준을 칭하는 평가의 언어다.

임태승의 주장처럼, 일격은 "정해진 법도를 넘어서고 벗어난 데서 맛보는 해방과 자유, 그리고 통쾌의 예술정신을 표현"한 작품을 일컫는다. 문진 조각가는 생략과 함축을 통한 일상의 초월과 비약의 자유를 추구했다면, 수필가 손광성은 상상력을 빌려 해석의 자유를 누린다는 점에서 이들의 논법은 방일放逸의 수준을 구가한다.

다시 말해서, 문진 조각가가 물소의 하체를 생략하고, 입을 약간 벌린 채 고개를 살짝 들고 있는 형상을 창조함으로써 감상자에게 무한한 상상의 자유를 해방시켰다면, 손광성은 전자가 생략한 숨은 이야기를 마음껏 풀어내는 자유와 해방감을 만끽한다. 그리고 방일의 기쁨을 주고받는다.

하지만 몰입을 통하여 상상의 자유를 구가하지만, 탈속적인 예술가의 경지나 우주의식으로 주객합일을 지향하지는 않는다는 점에서 초일超逸이나 청일淸逸의 경지에는 이르지는 못하는 것으로 보인다. "구차스러운 설명을 뛰어넘는 저 경쾌한 비약, 이런 비약은 우리에게 일상을 초월하는 쾌감을 준다"는 손광성의 고백도 이런 논리를 뒷받침한다.

8. 수사전략과 그 울림

일반적으로 울림이 큰 문학 텍스트 속에서는 4가지 설득전략이 유기적으로 구사된다. 이를테면 독자의 감각과 정서를 자극하여 설득하는 파토스의 힘과 작가의 인성적인 면을 보여 줌으로써 설득하는 에토스의 힘, 이야기의 내부 논리를 통해서 설득하는 로고스의 힘, 그리고 본질에 대한 깨달음으로 설득하는 영성의 힘 등이 그것이다.

수필 텍스트의 서술전략도 감각적 서술전략과 인성적 서술전략, 논리적 서술전략, 영적 서술전략 등으로 설명할 수 있다. 먼저, 감각적 서술전략은 거의 모든 단락에 골고루 분산 배치하여 시각적 이미지를 깨운다. 작가는 독자의 파토스를 활용한 감성적 설득전략을 물소 문진의 외양 묘사로부터 얻어 낸다. 이런 감성적 설득 요소들이 작가의 유년 추억을 깨우고, 독자들의 공감을 이끌어 내는 데 성공한다.

에토스적 서술전략은 단락 ①~⑥에 집중되어 있다. 이러한 수사전략은 모두 작가의 인성과 윤리적 성격을 보여 주는 단서들이다. 단락 ①에서 "뒤미처 오는 송아지를 재촉하고 있는 것일까"는 작가의 여린 성격과 보호본능을, 단락 ②에서 "자존심만은 적시고 싶지 않다는 뜻인지 알 수 없다"는 내성적인 성정을, 단락 ③에서 "등에 타고 있어야 할 아이가 보이지 않는다"는 온정적 성격을, 단락 ④에서 "소더러 혼자 건너라고 내버려둘 수는 없을 테니"는 염려와 인정이 넘치는 성정을, 단락 ⑤에서 "일찍 가봤자 귀찮게 잔심부름을 시키거나 아니면 동생을 돌보라고 할 것이 뻔한데 말이다"와 단락 ⑥에서 "땡땡이치는 거지 뭐"는 놀기 좋아하는 유년기 성격을 보여 주는 근거들이다. 작가의 상상에서 나온 에토스적 성향은 그 솔직성으로 인해서 독자들이 쉽게 설복당하는 특성을 보인다.

로고스적 수사전략은 주로 변증법적 전개논리를 비롯한 인과성의 논리, 플롯의 4단 전개논리 등을 통해서 종합적으로 실현된다. 먼저, 변증법적 서술전략은 아이의 존재 유무에 대한 상상 내용을 펼쳐 보이는 가운데 드러난다. 단락 ③, ④에서 변증법적 정正의 단계를 보여 주고 있다면("등에 타고 있어야 할 아이가 없다."), 단락 ⑤, ⑥에서는 반反의 과정을 보여 주고("지금 물속 어디쯤을 신나게 잠영하고 있을 것"), 단락 ⑪에서는 변증법적 합의 과정을 기발한 상상을 통해서 보여 준다("물속을 잠영하던 아이가 화선지를 찢고 불쑥 솟구쳐 오를 것만 같다."). 다시 말해서 작가는 "소등에 아이가 보이지 않음(正)→ 물속에서 잠영하고 있을 가능성이 있음(反)→ 아이가 행복한 표정으로 물속에서 솟구쳐 오름(合)"의 변증법적 논리에 실어 들려준다.

인과성의 논리는 "사실 진술+상상 체험"의 이중 서술구조 속에 숨겨져 있다. 작가는 물소 문진의 외양에 대한 사실 진술을 매개로 "아이 숨음(因)-물속 잠영(果)", "물속 잠영(因)-아이 출현(果)"의 흥미로운 연쇄과정을 인과적 상상으로 펼쳐 보인다. 이때 사실 진술이 기능적으로 상징의 보조관념(원인)에 해당된다면 상상 체험은 원관념(결과)에 해당됨으로써, 작가는 물소 문진을 매개로 자신이 꿈꾸는 상상의 세계를 인과적으로 제시한다.

4단 전개논리는 이미 앞에서 설명한 것처럼 전체 이야기를 발단(①~②)-전개(③~⑨)-절정(⑩~⑪)-결말(⑫)의 순서로 들려줌을 뜻한다. 이러한 전개논리는 작가가 이 텍스트를 자연스런 흐름으로 들려주고자 하는 의도의 표현이다.

그러나 영적 수사전략은 상대적으로 미약하다. 단락 ⑨에서 "인사동에서 처음 보는 순간 녀석은 이미 나의 것이 되어 있었다. 아니다, 나는 이미 녀석의 것이 되기로 예정되어 있었던 것이리라"라는 서술이 그 근거다. 이것은 작가가 물소 문진과의 만남을 불교의 필연이나 기독교의 예정설에 기대어 설명하고 있다는 의미에서, 만남 인연을 신이나 조물주의 우주적 창조행위와 연결시키고 있다는 해석이 가능하다. 하지만, 작가는 신비로운 만남의 인연을 설명하기 위해 영적 세계의 입구까지만 데려다 놓았을 뿐, 그 이상의 언급은 자제하고 있다.

9. 작가와 독자의 거리

문학작품은 궁극적으로 어디에 존재하는가? 독자들은 이 물음에 당혹감을 느끼기 일쑤다. 이에 대한 미학자 조요한의 주장은 명쾌하다. 즉 문학작품은 작가의 상상력과 텍스트의 상상력, 그리고 독자의 상상력이 만나는 제3의 현상적 공간에 존재한다.

문제는 이 3자의 상상력이 일치되지 못할 때 미적 거리가 생성된다. 이러한 거리는 다양한 방법으로 측정할 수 있지만, 손쉽게는 플롯 라인을 챙겨보는 길이 있다. 즉 플롯 라인을 스토리 질서로 환원시켜 대비해 보면 미적 변형 과정에서의 문제점이 드러난다.

사건의 발생시간 순서를 기준으로 볼 때 최초 사건은 단락 ⑧이다. 작가는 산수화 작법과 동양 미학에 대한 안목과 사전지식(⑧)을 토대로 인사동에서 물소 문진을 구입(⑨)했을 것이라는 논리에서다. 두 번째 사건은 당연히 문진과의 만남 이야기인 단락 ⑨가 된다. 그리하여 ②~⑦의 상상이 이루어지고, 그 결과로 ⑩, ⑪, ⑫의 상상 체험이 이루어진다.

그러나 작가는 플롯 라인의 배열 과정에서 최초 사건과 두 번째 사건을 여덟 번째와 아홉 번째 단락에 배치한다. 문제는 그러한 배열 방식이 미적 감동이나 울림의 생성에 크게 기여하지 못한다는 점에 있다. 따라서 플롯 라인의 단락 ⑨를 단락 ①의 뒤에 삽입하는 방식을 고려해 볼 수 있다. 그럴 경우 단락 ①은 도입 액자 기능을 발휘하여 단락 ②~⑦을 상상 체험인 내화로 끌어안고, ⑩~⑫를 종결 액자로 활용하게 됨으로써 미적 울림과 결말의 여운을 강화시킬 수 있다. 그런 논리에서 보면 단락 ⑨를 절정의 앞부분에 배치하기보다는 단락 ① 뒤에 삽입하면 단락 ⑧과 ⑩의 이야기도 자연스럽게 연결된다.

단락 ①의 말미에 붙은 물소의 내적독백("댁을 공격할 생각 같은 건 전혀 없거든요.")과 그 뒤의 설명부분("마치 그렇게 말하고 있는 것 같다.")은 물소의 입모습과 뿔의 생김새에 대한 작가의 상상적 해석이라는 점에서 단락 ①로 통합하는 것이 자연스럽다. 따라서 단락 ②의 시작은 "분명 우리의 한우는 아니다"가 되어야 한다.

단락 ⑦의 시작 문장("겨우 소지품 두 가지를 보여 주고서 나에게 이런 정황을 상상하게 하다니 놀라운 일이 아닐 수 없다.")은 작가의 자찬으로 읽힐 가능성이 있다는 점에서 행간에 감추어 두는 것이 좋았을 것이다. 그 문장을 감출 경우, 이야기의 진지성과 밀도는 물론 격조까지 상승된다는 점에서 고려해 보아야 할 대목이다.

단락 ⑫에서 물소 문진의 상상 체험을 다회요약(유추반복)의 시간착오기법으로 진술한 것은 적절한 서술전략이다. 하지만 그러한 상상 체험에서 작품을 종결짓지 말고 동심의 세계와 연결하여 여운을 안겨 주었더라면 울림이 배가되었을 것이다. 이 텍스트가 물소 문진을 활용한 상상놀이의 수준에 멈춘 듯한 인상을 주는 것은 이런 이유 때문이다.

단락 ⑨에서 물소 문진과 작가의 인연을 깊이 있게 보여 주지 못한 서술전략도 아쉽다. 여기에 만남의 철학적 · 종교적 의미를 부여하여 심화시켰을 경우, 독자에게는 영성을 깨우는 힘으로 작용했을 것이다.

10. 수필로 쓴 수필작법

〈물소 문진〉은 한 편의 상상수필일 뿐만 아니라, 수필작법을 비유적 이야기로 들려준 명편이다. 겉으로는 물소 문진의 미학성과 상상적 향수享受의 즐거움을 고백하고 있는 듯하나, 속으로는 좋은 수필의 창작방법론을 숨기고 있는 수필로 쓴 수필론이다.

본래 모든 수필작품 속에는 그 작품을 창조한 창작원리가 내재한다는 점에서, 좋은 수필작품 속에는 좋은 수필작법이 들어 있기 마련이다. 〈물소 문진〉의 텍스트에는 두 개의 물소 문진이 내재한다. 하나는 조각가가 만든 물소 문진이요, 다른 하나는 그것을 보고 손광성이 글로 빚은 물소 문진이다. 전자가 바람직한 수필작법의 요체를 상징한다면, 후자는 그렇게 쓴 수필작품으로부터 독자가 누리는 예술성 높은 상상효과를 증명한다.

수필 〈물소 문진〉에서 암시하고 있는 수필작법은 크게 대여섯 가지로 요약할 수 있다. 첫째는 낯설고 흥미로운 형식이다. 아랫도리가 물에 잠긴 독특한 표정과 형상의 문진처럼, 수필 역시 독창적인 구조가 필요하다는 말이다. 둘째는 독자의 상상력을 활성화시킬 수 있는 생략과 비약을 통한 시치미떼기 서술전략이다. "숨기고도 드러낸 것보다 더 잘 드러낸 장인"의 솜씨처럼, 간결한 문장으로 여백을 많이 남겨 둘수록 오히려 독자의 상상력과 기운생동한 여운을 촉발시킬 수 있기 때문이리라. 셋째는 제재의 본질을 통찰하여 진실과 실재를 들려주라는 부탁이다. 이 수필에서 물소를 강물에 풀어놓고 잠영하며 땡땡이치는 아이처럼, 대상의 본성을 진솔하게 보여 주라는 것이다. 넷째는 정직한 일상을 가볍게 초월하여 경쾌한 비약과 상쾌, 통쾌를 체험할 수 있는 다소의 탈속적인 작품을 요구한다. 이러한 주장은 수필쓰기가 힐링과 구원의 기능을 발휘할 수 있기를 기대하는 모습이다. 마지막으로 주객일체의 감정이입을 역설한다. 마치 잠영하던 아이가 내뿜는 물보라에 속수무책으로 흠뻑 젖고 마는 것처럼 몰입과 감정이입이 잘 되는 작품을 원한다.

따라서 수필 〈물소 문진〉은 두 가지 점에서 문학사적 가치를 평가받을 만하다. 하나는 상상수필을 새로운 수필의 영역으로 끌어들인 성과다. 다른 하나는 지금까지 누구도 시도한 바 없는 완벽한 수필 형식으로 쓴 수필작법을 선보였다는 점이다. 손광성은 이 작품에서 수필이란 용어를 단 한 번도 사용하지 않음으로써 완벽한 시치미떼기에 성공한다. ※2014년 계간 《수필과 비평》에 실림.

바다를 연주하는 트럼펫

이 향 아 시인·호남대 명예교수

1. 대답하고야 말았다

이런 글을 쓰기가 얼마나 어려운가를 알면서도 못 이기는 척 대답하고야 말았다.

나의 내면에는 'No'라는 말에 대한 일종의 콤플렉스, 패배적 선입견이 가로막고 있나 보다. 그것이 사양해야 할 때에도 사양하지 못하도록 훼방하고 있음에 틀림없다.

'없다', '아니다' 혹은 '싫다'는 부정의 말들은 지는 꽃잎처럼 떠내려갈 것이라고, 떠내려간 것들은 가버리면 그뿐, 다시는 예전의 모습으로 돌아오지 않을 것이라고, 돌아오기를 기다리는 일은 다만 시간을 죽이는 일이라고 속삭이는 것이다.

나는 그래서, 그 일을 하다가 죽는 일이 일어나지 않는 한 'Yes'라고 한다. 참으로 미련한 짓이다. 나는 이번에도 'Yes'라 대답하고 말았다.

우리 문단에는 기라성 같은 평론가들, 그중에서도 오로지 수필평론에만 주력하는 명장들이 상당수 있다. 그리고 그들의 대부분은 이미 '손광성'이라는 이름 앞에서 오래오래 시선을 멈추고 현란한 필치로 평가를 완료한 상태다. 그런데 지금 다시 내가 무슨 말을 더 보탤 수 있겠는가. 설령 보탤 수 있다 해도 작가 손광성에게는 물론, 내게도 별일이 일어나지 않을 것이다. 별일이 일어나지 않는다는 것은, 손광성의 명성에 어울리지 않은 내 둔탁한 필치, 얄팍한 견문과 아둔한 분별력 때문이라는 걸 굳이 설명할 필요도 없다.

더구나 나는 시인으로 등단하였다. 수필이 좋아서 겁없이 여기저기 발표하고는 있지만 전문적 수필가들 중에서는 혹시, "저 사람이 누군가? 수필로 등단한 적이 없잖아?" 의문을 제기하기도 할 텐데, 나는 그 의문에 시원스레 답변할 자신이 없다. 그러므로 수필가들이 모인 자리에 서면

나는 마치 공공의 허락을 받지 않고 숨어 사는 연인, 절차도 밟지 않고 눈이 맞아서 호적에 올리지도 못할 아이들이나 줄줄이 낳은 여자처럼 은근히 눈치를 보곤 한다.

그런데 오늘은 더구나 수필평론이다. 게다가 대상이 손광성이다. 며칠을 고민하다가 스스로 하나의 탈출구를 마련하였다.

–평론이라고 하지 말고 Essay라고 하자. Essay 형식으로 손광성과 그의 작품에 대한 독후감을 쓰자. 결국은 그게 그것 아니냐고, Impersonal Essay가 평론 혹은 논설이고, 논설이 Impersonal Essay 아니냐고 반박하더라도, Essay라고 하는 쪽이 책임도 무겁지 않고 여차하면 도망칠 구멍도 마련할 수 있다고.

2. 빈들의 바람 소리처럼

내가 그의 이름을 처음 알게 된 것은《수필과 비평》의 표지화에서였다. 그 표지화들은 모두 꽃이었다. 꽃들은 마치 일상의 흔한 소재가 아니라는 듯이 청량한 색채와 고아한 품격을 드러내고 있었다. 화가의 이름이 누구냐고 물었더니 "손광성이라는 사람인데 수필가"라고 하였다.

나는 그와의 첫 대면에서부터 쉽게 다가가기 어려운 사람이라는 것을 알았다. 나는 그가 어려웠다. 어렵다는 것은 두렵다는 말과 다르다. 그러나 쉽지 않다면 자연히 두려움이 따를 수밖에 없다. 어려움의 요인은 그가 독특한 심미안을 가진 작가라는 것, 그리고 동양화를 정식으로 수업한 화가라는 점이었다.

이상한 일이지만 내게는 오래전부터 화폭과 색채에 대한 멈출 수 없는 꿈이 있었다. 그리고 그 꿈의 크기에 비례하는 경외심으로 화가를 우러르는 습성이 있었다. 그의 작품 몇 편 찾아 읽은 후 나는 그를 수필가나 화가로 부르기보다 '심미주의 예술가'로 부르는 것이 마땅하다고 생각했다.

그의 문장은 섬세하고 정확하였다. 그의 통찰력은 예리하다고 할 만큼 깊이가 있고, 세상과 사람과 사람의 삶을 바라보는 눈길이 따뜻하였다. 같은 시대를 살고 있는 비슷한 연배로서 그리고 똑같이 글을 쓰는 사람으로서 손광성이라는 이름은 나를 긴장하게 하였다. 아니, 정직하게 표현하자면 그는 나를 주눅들게 하였다. 그는 철저하고 완벽하였다.

나는 가끔 그의 수필을 소리 내어 읽었다. 처음부터 소리를 내려고 작정한 것이 아니라, 모르는 사이에 감정이 고조되어 도저히 제어할 수 없는 지경에 이르면 저절로 소리가 터져 나오곤 하였다. 노래를 부르듯이 정조를 모아 멋을 내어 그의 글을 읊었다. 읊어 가는 동안 가끔 울컥할 때도 있다. 때로는 소리를 내어 읽다가 편도선 부근이 울음을 참고 있을 때처럼 부어오르기도 한다. 아름답다는 것은 슬픈 것인가? 내가 만일 이때 무리하게 소리 내어 읽기를 계속한다면 빈들의 바람 소리처럼 흐느끼게 될 것이다.

나는 내 글을 쓸 때도 마지막 수정을 하면서 소리를 내어 읽곤 한다. 가락이 맞는가, 마찰은 없는가, 흐름이 자연스럽고 유려한가를 확인하기 위해서다. 낭송이 잘되면 안심해도 좋다. 아름다운 내재율로 넘치는 손광성의 글은 낭송해야 더 가까이 이해할 수 있다.

> 문간방에 사는 사람은 추운 날 모처럼 찾아온 친구를 오래도록 대문 밖에 세워 두지 않아도 된다. '똑똑' 창문만 두어 번 두드리면 그것이 친구인 줄 알고 얼른 나가 맞아들일 수 있어 좋다. 출근할 때는 주인보다 한 발 늦게 출발해도 늘 한 발 앞에 서게 마련이니 버스를 놓칠 염려가 그만큼 적고, 좀 얌체짓 같지만 신문 구독료 같은 것은 내지 않아도 된다. 대문간에 떨어지는 신문 소리를 먼저 듣는 것은 문간방에 사는 사람이다. 게다가 들창 밑을 지나가는 사람들의 숨은 이야기를, 유리 한 장을 사이에 두고 듣는 것도 전혀 재미없는 일만은 아니다. 고해 신부가 된 기분이라고나 할까. 어떤 비밀을 알고 있다는 사실이 우리의 마음을 무겁게 하는 경우도 있지만, 때로는 우리의 굳게 다문 입가에 미소를 번지게 할 때도 있으니까.
>
> (중략)
>
> 그러나 간혹 이런 슬픈 대사가 자막처럼 나의 뇌리를 스쳐갈 때도 있다.
>
> "그때 나가지 않은 건 싫어서가 아니었어요. …입고 나갈 옷이 없었어요."

이런 대사를 듣고 있으면 나도 모르는 사이에 목이 아파 온다. 지금 저 고백을 듣고 있는 남자는 그녀의 남편일까? 아니면 그때 약속을 지키지 못함으로 해서 그 후 영영 만나지 못하게 되었다가 우연히, 정말 우연히 이처럼 만나게 된 그 남자일까?

대사와 함께 눈물이 글썽한 여인의 창백한 얼굴이 화면 가득히 클로즈업되어 온다. 그리고 이런 노래가 배음으로 깔린다.

"눈물을 닦아요. 그리고 날 봐요."

그러나 그런 슬픈 대사도 잠시뿐, 어느덧 하루해도 저물고 나면 문간방은 깊은 어둠에 파묻히고 만다. 그리고 문간방 사람들도 일상의 고달픔에서 풀려나 꿈속으로 조용히 잠겨든다. 그러나 가난한 사람이라고 해서 꿈마저 가난한 것은 아니다. 꿈속에서 그는 가끔 왕이 된다.

–〈문간방 사람〉

손광성의 수필이 낭송하기 좋다는 것을 증명하려고 애써 예문을 찾을 필요는 없다. 수많은 그의 작품 어느 부분에서 문득 끌어다가 놓아도 노래 부르듯이 낭송하기에 어려움이 없을 것이다. 여기서 굳이 〈문간방 사람〉을 예문으로 선정한 것은 손광성의 작품을 알게 된 것이 〈문간방 사람〉을 읽음으로써 시작되었기 때문이다.

〈문간방 사람〉은 소재 자체가 가난하고 소외된 사람의 이야기여서 독자들의 마음에 이미 마련되어 있는 유대감과 친근감을 자극할 수가 있다. 그러나 어찌 소재가 좋다고 해서 좋은 글이 나올 수 있겠는가? 똑같은 밀가루 반죽으로도 열 사람이면 열 사람 모두 달리 요리한다. 〈문간방 사람〉의 작자 손광성은 이미 '문간방 사람'이 되어서 그들보다 먼저, 그들보다 절실하게 애로와 수모와 괴로움을 실시간으로 느끼고 있다.

비록 '전주 이씨 충녕군파 종손'으로서 버젓한 이름을 가졌을지라도 문간방에 살고 있는 한 '문간방 사람'으로 통할 수밖에 없는 문간방 사람, 자기 아이가 주인집 아이와 싸우다가 맞고 상처가 날지언정 절대로 주인집 아이에게 이기지 않기를 바라야 하는 문간방 사람, 도둑들도 우습게 여기고 들창으로 손을 뻗어 옷가지를 훔쳐가도 어쩔 수 없이 참고 견뎌야 하는 문간방 사람.

그러나 작가는 문간방 사람도 남들이 생각하는 것처럼 늘 슬프고 불행한 것만은 아니라고 변호하면서 가난하지만 꿈까지 가난하지는 않다고, 문간방 사람으로서의 체면을 추스른다. 수필 〈문간방 사람〉은 체념과 극복이라는 이중적 틀 속에서 인간의 삶 자체에 대한 아이러니를 내면적 리듬으로 깔고 있다.

리듬이란 3.4조니 7.5조니 하는 율격처럼 단순한 음절의 수로 결정되지 않고, 소리의 질과 의미로 결정된다. 즉 소리의 청탁과 뉘앙스, 어휘들이 함축하고 있는 의미의 경중, 이들이 어우러진 문장의 흐름이 좌우하는 것이다. 〈문간방 사람들〉을 관통하는 리듬은 넉넉한 여유와 아량의 깊이를 가지고 있다.

바로 길가로 난 들창 밑으로 지나다니는 사람들이 주고받는 이야기를 들으면서 작가의 휴머니즘과 로맨티시즘은 아름다운 상상의 막을 올린다. "눈물이 글썽한 여인의 창백한 얼굴이 화면 가득히 클로즈업 되"고, "눈물을 닦아요. 그리고 날 봐요" 배음이 깔리면서 "어느덧 하루해도 저물고 깊은 어둠에 파묻히"는 무대 위의 문간방. 문간방은 "고달픔에서 풀려나 꿈속으로 잠겨"들고, 깊고도 편안한 기류가 여타의 다른 것들을 압도하는 드라마의 대단원. 그가 연출하는 한 어떤 대단원도 초라하거나 슬퍼서는 안 된다. 갸륵하고 어여쁜 꿈을 예고하면서 아름다운 리듬을 타고 라스트 신을 내놓아야 한다. 종결에서 보이는 광명의 예시는 작자 손광성의 희망인 동시에 독자들의 희망일 것이다.

3. 청록의 바다

손광성의 작품에 색을 칠한다면 밝아오는 새벽의 청록색이라고 할 수 있을까?
그러나 손광성 스스로 청록색을 언급한 적은 없다.

그의 작품에는 오히려 해맑은 아침 햇살이 도처에서 빛나고 있다. 그는 "봄의 한가운데 서 있는 것은 생의 한가운데 서 있는 것"이라면서 봄날의 햇빛을 사랑한다. 창을 열면 신선한 아침 공기와 함께 햇빛에 반짝이는 앳된 웃음이 있는 생활, "3 · 1절 특사로 풀려나온 사람들의 이마에 비추는 창백한 햇빛"(《서울의 봄》)을 누구보다도 먼저 발견하는 시력, 장독대 위에 옹기종기 모여 있는 항아리 위에 햇빛이 부서지고, 빨래를 널고 있는 여인의 맑은 이마 위에 잠시(《지붕을 고치며》) 머무는 봄빛의 의미를 아는 작가다.

그가 좋아하는 색깔은 청록색과 다른 보라색임에 틀림없다. 오뉴월의 귀여운 싸리꽃(《싸리꽃과 회초리》)이나 꽃밭에서 제일 먼저 피는 제비꽃(《아내의 꽃밭》)도 보라색이고, 가회동 고가의 담장 밑을 지나갈 때 툭 하고 떨어지던(《오동나무》) 오동꽃도 보라색이며, 학생들에게는 책을 읽으라 하고 멍하니 창밖을 바라보던 담임 선생님의 치마 색깔도 도라지꽃 같은 보라색이었다. 비밀이라도 간직한 듯 신비로운 제비꽃(《제비꽃과 나폴레옹》)도, 자욱한 물안개 속에 수줍게 피어 있던 비비추도 보라색이다(《비 오는 날》). 누나의 수틀 속에서 피어났다가 뜯기고 다시 피어났다가 뜯기곤 하던 붓꽃은(《누나의 붓꽃》) 청보라색이고, 비를 맞으며 참 아쉬운 듯이 피어 있는(《비 오는 날》) 달개비꽃도 청보라색이다.

그러므로 나는 굳이 손광성의 색깔이 무엇이냐고 묻고 싶지 않다. 그런데 문득 떠오르는 청록의 이미지는 어디서 온 것일까? 청록색은 사파이어처럼 맑지만 따뜻하지는 않다. 깊고 그윽하지만 쓸쓸하다 싶을 만큼 차가운 기운도 있다. 아마도 나는 그의 바다 이미지에 몰두해 있는지도 모르겠다. 이 좁은 지면에 수많은 바다들을 모두 불러올 수는 없다. 지극히 한정된 부분만 옮기게 되어 마음에 차지 않는다.

> 우리 집에서 북으로 반 마장쯤 떨어진 곳에 큰 내가 하나 있었다. 냇물은 언제나 맑고 깊었다. 그 물은 흘러서 삼십 리 떨어진 전진 앞바다로 들어간다고 했다. 큰 빨래를 할 때는 어머니는 늘 그리로 가시곤 했다. (중략) 수면 위에 떠 있는 미루나무들, 푸른 산 그림자, 아득히

떠가는 하얀 구름, 그리고 풀잎 하나 흔들리지 않는 칠월 정오의 정적…. 그 정적의 저편 언덕에서 어머니가 앉아 빨래를 하고 계셨다.

–〈나의 어머니〉

바다는 물들지 않는다. 바다는 굳지도 않으며 풍화되지도 않는다. 전신주를 세우지 않으며 철로가 지나가게 하지 않으며, 나무가 뿌리를 내리도록 내버려두지 않는다. 품 안에 진주조개를 품고 식인상어를 키우더라도 채송화 한 송이도 그 위에서는 피어나지 못한다. (중략) 육지가 끝나는 곳에서 바다는 시작한다. 바다는 또 다른 세계를 향한 길이요 가능성이다. 기록되기를 거부하는 태초의 말씀이요, 얼굴을 가린 종교다. 그의 깊고 푸른 눈동자를 들여다보고 있으면 우리는 우리의 눈물이 얼마나 작고 초라한 것인가를 안다.

–〈바다〉

모든 생물이 다 그러하듯 달팽이의 고향도 바다였던 때가 있었다. 그런데 먼 조상들 중 호기심이 많은 한 마리가 어느 날 처음 뭍으로 올라왔다가 그만 길을 잃고 말았다. 물달팽이가 육지달팽이로 바뀌는 기구한 역사가 그렇게 해서 시작된 것이다.

–〈달팽이〉

멀리 항구를 떠나는 연락선에서 뱃고동 소리가 들린다. 나도 한때 뱃사람이 되고 싶었는데…. 하지만 나는 꿈을 다 포기한 것은 아니다. 바다는 저기 저렇게 누워서 나를 손짓하고 있다. (중략) 내가 이렇게 혼자 도취하여 있는 동안에 아내는 몇 장의 낡은 지폐로 살아 있는 바다를 사서 담는다. 아내의 흰 손가락에 감겨오는 바다. 도미란 놈은 아직도 헐떡거리고 게는 신나게 거품집을 짓는다.

–〈어물전에서〉

> 만일 자기 세계에 안주하고 말았더라면 그는 바다 밖의 세계는 알지 못한 채 그의 짧은 생을 마쳤을 것이다. 그러나 감히 모험을 했고 그 모험은 그에게 바다보다 더 넓고 더 아름답고 더 찬란한 세계가 따로 존재한다는 사실을 알려 주었다. 잠시 후 그는 다시 바다로 추락할 것이다. (중략) 작지만 용기 있는 저 한 마리의 도미처럼, 나도 날고 싶다. 모든 허망의 바다로부터, 몸을 휘감은 잡다한 일상의 해초로부터 벗어나고 싶다. 한순간에 모든 것을 건, 저 도미의 삶은 작지만 얼마나 눈부신가.

-〈작지만 얼마나 눈부신가〉

여덟 살 때 최초로 본 바다는 그에게 경이였고, 스무 살 때 바다는 "늘 함께하고 싶은 갈망의 대상"이었다. 그러나 지금 노년의 고갯마루에서 바라보는 바다는 "그의 젊음으로 내 나이를 지우고 그의 커다란 눈물 속에 나의 작은 눈물을 받아"들이고 있다. 손광성은 바다에 순복하여 바다의 품 안에 존재를 맡겨 아예 바다로 동화되기에 이른다.

손광성의 이미지로 문득 청록색을 유추하게 된 것은 엄청난 바다의 크기, 인간의 눈물이 얼마나 작고 초라한 것인가를 깨닫게 해 주는 바다의 "깊고 푸른 눈동자", 그 위력 때문일 것이다.

어렸을 적 그는 냇가에 살았고 빨래하러 가는 어머니를 따라가곤 했다. 어머니가 빨래를 하는 동안 혼자서 놀아야 했지만 어머니 곁이라면 조금도 심심하지 않았다. 그의 머릿속에 아직도 남아 있는 빨래터의 풍경은 "언제나 맑고 깊은" 냇물, "수면 위에 떠 있는 미루나무, 푸른 산 그림자, 아득히 떠가는 하얀 구름, 그리고 풀잎 하나 흔들리지 않는 칠월 정오의 정적"이었고, 그 정적의 저편에서 빨래를 하는 어머니다.

이들은 완벽하게 구성된 한 장의 그림으로 그의 뇌리 깊이 각인되어 있다.

손광성의 대표작으로 더러는 〈달팽이〉를 꼽기도 하고 〈아름다운 소리들〉을 꼽기도 한다. 그리고 더러는 〈문간방 사람〉이라 말하기도 한다. 그러나 나는 그의 자유로운 영혼이 여과 없이 노정된 작품으로 망설이지 않고 〈바다〉를 추켜들겠다.

수필 〈바다〉를 이어가는 작자의 호흡은 그 어느 작품에서보다도 격정적이다. 바다는 도도하여 그 무엇에도 물들지도 굳지도 풍화하지도 않는다. 어부들이 아무리 그물을 던져도 고기만 넘겨 줄 뿐 바다는 언제나 그물 밖에 광활한 모습으로 서 있다. 진주조개를 품고 식인상어를 키우면서 자기 마음에 없는 꽃은 한 송이도 허락하지 않는 고집과 절제. 그 무엇에 의해서도 구속되지 않으며 어떤 형태로도 억압받지 않는 자유로운 영혼의 바다, 길들이기를 거부하는 야성의 바다다.

"육지가 끝나는 곳에서" 다시 시작되는 바다. 그에게 바다는 또 다른 가능성의 세계를 열어 주는 출입문인 동시에 새롭게 타개하며 걸어가야 할 길이다. "기록되기를 거부하는 태초의 말씀이요 얼굴을 가린 종교"인 바다는 손광성의 내면을 흘러 끊임없이 순환하고 있다.

그는 사랑하는 여인에게 사랑한다는 말도 하지 못한 채 떠나면서 작은 조개껍데기와 함께 "바다를 보내고 싶었습니다"라는 단 한 줄의 편지를 이름도 밝히지 않은 채 써 보냈다(〈사랑은 은밀한 기도처럼〉).

손광성은 모든 생물의 고향을 바다라고 생각한다(〈달팽이〉). "달팽이의 고향도 바다였던 때가 있었"지만 어느 조상 중 하나가 호기심으로 뭍에 올라왔다가 그만 길을 잃고 머무르게 되었다고, 그렇게 바뀐 것은 기구한 운명, 역사의 바뀜이라고 담담하게 말한다.

손광성에게 내재된 '낙원 상실'의 잠재의식은 바다를 떠나는 일로 상징되곤 한다. "멀리 항구를 떠나는 연락선에서 뱃고동 소리가 들"리면 "나도 한때 뱃사람이 되고 싶었는데…"라며 잃어버린 꿈을 그리워한다. 그러나 "바다가 저기 저렇게 누워서 나를 손짓하고 있다"며 결코 꿈을 포기하려 하지 않는다. 그가 바라보는 시선의 끝에는 떠나온 고향인 바다가 누워서 그에게 끊임없이 손짓을 하고 있다. 바다는 그를 존재하게 하는 그리움인 동시에 배경이며 아바타인 것이다.

그러나 그는 바다를 그리워하면서도 그에 못지않게 날개를 펼치고 바다로부터 멀리 벗어나려고 한다. 바닷속에만 안주한다면 바다 밖의 세계를 알지 못한 채 짧은 생을 마칠 것이라고, 바다를 떠나온 한 마리의 도미처럼 그는 일상으로부터 도약하고 비상하려는 꿈을 버리지 않는다. 그의 추진력은 귀향의 의지와 병행하는 비상의 의지이며 이 두 축의 접합점은 '꿈' 과 '이상'이라고 할 수 있을 것이다. 그리고 전자를 복낙원復樂園의 꿈이라고 한다면 후자는 창조와 개척의 꿈이라고 할 수 있을 것이다.

손광성이 향하고 있는 곳이 잃어버린 낙원이든, 새로운 창조와 도전의 세계든, 어느 쪽이든지간에 그에게는 분명 감격과 전율을 간직한 날개가 있을 것이다. 그러나 그는 깃털을 선불리 자랑하지 않는다.

4. 이름을 알고 있는가

손광성은 사물의 이름을 많이 알고 있다.

이름을 안다는 것은 존재를 알고 있다는 것이며 그 존재의 가치를 인정한다는 것이다. 이름을 안다는 것은 유심有心하다는 증거이며 유심은 곧 유정有情을 측정할 수 있는 바로미터다. 그러므로 이름을 아는 것으로부터 사물 사랑하기가 시작된다고 해도 지나친 말은 아니다.

손광성이 사물의 이름을 부를 때면 그의 남다른 오감과 관찰력, 인지능력을 통하여 새로운 창조물이 태어나게 된다. 그러므로 지금까지 있었던 사물이 아니라, 유정한 그의 시선을 만나서 비로소 새 생명의 광채를 인정받은 것들이다.

그가 지목한 사물들은 특별하지 않다. 들판에 흐드러진 씀바귀, 개망초, 메꽃과 민들레와 엉겅퀴, 강아지풀, 괭이풀꽃, 마타리꽃 같은 것이며, 보통사람들은 눈여겨보지 않아 어떻게 생겼는지도 모르는 별꽃, 개별꽃, 금강초롱꽃, 뱀딸기꽃, 고들빼기꽃, 누운아기별꽃들이다. 그것이 피어 있는 곳이 어디든, 시골이든 서울이든 러시아의 초원이든 추억 속의 고향이든 상관없다.

> 쌈은 마루에서 먹어야 제맛이다. (중략)
>
> 쌈을 싸는 밥은 찬밥이어야 한다. 그러나 질어서는 못쓴다. 더운밥은 찬 상추와 궁합이 맞지 않고 진밥은 질척거려서 개운한 맛이 덜하다. 차라리 된 편이 낫다. 흰쌀밥이라고 아니 될 것은

없지만 삼 할 정도는 보리가 섞인 것이 구수하다. 장은 고추장보다 된장에 참기름이며 갖은 양념을 다 섞은 쌈장이 최고다. (중략)

상추쌈의 풍미는 어디까지나 초여름과 초가을이다. 가을 상추는 문을 잠그고 먹는다는 말은 사실이다. 겨울에는 섬뜩해서 손이 가지 않고 장마철에는 풀냄새가 나서 맛이 덜하다.

–〈상추쌈〉

작자는 지금 단순히 쌈을 싸서 밥을 먹고 있지 않다. '상추쌈'이라는 제목의 종합예술을 시연하고 있는 것이다. 무대는 마루다. 거기 등장하는 배우들의 액션과 소도구와 조명에 이르기까지 상세하게 파악하고 있는 작자는 연출의 대가다. 상추쌈은 크게 싸야 하고 그것을 "두 손으로 움켜쥐고 우적우적 먹어 들어"갈 것을 지시한다. "다 먹을 때까지 쌈에서 입을 떼어서는 안 되고" 상추쌈을 먹은 후 "뜨거운 아욱국"으로 마무리하듯 종결을 지어야 한다는 지극히 전문적인 비법도 알고 있다. 뛰어난 연출 능력은 상추쌈에서만이 아니다.

〈장작 패기〉에서는, 도끼날이 나무토막에 닿는 순간 힘을 하나의 접점에 모으라고, 그러나 너무 긴장하여 어깨에 무리한 힘을 주면 안 되며, 도끼의 높이가 가장 높이 올라갔을 때 도낏자루를 잡은 손에서 힘을 빼야 한다고 경험자로서의 이론을 펼친다. 하기야 우리 삶에서 경직된 어깨로 해결할 수 있는 일은 별로 없을 것이다. 손광성은 6 · 25 직후 겨울이면 날마다 두 시간씩 장작을 패어 몇 트럭의 통나무가 장작이 되어 나갔다고 스스로 고백하고 있지만, 도끼가 나무에 닿아 통나무가 쪼개지는 원리 이상으로 사물의 본질을 관철하고 분석해 내는 능력은 놀랍다.

그는 또 지붕을 고치기에 적절한 시기는 한식 전후의 청명한 봄날이며, 지붕 위에서는 고자세를 취하지 말고 엉금엉금 기어서 깨진 기왓장을 조심하여 모셔 낸 후 여벌의 기왓장으로 아귀를 맞추되 억지힘을 써서는 안 된다(〈지붕을 고치며〉)고 경고한다.

여기까지 오는 동안 우리는 얼핏 손광성을 지극히 서민적인 작가로 인식하게 된다. 산야에 아무렇게나 피어 있는 풀꽃들의 이름을 알고 있는 소박한 사람, 상추쌈은 마루에서 찬밥으로 싸야 제맛이 난다는 것을 알고 있는 수더분한 사람, 장작을 어떻게 패야만 제대로 잘 쪼갤 수 있는가 역학적인 힘의 배분을 파악하고 있는 심상치 않은 이력의 사람, 갓 켜놓은 목재의 송진 냄새와 바다의 찝찔한 소금 냄새를 그리워하는 사람(〈냄새와 향수〉). 그의 취향은 우리들의 원초적 그리움을 흔들고도 남을 만큼 진솔하고도 근원적인 체취를 풍긴다. 거기에는 어떠한 가식도 허위도 없다.

그러나 그를 서민 취향의 작가로 분리하기에는 어딘가 석연치 않은 구석이 있다. 음식의 맛을 감별할 줄 알고 그 맛을 즐기는 최적의 시간을 안다는 것, 그리고 맛을 제대로 즐기는 방법에 능통했다는 것은 취향의 고급함을 증명하는 것이지, 소박함이나 수수함과는 다르기 때문이다. 그의 감각은 지극히 탐미적이다. 그는 사람을 사랑하고 사람들이 살고 있는 세상의 아름다움을 안다. 그리고 아름다움을 추적하는 그의 시력은 밝음과 어둠 속에 숨어 있는 색깔까지도 찾아낼 수 있을 만큼 밝다.

결혼기념일에 냉전 중인 아내에게 서른한 송이의 노란 장미꽃을 사들고 들어가는 섬세한 남편, 비 오는 날에는 블루스카이를 마시자고 권유하는, 11월의 바바리코트가 어울리는 멋진 남자 손광성. 선택이 까다롭고 감각이 세련되었으며 고아한 취향을 가진 그를 무엇이라고 불러야 할까. 아내를 따라 시장에 간 날, 어물전의 꿈틀대는 생선들을 보면서 엉뚱하게도 먼 옛날 떠나온 바다로 되돌아가기를 꿈꾸는 소년 같은 사람, 보라색을 좋아하는 사람.

그러나 그를 굳이 귀족으로 분류하고 싶지 않은 것은 보통의 우리와 다른 종류의 사람으로 돌려세우고 싶지 않기 때문이다.

5. 뒷모습

손광성의 작품을 읽어 가는 동안 '단아하다'는 어휘가 나왔다 하면 나는 반사적으로 급브레이크를 밟곤 하였다. 그가 '단아하다'는 형용사를 과용하고 있다고 생각하였던 것 같다. 그러나 이 생각을 체계화하려고 처음부터 다시 밑줄을 그어 가던 나는 적잖이 실망하였다. 어휘 사용의 높은 빈도를 근거로 하여 모종의 결론을 이끌어 내려 했던 의도가 무참히 꺾여 버렸기 때문이다.

나는 왜 손광성이 '단아하다'는 어휘를 많이 쓰고 있다고 착각했는지 모르겠다. 그의 작품을 읽는 동안 혹시 나는 어떤 '단아함'에 붙들려 있었을까. 그래서 '단아하다'는 어휘와 손광성을 연관짓고 싶었을까.

단아하다는 말은 단정하고 아담하다는 말이다. 시끄럽거나 어수선하지 않고 정리되어 깨끗하다는 말이기도 하다. 단아하다는 것은 화려하지 않다는 말이기도 하지만 그렇다고 소박함을 의미한다고는 할 수 없다. 단아하다는 말에서 나는 70%쯤 물을 채운 하얀 사기 컵, 거기 꽂혀 있는 한 송이 아이보리색 장미봉오리를 생각한다.

그나저나 그가 '단아하다'고 정의한 대상들은 무엇이며 어떤 모습을 하고 있을까?

손광성은 〈한 송이 수련 위에 부는 바람처럼〉에서 곱게 피었다가 아름답게 지는 수련의 모습을 단아하다고 하였다. 그가 "수련을 가꾼 지 여남은 해" 수련은 아침 여명과 함께 피었다가 저녁놀과 함께 잠들곤 하였다. 수련은 "사흘 동안을 피고 지기를 되풀이하다가 나흘째쯤 되는 날 저녁" "서른도 더 되는 꽃잎을 하나씩 치마폭을 여미듯 접고는, 피기 전 봉오리였을 때의 모습으로 되돌아"가곤 했다. 세상에는 수련보다 곱고 화려한 꽃들이 많지만 살았을 적 아무리 곱고 화려했어도 죽을 때는 한순간에 와르르 무너지거나 시들어 떨어지거나 시나브로 흩날려 버린다.

그런데 수련의 마지막 모습은 필 때처럼 아름답다. 흐트러짐이 없이 정숙하게 살다가 가는 여인의 임종처럼 단아하고 우아하게 지는 것이다. 손광성은 지고 있는 수련을 보면서 자신이 겨우 피와 살을 가지고 살아가는 인간에 지나지 않음이 스스로 부끄러울 때가 있다고 술회하였다. 그도 떠날 때는 수련처럼 아름답게 지고 싶은 것이리라.

그러므로 지는 수련의 모습을 형용한 '단아하다'는 최고의 어휘라고 하겠다.

〈돌절구〉에서는 돌절구의 소박하고 무구함을 단아하다고 하였다. "잘 빠진 안성 유기 술잔처럼 오붓하고, 반만 핀 튤립같이 우아한 돌절구. 돌절구의 선은 부드럽지만 고려자기처럼 애조를 띠지 않고, 이조자기처럼 튼실하고 절제된 것이다. 마치 사람의 체취가 그대로 묻어나는 것 같다.

가락으로 치면 중모리나 중중모리쯤 될 것 같고," 소박한 듯 단아하고 단아하면서도 속이 따뜻한 여인 같아서 무구하고 편안한 마음을 준다고 하였다.

그리고 〈부채의 미학〉에서는 선면의 아담한 형태 속에 얌전하게 길들여진 한 폭의 그림을 단아하다는 말로 표현하였다. 욕심을 부려 채우려 하지 않고 허허롭게 여백을 비워 두기 때문이다.

그는 또 〈도라지꽃〉을 일러 "다 피어도 되바라진 데가 없는 단아하고 오긋한 꽃"이며, 깔끔한 꽃이라고 하였다. 그는 도라지꽃을 요란하거나 강렬하지 않은 꽃, "동양의 꽃 가운데서도 가장 한국적인 꽃"이라 여기고 있다. 단아한 것으로 뽑힌 위의 사물들, 수련과 돌절구, 선면화와 도라지꽃의 공통점은 조용하고 정숙한 자리, 가지런하고 속이 깊은 심성, 그리고 편안하고 깨끗한 모습이라고 요약할 수 있다. 시련도 도전도 지나가고 완급의 속도를 초월한 상태, 안온한 바람의 촉감이 정서를 관장하고 있는 상태.

내가 설령 손광성의 작품에서 '단아함'을 발견했을지라도 그의 글의 특성을 '단아함'으로 묶어 정의하고 싶지는 않다. 손광성은 문학에 발을 딛기 전부터 시를 즐겨 썼다고 한다. 과연 그의 문장은 시를 무색하게 할 만큼 뛰어난 표현들로 가득 차 있다. 그가 채용한 어휘들은 독특한 문맥 가운데서 수채화 물감처럼 번지기도 하고 노도 같은 격정으로 출렁거리기도 하면서 살아 숨 쉬고 있다.

나는 손광성의 작품을 단아하다고 정의하는 대신 그의 뒷모습을 단아하다고 해석하고 싶다. 뒷모습은 이를테면 떠난 자리에 남는 향기와 같은 것이다. 그가 참신한 비유로 시를 능가하는 표현을 했거나, 한 해 겨울 몇 트럭의 통장작을 쪼개는 기운으로 포효했거나, 내가 그의 글을 따라가다가 빈들의 바람 소리처럼 흐느끼게 될 때에도 그의 뒷모습은 가을 물가에 서 있는 두루미처럼 단아한 여운과 향기를 남기기 때문이다.

그는 왜 하필 새인가? 왜 많고 많은 새 중에서 백조도 아니고 해오라기도 아닌, 황새도 아니고 왜가리도 아닌 두루미인가? 거기에 대해서는 다시 날짜를 잡아 차분하게 얘기해야 할 것 같다.

※2014년 계간 《수필과 비평》에 실림.

출판저널-함지훈의 《달팽이》에 대한 평

일상을 되돌아보게 하는 수필의 힘

함 지 훈 미술평론가

쉽게 쓰이고, 출판되고, 읽히고 하는 것이 수필이라는 것이 아닌가 하는 생각이 들 때도 있다. 하지만 막상 수필이 그렇게 쉬운 장르인가 하는 질문을 스스로에게 물어볼 때 고개가 가로저어지는 느낌이 있다. 수필을 쓴다는 것의 어려움은 다만 그 형식에만 있는 것이 아니라, 삶에 대한 성찰이나 느낌이 오롯이 드러나게 된다는 사실에도 관련이 있다. 세상살이와 사물에 대한 관찰과 성찰이 없이는 쉽게 손이 가지 않는 글이라는 생각이 앞선다.

손광성 선생이 쓴 《달팽이》는 수필이 갖는 어려움을 잘 이겨낸 좋은 책이라는 생각이 든다. 공격적이고 튀는 글들만이 앞서는 듯한 세상 분위기 속에서 우리가 사는 일상을, 그 일상을 부정하거나 압도하지 않는 방식으로 되돌아보게 하는 글이다.

하지만 우리를 되돌아보게 하는 그의 글들은 교훈적이거나 설명조가 아니다. 그것은 공감에 가까운 무엇이다. 시적인 감성을 지닌 산문적 저자다. 추산해 보는 저자의 연령을 감안할 때 그의 글들은 서정적인 감성을 많이 지니고 있다.

〈겨울 갈대밭에서〉는 시적 서술에 육박한다. 하지만 저자는 역시 산문적이다. 어느 대목에서는 사설조로 이야기가 술술 풀려나간다. 소설적인 단상들이 끼어들기도 한다. 그림을 그려 온 저자의 경력 때문인지 어떤 부분에서는 묘사가 치밀하고 꼼꼼하다. 대충 한두 줄로 눙치는 설명이 아니다. 하나의 국면에 등장하는 예나 설명은 많은 경우 서너 가지를 훨씬 상회한다. 어휘의 다양함과 깔끔함도 한몫을 단단히 한다.

이 책은 동시에 작은 화원이기도 하다. 풍성하게 등장하는 꽃과 나무의 이름은 저자의 설명과 느낌을 달고 있기도 하다. 꽃과 풀은 다만 객관적인 사물에 그치는 것이 아니라 개인화된 경험들로 닻을 내리고 있기도 하다. 그것은 누나와 아내에 대한 끈이며 가족에 대한 사랑의 통로이기도 하다. 몇 번 등장한 자작나무 숲은 그 자체만으로도 서정적인 분위기를 만들어 주기에 충분하다.

마지막 장에 놓인 〈꺼지지 않은 촛불〉은 명동성당에 대한 느낌을 적고 있다. 좋은 점은 저자가 천주교인이 아니면서 느끼는 종교적인 공감과 느낌들이다. 종교를 지니지 아니하면서도 살아온 길이 당도한 곳이 종교적인 영성의 공간이 되는 글로부터, 교양에서 영성으로 이어진 저자의 삶의 행로를 엿볼 수 있다.

제1회 가천환경문학상 수상작
손광성 수필집 《달팽이》에 대한 심사평

심사위원 : 김우종, 김치수, 장경렬, 백시종

다른 부분과 마찬가지로 이 상이 제정되고 첫 번째 수상자를 뽑는 수필 부문은 작품집 발행연도를 제한하지 않고 후보 선정 범위를 매우 광범하게 설정했기 때문에 예심부터 어려움이 많았을 것임에도 불구하고 매우 우수한 소수 후보로 압축시켜 본심을 보게 했다. 그 결과 손광성의 《달팽이》가 뽑혔다.

이것이 선정된 이유는 수필의 문학적 수준 및 주제와 함께 작자가 한국 수필문학에 남겨 온 공적까지도 고려해 가장 우수한 평가를 받을 수 있었기 때문이다.

수필집 《달팽이》에 나타난 작품들은 한결같이 우수한 문장력을 지닌다. 정확하고 풍부한 어휘구사와 적절한 비유법에 간결한 문체로 문장의 우수성을 보이고 있다. 수필은 그 장르의 특성상 문장력이 큰 비중을 차지한다. 전통적으로 문장가는 수필가를 지칭하는 경우가 많으며, 그만큼 좋은 수필가는 좋은 문장가여야 한다. 한편으로 남달리 문학성을 높이고 있는 이유는 이미지에 의한 상상의 문학세계를 만들어 나감으로써 예술적 감동을 증대시키고 있기 때문이다. 이런 수필가는 우리 문단에서 별로 흔치 않은 편이다.

다음으로 주제가 좋았다. 본상이 지닌 환경 문제라는 주제가 직접적 적극성을 띠지는 않았지만 넓은 의미에서는 그의 작품 주제들이 거의 모두 이것에 귀결된다. 발전이라는 미명으로 허겁지겁 변화만을 좇는 과정에서 우리가 잊고 사는 자연의 아름다움과 기타 소중한 것을 찾아내고 관찰해 나가며 애정을 회복해 나가고 메마른 땅을 촉촉이 적셔 주는 작품 주제들은 넓은 의미에서 본상의 주제에 충분히 적합하다고 여겨져서 수상자로 정했다.

나. 선생의 논문으로 읽는 문학세계

해석解釋에서 형상화形象化까지

21세기 한국 현대 수필의 현황과 전망

대상을 여는 일곱 개의 열쇠

한국 현대 수필사에서 피천득 수필의 위상

피천득 수필 깊이 읽기

문학이 동양화 기법을 만났을 때

수필은 무한히 열려 있는 공간이다

수필, 진정성에 뿌리를 둔 믿음직한 나무

좋은 수필은 올바른 수필관에서 나온다

해석解釋에서 형상화形象化까지

– 수필의 예술성을 위한 방법론

글쓰기의 기본은 나와 나를 둘러싸고 있는 세계에 대한 해석解釋에서 출발한다. 세계란 사물뿐만 아니라 사람과 사건까지 포함한 개념이다. 다시 말해서 글을 쓴다는 것은 세계라고 하는 텍스트의 의미를 어떻게 해석하느냐 하는 데서 출발한다는 이야기다.

그러나 해석은 해석으로 끝나지 않는다. 설혹 그런 경우가 있더라도 그 해석된 내용이 구체적 형체를 갖추는 단계까지 올라가야 한 편의 글이 완성되는 것이다. 이것이 형상화形象化다. 그런데 형상화란 추상적 개념을 구체화하는 것만을 의미하지 않는다. 어떤 구체적 사물이라도 그것을 감각적으로 강화시킬 경우에도 적용되는 개념이다.

문학적 성취는 첫째 참신한 소재, 둘째 참신한 해석, 셋째 참신한 표현, 즉 형상화에 의해 성패가 갈린다. 이 글에서는 소재 선택을 제외한, 해석과 형상화가 구체적으로 어떤 것이며 그것이 수필의 예술성 실현에 어떻게 기여하는가에 대해서 생각해 보고자 한다.

앞에서 말한 바와 같이 해석은 우선 참신하고 개성적이어야 한다. 예술적 감동은 바로 그 참신한 발상에서 생성되기 때문이다. 지금까지 선배나 동료 작가가 해석한 의미와 같은 것으로 해석한다면 그것은 모방이거나 표절의 수준을 넘어서지 못한다. 여기서 말하는 개성적인 안목이란 다른 것이 아니라 대상에 대한 '낯설게 읽기'를 의미한다.

여기 '대나무'라는 대상이 있다고 하자. 만약 대상의 형체를 보고 묘사한다거나 그 실용성 같은 것을 설명한다면 그것은 스케치나 설명문에 지나지 않는다. 대나무라는 평범한 대상을 자기만의 시각으로 해석할 때 사실의 세계를 뛰어넘는, 한 차원 높은 예술의 단계에 도달하게 된다.

다음 예를 보자.

대나무가 처음 돋아날 때부터 단번에 쑥 자라 버리는 것에서 선천적으로 자질을 타고난 사람이 하루 아침에 문득 깨달음이 향상되는 것을 읽을 수 있으며, 대나무가 자랄수록 더욱 단단해지는 것에서 후천적으로 노력한 사람의 깨달음이 점진적으로 향상되는 것을 읽을 수 있습니다. 또 대나무가 속이 빈 것에서는 마음을 비운 사람의 참모습을 읽을 수 있습니다.

– 〈월등사죽루죽기月燈寺竹樓竹記〉, 이인로

이 인용문에서 보는 바와 같이 대나무에서 '지조'나 '절개' 같은 것을 읽었다면 그건 선배들의 해석을 모방한 것이 되고 말았을 것이다. 그러나 이인로는, 대나무가 단번에 다 자라 버리는 것에서 불교에서 말하는 돈오頓悟의 경지를 읽고, 자랄수록 목질이 단단해지는 것에서 점오漸悟의 경지를 읽었다. 그리고 속이 비었다는 사실에서 '공허'나 '부실'을 읽은 것이 아니고, 욕심을 비운 사람의 마음을 읽었다. 대나무에 대한 이런 해석은 개성적이기 때문에, 비록 대나무가 평범한 소재라 하더라도 참신한 의미를 가지고 우리에게 새로운 감동을 줄 수 있는 것이다.

우리는 늘 글감이 없다고 푸념한다. 그러나 글감은 도처에 있지만 우리가 그것을 제대로 읽지 못하기 때문에 글감이 없다고 하는 것이다. 매일 아침저녁으로 대하는 사물도 어떻게 보느냐, 즉 어떻게 해석하느냐에 따라 이처럼 글감이 되기도 하고 못 되기도 한다. 다음 글에서도 개성적 해석이 한 편의 글을 어떻게 완성시키는가를 볼 수 있다.

(1) 지금은 없어졌지만, 농부가 늙어서 드는 농사 연장에 살포라는 것이 있었다. 물꼬를 보는 데 쓰는 연장인데, 긴 자루 끝에 손바닥 크기의 납작하게 날이 선 네모진 삽이 달렸다. 언뜻 보면 창 같다. 실제로 장비처럼 전의가 충천해서 고샅을 내닫는 늙은 농부를 보면 살포를 내지를 창처럼 꼬나들었다.

물싸움을 하러 가는 것이다. 그러나 저 살포로 일내지 하는 걱정은 기우다. 살포는 노농老農의 원로적 품위 유지용이지 결코 흉기는 아니다. (중략)

(2) 살포는 연장이라기보다 가세의 영역을 지키는 한 집안 대주의 의지를 고양하는 물건이다. 연장의 효율성으로 따지자면 삽이 월등 낫지만 그건 젊은이들의 연장이다. 삽이 실권이라면 살포는 권위다.

– 〈살포〉, 목성균

농기구의 하나인 '살포'의 의미를 노농의 '품위 유지용' 또는 노농의 '권위'로 읽고 있다. 다만 하나의 농기구에 지나지 않는데도 실용성이라는 차원을 넘어서 높은 정신적 차원의 의미로 해석했다. 이 글이 만약에 살포의 기능과 용도만을 말했더라면 그건 설명문에 머물고 말았을 것이다. 이 수필이 성공을 거둔 이유가 바로 여기에 있다. 해석은 이와 같은 어떤 구체적 사물에만 해당하는 것이 아니다. 어떤 체험적 사건도 그 해석에 따라 다른 의미를 갖게 된다. 다음에 예시한 것과 같은 사건을 어떻게 읽을 것인가 생각해 보기로 한다.

오늘 아침도 여느 때와 같이 전동차를 탔다. 옥수역을 지나고 있는데, 할머니 한 분이 껌을 팔고 있었다. 나는 시골에 계신 어머니 생각이 나서 얼른 천 원짜리를 꺼내 노인의 손에 쥐어주었다. 그러자 노인은 껌 한 통을 내게 내밀었다. 나는 손을 저으며 사양했다. 그러자 노인은 돈을 되돌려주는 것이었다.

위와 같은 의외의 반응에서 우리는 두 가지 의미를 읽을 수 있다. 첫째는 가난한 사람이 공짜로 천 원을 벌면 고마워할 일이지 자존심은 무슨 자존심이냐고 해석할 수도 있고, 둘째는 비록 가난하지만 구걸은 하지 않는다는 노인의 꼿꼿한 자존심을 읽을 수도 있을 것이다.

이처럼 사물이나 사건을 어떻게 해석하느냐에 따라 글의 방향과 성패가 결정된다. 좋은 글의 창작 조건은 다른 데 있지 않고 이와 같이 텍스트를 읽는 독해력에 달려 있다는 것을 다시 한 번 생각해 볼 필요가 있다.

이제 형상화란 무엇인가에 대해서 생각해 보기로 한다.

해석이 구체적 사물이나 사건의 의미 읽기라면 형상화는 추상적인 개념을 구체화시키는 것이며, 더 나아가서 구체적 사물을 더 감각적으로 강화하는 것이라고 앞에서 말했다.

하나의 문학작품이 성공하느냐 그러지 못하느냐 하는 것은 이 형상화에 의해 결정된다는 사실에 주목해야 한다. 우리가 수필의 예술성을 강조하면서도 구체적 방법론에 부딪히면 뜬구름 잡기식이 되는 것은 바로 이 형상화 과정이 무엇인지, 또 어떤 효과를 가져오는지 깊이 인식하지 못하기 때문이다. 해석만 있고 형상화가 없으면 관념적인 글이 되고 말지만 해석과 형상화가 함께 어우러지면 감동이 배가 된다. 잘된 작품은 모두 이 과정을 거치고 있다. 따라서 해석과 형상화는 문학작품이 갖추어야 하는 필요조건이자 충분조건이라 하겠다.

그런데 시나 서정적 수필에서 이 형상화란 주로 비유라는 과정을 통해서 도달하게 된다. 비유는 추상적 개념을 구체적 사물로 치환할 뿐만 아니라 같은 구체적 사물을 감각적으로 강화하기도 한다. 다음 시를 보자.

(A) 아무런 대가도 없이
온몸을 풀어 우리의 죄를 사하듯
더러운 손을 씻어 주었다
밖에서 묻혀 오는 온갖 불순을
잊고 싶은 기억을 지워 주었다
(중략)

(B) 살면 살수록 때가 타는 세상에
뒤끝이 깨끗한 消耗는
언제나 아름답고 아쉽듯

헌신적인 보혈로 생을 마치는
이 시대의 희한한 聖者

– 〈비누〉, 임영조

이 시인은 '비누'라고 하는 구체적 사물의 역할과 의미를 (A)와 (B)에서 해석했다. 그리고 그 해석한 내용을 (B)의 마지막 행에서 '성자'로 비유함으로써 형상화에 성공한 것이다. 비누라는 일상의 사물이 성자라는 자기희생적 인격체로 변신하여 우리의 감동을 출렁이게 한다. 만약에 마지막까지 형상화가 이루어지지 않고 해석에서 멈췄다면 지배적 심상이 결여된 글이 되고 말았을 것이다. 예 하나를 더 들어 본다.

인생은 빈 술잔
주단 깔지 않은 층계

인생이란 추상적인 개념을 술잔이라는 구체적 사물로 형상화시켰다. 즉 만질 수도 볼 수도 없는 인생을 술잔으로, 그것도 '빈 술잔'으로 비유함으로써 형상화에 성공한 것이다. 그런데 여기서도 '인생'에서 곧바로 '빈 술잔'으로 이행한 것이 아니라 그 사이에 해석의 과정을 통과함으로써 가능했던 것이다. 인생이란 대상에서 '공허함' 또는 '허무함'을 읽어 내고, 그것을 '빈 술잔'이란 보조관념을 빌려 추상적 개념인 '공허'를 형상화한 것이다.

비유가 없다면 오늘날과 같은 문학적 성과는 많은 부분 성취되지 못했을 것이다. 특히 시와 시적 수필에서 그것은 절대적이다. 비유는 기적을 낳는다. 가장 예술적 수필의 전범이라 할 수 있는 피천득의 수필에서 우리는 비유를 통한 형상화에 성공한 예를 어렵지 않게 발견할 수 있다.

(A) 오월은 금방 찬물에 세수를 한 스물한 살 청신한 얼굴이다.

하얀 손가락에 끼어 있는 비취가락지다

— 〈오월〉, 피천득

(B) 수필은 가로수 늘어진 페이브먼트가 될 수도 있다.
그러나 그 길은 깨끗하고 사람이 적게 다니는 주택가에 있다.

— 〈수필〉, 피천득

(A)에서는 오월이란 개념을 찬물에 세수한 스물한 살 여인의 얼굴과 하얀 손가락에 끼어 있는 비취가락지에 비유함으로써 오월의 청신한 계절감을 감각적으로 구체화시키는 데 성공했으며, (B)에서는 수필이란 추상적 개념을 주택가에 나 있는 길에 비유함으로써 수필 장르의 특성 가운데 하나인 생활 주변적 일상성을 형상화하는 데 성공한 것이다.

해석과 형상화의 과정을 가장 명료하게 보여 주는 수필은 아마도 이양하의 〈나무〉가 아닌가 한다.

a. 나무는 덕을 지녔다. 나무는 주어진 분수에 만족할 줄 안다. 나무로 태어난 것을 탓하지 않는다.

b. 나무는 고독을 안다. 나무는 고독을 견디고, 고독을 이기고, 고독을 즐긴다.

c. 나무는 원망하지 않는다. 베어 간 재목이 혹 자기를 해칠 도끼자루가 되고 톱 손잡이가 된다 하더라도 이렇다 하는 법이 없다.

a′. 나무는 안분지족의 현인이다

b′. 나무는 고독의 철인이다

c′. 나무는 견인주의자다

a,b,c는 나무라는 소재에 대한 해석이고 a′,b′,c′는 그 해석된 내용을 비유를 통하여 형상화시킨 것이다. 형상화라는 용어는 주로 시나 서정적 수필에 적용되는 말이다. 그러나 필자는 형상화는 서사적 수필에도 적용된다고 감히 말하고 싶다. 예를 들어 보자.

> (A) '겁劫'이란 천지 개벽에서 다음 천지 개벽까지 걸리는 시간이다.
>
> (B) 여기 호수가 있다. 호숫가에 사방 일 입방미터가 되는 바위가 있다. 일 년에 한 번씩 하늘에서 선녀가 무지개를 타고 내려와 호수에서 멱을 감은 후 천의天衣를 입고 그 바위에 올라가 춤을 춘다. 그때 천의가 바위에 스치는 마찰에 의해 그 바위가 다 닳아 없어지는 데 걸리는 시간을 겁劫이라 한다.

(A)는 겁劫이라는 어휘의 사전적 의미다. (B)는 불가에서 불자들에게 이해를 돕기 위해서 흔히 하는 이야기다. (A)는 설명문으로 정보를 제공할 뿐이다. 거기에는 감동이 없다. (B)는 서사문학이다. 거기에는 인물, 사건, 배경이 있고 그것으로 해서 경악할 정도의 감동이 있다. 똑같은 추상적 개념인 주제를 말하고 있지만 효과는 이렇게 다르게 나타난다. 이렇게 형상화는 서사문학에서도 미적 효과를 극대화할 수 있는 가장 효과적인 방법의 하나가 될 수 있다.

물론 수필은 허구가 아니다. 하지만 사실에 의한 자전적 수필에는 서사적 성격이 강하다. 없었던 일을 만들어 넣으라는 것이 아니라 사실에 충실하면서도 주제를 감동적으로 표현하기 위해서는 형상화 단계를 거쳐야 한다는 이야기다.

다음 글은 어느 수강생이 제출한 수필 초고 중의 일부다.

> (A) 나의 친할머니와 외할머니는 여러 면에서 다르셨다. 외모뿐만 아니라 성격도 다르셨다. 친할머니는 성격이 괄괄해서 무슨 일이든 척척 잘도 처리하셨다. 거기에 비해서 외할머니는 성격이 부드러우시고 안온하시었다. 목소리도 나직하셨고, 매사에 서두는 일이 없으셨다. 나는

어려서 종기를 자주 앓았는데 그 종기를 치료하는 방법도 두 분이 다르셨다. 두 분은 외모만큼이나 성격도 달랐지만 나를 사랑하신 점에서는 낫고 못함이 없으셨다. 두 분 할머니가 그립다.

이 글을 통해 우리가 알 수 있는 것은 두 주인공에 대한 정보 수준이다. 이런 종류의 사람은 얼마든지 있다. 일반적 성격의 나열일 뿐이다. 다시 말해서 구체성이 드러나 있지 않기 때문에 인물이 살아나지 못하고 있다. 따라서 감동도 훨씬 떨어진다. 형상화에 실패한 것이 그 이유다.

이 글에서는 첫째, 인물의 외양을 볼 수 없다. 따라서 구체적 캐릭터가 형상화되지 못했다. 둘째는 "종기를 치료하는 방법도 두 분이 다르셨다"고만 되어 있지 구체적으로 어떻게 달랐는지 언급이 없다. 인물의 성격 제시도 직접 설명하는 형식을 취했기 때문에 추상성을 면치 못했다.

이 글이 구체적 감동을 주기 위해서는 위에서 지적된 바와 같이 구체적 진술이 보충되어야 한다. 다음 글은 이런 점이 보완된 글이다. 앞의 글과 비교해 보기로 한다.

(A′) 나의 친할머니와 외할머니는 여러 면에서 다르셨다.

친할머니는 얼굴이 긴 편이고 키도 크셨다. 성격은 매우 괄괄해서 무슨 일이든 척척 처리하셨다. 말하자면 장부형 여인이셨던 것 같다.

거기에 비해서 외할머니는 얼굴이 둥근 편이고 키는 중키 정도였다. 매우 부드럽고 안온하신 분이셨다. 목소리는 나직했고 매사에 서두는 일이 없으셨다. 친할머니와는 달리 전형적 한국 외할머니의 상이셨던 것 같다.

나는 어려서 종기를 많이 앓았는데 그 종기를 치료하는 방법도 두 분이 다르셨다.

친할머니는 직접 종기를 짜셨다. 그래도 안 나으면 그 더러운 종기를 입으로 빼셨다. 아프고 더러웠지만 그러면 신기하게도 나았다. 하지만 친할머니의 외과적 치료법은 너무 아파서 싫었다.

외할머니는 달랐다. 언젠가 외할머니 댁에 갔을 때 일이다. 그때도 종기로 고생을 하고 있었는데 외할머니는 보시더니 아프겠다고 위로하시고는 목화씨 발린 것을 주면서 먹고 아무에게도 말하지 말고 기다리면 낫는다고 하셨다.

집으로 오는 길이었는데 어깨가 끈끈해서 보니 종기에 구멍이 뻥 뚫리고 고름이 흘러내렸다. 저녁때가 되니 근질근질했고 며칠 후 말끔히 나았다. 외할머니의 내과적 치료가 신기하기만 했다.

두 분이 외모만큼이나 성격도 다르셨지만 나를 사랑하시는 점에서는 낫고 못함이 없으셨다. 두 분 할머니가 그립다.

(A')에서 밑줄 친 부분은 (A)에서 미비한 내용을 보완한 것이다. 우선 (A)에서 결여되었던 주인공의 외모가 구체적으로 묘사되었으며, 성격이 설명에 의하지 않고 행위에 의해 간접적으로 제시되었다. 그리고 두 분 할머니를 '장부형'과 '전형적 한국 외할머니의 상'으로 표현함으로써 줄거리만 적어 놓은 (A)에서 놓치고 있는 예술적 감동을 성취하고 있는 것이다. 형상화는 이렇게 추상적 개념은 물론 구체적 사물이나 사건과 인물까지 감각적으로 강화시켜서 살아 움직이게 한다.

이상에서 한 작가가 자기를 둘러싸고 있는 세계를 어떻게 해석하고 어떻게 형상화하느냐에 따라 작품의 성패가 결정되는 것을 시와 수필을 중심으로 생각해 보았다.

다시 말하자면 문학의 성취도는 참신한 소재와 그에 대한 참신한 해석 그리고 그 해석된 내용을 어떻게 참신하게 형상화하느냐에 따라 결정된다. 이 경우 비록 소재가 참신하지 않더라도 그 해석이 참신하면 반은 성공한 작품이다. 거기에 표현, 즉 형상화가 이루어졌다면 성공은 보장된 셈이다. 이렇게 하나의 작품은 세계에 대한 개성적 해석과 형상화를 통해 예술성을 획득하게 되는 것이다. 따라서 수필의 예술성은 여러 가지 경로를 통해 도달할 수 있는 목표라면 위에서 말한 해석에서 형상화까지의 과정은 그 가운데 하나의 통로라 할 수 있을 것이다.

21세기 한국 현대 수필의 현황과 전망

이 글은 《에세이문학》 100호 기념 한 · 일 수필 세미나를 위한 것이다. 우리 쪽에서 본다면 현대 한국 수필의 최근 30년 동안의 변화를 정리하는 기회가 될 것이고, 일본 측에서 본다면 한국 현대 수필을 이해하는 계기가 될 것이다.

1980년대를 분기점으로 한국 현대 수필은 놀랄 만한 변화를 겪어 왔다. 이런 변화의 원인과 결과에 대해서 필자는 크게 두 가지 측면에서 살피고자 한다. 그 하나는 수필 외적 상황이고 다른 하나는 그로 인해서 일어난 수필 내적 변화이다. 다시 수필 외적 상황을 세 가지로 나누어 첫째, 수필 전문 교육기관의 대거 설립, 둘째, 수필 전문 잡지의 유례없는 증가와 등단제도의 문제점, 셋째, 여성 수필가의 폭발적 증가에 따른 영향 등의 순서로 서술하고자 한다.

그리고 이런 외적 상황으로 결과된 수필 내적 변화에 대해서는 첫째, 주제와 제재의 변화, 둘째, 문체의 변화를 중심으로 고찰할 것이다.

마지막으로 현재 우리 수필이 안고 있는 몇 가지 문제점과 그에 대한 필자의 견해 및 전망에 대해 간단히 언급하는 것으로 이 글을 마치고자 한다.

1. 수필 외적 상황 변화

수필 전문 교육기관의 대거 설립

80년대 이전에는 수필 전문 교육기관이 없었다. 대학에서 수필 강좌는 부분적으로 있어 왔지만 그것은 어디까지나 문학 전반에 대한 이해 차원에서 있어 온 것이지, 수필 창작을 위한 목적으로 설치한 것은 아니었다.

80년대에 접어들면서 경제 개발 계획이 성공리에 끝나고, 경제력 향상에 힘입어 가정마다 세탁기를 중심으로 한 가전제품의 보급이 확대되었다. 주부들은 가사노동으로부터 해방되었고, 여가 시간이 늘어났다. 그리고 그 여가 시간에 대한 활용 방안들이 다각도로 모색되기 시작했다. 이런 현상은 남성들에게도 예외는 아니었지만 특히 여성들에게 보다 더 많은 기회가 주어진 변화였다.

오랫동안 잠재되어 왔던 국민의 문화적 욕구가, 교육계를 중심으로 전부터 논의되던 '평생교육의 필요성'과 맞물리면서 문화센터라는 새로운 출구를 통해서 표출된다. 1980년 동아일보가 '문화주의'를 표방하면서 최초로 동아문화센터를 설치하자, 한국일보, 중앙일보가 여기에 가세한다. 비록 상업적 목적이긴 했지만 시중 백화점들도 다투어 고객 유치 차원에서 문화센터를 설치한다.

이런 추세는 90년대에 이르자 서울에서 지방 도시로까지 확산되면서, 행정자치단체의 각 구청은 물론 도서관까지 이에 합세한다. 말하자면 문화센터 개설이 붐을 타게 된 것이다. 현재 전국적 통계 자료가 없어 정확히 알 수는 없지만 그 수가 엄청나리라 생각된다.

교과 과목은 문학, 미술, 음악을 비롯해서 철학, 과학, 고전, 역사와 같은 교양과목은 물론, 외국어 회화, 컴퓨터에서부터 대중가요와 포크댄스까지 다양하다. 필자가 출강하고 있는 서울시립대학교 시민대학을 예로 든다면 모두 70여 개의 강좌에 매 학기 수강생 수가 3,000명에 달한다.

수강 기간은 각 기관마다 다르지만 수강생이 원하는 만큼 계속할 수 있다. 문학 강좌 가운데 수필은 문화센터의 어느 교과 과정에도 빠지지 않는 단골 장르가 되었다. 이렇게 수필 창작에 국민적 관심이 쏠리게 된 것은, 수필은 '생각나는 대로 붓 가는 대로 쓰는 무형식이 형식이라'는 일반화된 수필관에서 비롯된 것이라 생각한다. 시는 까다롭고 소설은 힘에 부치고 가장 손쉬운 문학 장르가 수필이라는, 접근 용이성이 가져온 결과라 생각된다.

이렇게 이루어진 본격적인 수필 교육은 문학에 목말랐던 수강생들에게 있어서는 새로운 자기 세계를 찾아가는 가능성으로 다가왔다. 결과적으로 지속적인 강의와 습작을 통해 사물을 보는 눈이 열리고, 문장력이 향상되었으며, 구성이 치밀해지는 등 많은 긍정적 효과를 가져오게 되었다.

그러나 문학에 대한 기초 지식이 부족한 수강생들이 한 강사 밑에서 계속적인 교육을 받게 되면서 몇 가지 문제가 발생했다는 지적도 있다. 무의식중에 지도 강사의 수필관을 모방하게 되고,

반복되는 수필 전범에 대한 분석 강의는 수강생들을 기성 수필의 전범에 자신을 맞추려는 경향으로 작용하기 시작하면서 개성과 창의성은 마모되고 획일화 내지 규격화되었다는 일부의 비판도 있다.

또 하나의 문제는 발표 지면의 부족 현상이다. 매 학기 수많은 문화센터가 수많은 수필가들을 배출하지만 그들의 작품을 발표할 지면이 없었다. 처음에는 동인지 정도로 만족하던 필자들이 차츰 일반 잡지에 작품을 발표하고 싶은 욕구가 강하게 된다. 그러나 기존의 문학 잡지에 실린다는 것은 '하늘에서 별 따기'처럼 어려웠다. 1970년대 수필 전문 잡지가 있었지만 《수필문학》과 《한국수필》이 전부였다. 양산되는 수강생들의 작품을 감당하기에 2종의 잡지는 포화상태가 될 수밖에 없었다.

수필 전문 잡지의 유례 없는 증가와 등단제도의 문제점

이 같은 발표 지면의 절대 부족은 자연스럽게 새로운 탈출구를 향해 눈을 돌리게 된다. 1980년대에 2개의 수필 전문 잡지가 새로 등록하게 되면서 수필 전문 잡지의 폭발적 증가 행진이 시작된다.

1900년대에 이르면 문화센터 수필 창작 교실을 담당했던 강사들이 발행인이 되어 등록한 수필 전문 잡지가 대량으로 창간된다. 오창익의 《창작수필》, 윤재천의 《현대수필》, 정동화의 《수필춘추》를 비롯해서, 2000년대에 들어서면서 홍억선의 《수필세계》, 이정림의 《에세이21》, 임헌영의 《에세이플러스》가 모두 이런 경우에 해당된다. 이렇게 해서 90년대에 오면 무려 8종의 새로운 수필 전문 잡지가 등장하는 놀라운 성장을 보게 된다. 다음은 1970년대 이후 정부에 등록된 수필 전문 잡지들의 연도별 등록 현황이다.

수필 전문 잡지 등록 연도별 일람표(2007년 10월 현재)

잡지 이름	등록 연도	소재지	발행인	비고
수필문학	1972	서울	김승우	1982년 폐간
한국수필	1974	서울	조경희	
수필공원	1984	서울	김태길	
월간에세이	1987	서울	원종성	
수필문학	1988	서울	강석호	
창작수필	1991	서울	오창익	
현대수필	1992	서울	윤재천	
계간수필	1995	서울	김태길	
수필춘추	1997	서울	정동화	
에세이문학	1999	서울	박연구	수필공원의 개제
수필과 비평	2002	전주	서정환	
선수필	2003	서울	정목일	
수필세계	2004	대구	홍억선	
에세이21	2004	서울	이정림	
수필시대	2005	서울	성기조	
에세이스트	2005	서울	김종완	
에세이플러스	2006	서울	임헌영	

이 표에서 보는 것처럼 1970년대에 단 2종이던 수필 전문 잡지가 2000년에는 16종에 달한다. 그러나 이 표에 집계되지 않은 수필 전문 잡지가 3,4종 더 있는 것으로 안다. 따라서 현재 등록된 수필 전문 잡지만 20여 종에 달한다는 이야기다. 이웃 나라 일본에는 수필 전문 잡지가 단 1종에 불과하다는 사실과 비교해 볼 때 특이한 현상이라 생각된다.

더욱 주목해야 할 점은 이렇게 폭발적으로 증가한 잡지들 가운데 지난 30여 년 동안 김승우의

《수필문학》을 제외하고는 단 하나의 잡지도 폐간된 것이 없다는 사실이다. 1970년대 이전에도 수필 전문 잡지가 없었던 것은 아니다. 다만 몇 호를 내고는 곧 폐간되고 말았던 것에 비하면 놀라운 현상이라 하겠다.

이런 잡지들의 운영은 회원들의 정기 구독료와 광고 그리고 회원들의 협찬에 의해 유지된다. 시판되어 일반 독자들의 수요를 충족시킴으로써 얻어지는 수익금과 광고에 의존하는 일반 잡지와는 다르다. 또 하나의 공통점은 원고료를 지급하지 않는다는 점이다. 엄밀히 따지자면 그런 면에서 동인지 성격에서 멀리 벗어나지 못하고 있다. 16종의 잡지 가운데 원고료를 제대로 지급하는 잡지는 《월간에세이》 단 한 곳밖에 없는 실정이다.

이와 같은 열악한 재정 여건으로 잡지를 내다 보니 자연적으로 변칙적 운영을 하게 되는 경우가 적지 않다. 그 가운데 하나가 등단제도다. 등단제도의 본래 취지는 실력 있는 작가를 발굴하여 문단에 데뷔시킴으로써 문학의 발전에 기여하게 하는 것이다. 그러나 본래 취지와는 달리 잡지의 운영을 위한 수단으로 전락하고 만 것이 수필계의 현실이다.

거기에 등단 절차까지 요식행위에 그치고 만 것도 문제점으로 지적된다. 70년대 등단 절차는 보통 초회 추천과 완료 추천이라는 복심제를 두는 것이 일반적 관행이었다. 그러나 90년대 들어오면서 몇 잡지를 제외하고는 대부분 신인상 제도라는 이름 아래 1인 1편 1회로 등단을 완료시키고 있다. 현재 한국문인협회에 가입된 수필가 수는 2,500명에 달하고 있다.

이같은 등단제도는 수필가의 저변 확대라는 면에서 긍정적으로 평가될 수도 있지만, '검증되지 않은' 또는 '수준 미달'의 수필가를 양산함으로써 수필의 질적 저하를 가져왔다는 비판을 받게 되었다.

여성 수필가의 폭발적 증가

이와 같은 수필 전문 교육기관의 확산, 수필 전문지의 대량 창간, 등단제도의 변칙적 운영은 수필가의 양산으로 이어졌다. 그 가운데서 여성 수필가의 증가는 거의 폭발적 수준에 이르고 있다.

다음은 1975년 을유문화사가 간행한 《한국대표수필문학전집》 전12권에 수록된 작가의 남녀 성비性比와, 2005년 같은 출판사가 간행한 《한국의 명수필 2》에 수록된 수필가의 남녀 성비다. 세 번째는 2006년 《에세이문학》 통권 95호에 수록된 남녀 작가의 성비다.

1975년과 2006년 남녀 작가 성비

구분	총 수록 작가	남성	여성	남녀 비율
한국대표수필문학전집 (1975/을유문화사)	336	284	52	85% : 15%
한국의 명수필 II (2005/을유문화사)	49	25	24	51% : 49%
에세이문학 통권 95호 (2006년 가을호)	64	17	47	27% : 73%

이 표를 보면 1975년에는 남성이 전체의 85%였다. 2005년 자료에는 남성이 51%다. 남성의 비율이 34% 감소한 것이다. 그것에 비해 1975년 15%에 불과하던 여성이 2005년 자료에는 49%로 나타났다. 남성과는 반대로 34% 증가한 것이다.

그러나 이것은 선집選集에 나타난 특수 현상이다. 실제 남녀 작가의 성비는 이보다 훨씬 더 큰 격차를 보이고 있다. 2006년 《에세이문학》 통권 95호에 수록된 남녀 작가의 비율을 보면, 남성이 27%, 여성이 73%다. 1975년에 남성과 여성의 비율이 85 : 15이던 것이 30여 년 뒤인 2006년에는 27 : 73으로 역전되었음을 보여 주고 있다. 한마디로 말하면 2000년대 남녀 작가의 성비는 3 : 7이라는 계산이 나온다. 이것이 지금 수필계의 정확한 현실이다.

이와 같은 여성화의 추세는 비단 수필 분야에 국한된 현상이 아니다. 문학의 전 장르에 걸쳐 일어난 현상일 뿐만 아니라 사회 전반에 걸친 시대의 추세라 하겠다. 문제는 이런 상황 변화가 수필의 내적 변화에 어떻게 작용하고 있는가 하는 것이다.

2. 수필의 내적 변화

주제와 제재상의 변화

우선 주제와 제재라는 측면에서 그간의 변화상을 분석해 본다.

1970년대와 80년대는 어떤 의미에서 수필이 한국 독서계를 리드했던 시대다. 김형석, 안병욱으로 대표되는 철학자들의 수필, 이어령의 문명비판적 수필, 법정의 불교적 무소유 사상을 권유하는 수도자의 수필, 그리고 김남조, 유안진, 신달자로 대표되는 여류 시인들의 수필이 그 중심에 자리하고 있었다.

철학자들의 수필의 주제와 제재는 그 제목에 잘 나타나 있다. 안병욱의《사색인의 향연》, 김형석의《고독이라는 병》등은 '당의정 철학'이라는 비판을 받을 정도로 관념적이었다. 김남조의《그래도 못다 한 말》이라든가, 유안진 · 신달자 공저《지란지교를 꿈꾸며》같은 것은 여류 특유의 화려한 문체로 낭만성을 자극하였고, 법정의《무소유》계열의 모든 작품은 승려의 신분이 말하듯 포교적 성격이 강했다.

그러나 1980년대를 넘어서면서 이와 같은 철학적 · 종교적 · 교훈적 엄숙주의 주제들은 독자들의 관심으로부터 차츰 멀어지기 시작한다. 더욱이 90년대에 이르면서 거대담론은 모든 문학 장르에서 지나간 시대의 어두운 그림자로 퇴색되기 시작한다. 수필에 있어서도 마찬가지다. 과거 관념적 주제들이 물러간 그 빈자리는 일상 속에서 만나는 작고 가녀리고 눈부신 것들에 의해 대체되고 있다. 피천득 수필이 미친 영향의 결과가 크다 하겠다. 그의 수필 대부분이 50년대와 60년대에 발표된 것이지만 그 영향이 극대화된 것은 90년대 이후부터였다. 수필의 예술적 가능성을 증명해 보인 작가라 하겠다. 한국 현대 수필에서 하나의 커다란 흐름을 형성하고 있다는 사실을 부정할 사람은 아무도 없다.*

여성 작가들의 증가는 주제면에서 뿐만 아니라 제재면에서도 많은 변화를 가져왔다. 80년대 이전까지 학자들에 의해 주도되던 관념적 수필과, 김진섭과 이양하로 대표되는 구상적 수필은 물론 비판적 수필이나 유머적 수필을 쓰는 작가의 수가 90년대 이후부터 줄어들고 있다. 아니, 정확히 말해서 전체 수필가의 증가 추세에 비해 상대적으로 줄고 있다. 그 대신 '이야기가 있는 수필', 즉 자전적自傳的 수필이 대세를 이루고 있다. "이야기가 없으면 글을 못 쓴다"는 자조적인 발언이 여성 수필가들 사이에서 공공연히 토로될 정도다.

다시 말해서 70년대의 '존재의 문제', '행복의 조건', '군중 속의 고독'과 같은 추상적 제재가 사라지고 남편, 아이들, 시어머니, 강아지, 이루지 못한 사랑 이야기, 유년에 대한 향수 같은 제재가 주류를 형성하고 있다. 〈감〉 〈코스모스〉 〈고향 가는 길〉 〈붕어빵 먹는 법〉 〈남편의 뒷모습〉 〈여보, 나 이뻐?〉 〈아들의 연인〉 〈나의 어머니〉 같은 제목이 그런 정황을 잘 말해 주고 있다.

"수필은 철학과 문학의 튀기"라고 주장하는 편에서 보면 수필의 추錘가 철학 쪽에서 문학 쪽으로 많이 이동한 것이라 볼 수 있다. "인생의 기미"가 있어야 좋은 수필이 된다는 말이 힘을 받고 있다. 다시 말하면 지적 수필에서 정적 수필로 바뀌고 있다는 이야기가 된다.

"요즘 수필은 문학성은 향상되었지만 품위는 떨어지고 말았다"는 원로 수필가 김태길의 말이 있다. 여기서 '품위'란 말이 학자적 엄숙주의나 도덕주의를 의미한다면 그것은 차라리 극복되어야 할 대상이지만, 그것이 지적인 측면의 결여를 의미하는 말이라면 90년대 이후의 수필을 잘 대변한 말이라 할 수 있다.

이쯤에서 "수필은 문학적 정확성을 기하면서도 전체를 통찰하고 보편성을 추구하는 문학"이라는 K. A. 호르스트의 말에 한 번쯤 귀를 기울일 필요가 있지 않을까 한다. 수필의 다양성이 무엇보다 요구되는 시대가 아닌가 한다.

---

* 이 문제에 대한 구체적 연구를 하고자 하는 분은 필자의 글 〈현대수필문학에서 피천득 수필의 위상〉을 참고하기 바람.

문체상에 나타난 변화

80년대 이후 전문 작가의 대거 등장, 특히 여성 작가의 대거 진출은 문체면에서도 새로운 양상을 나타냈다. 문체의 세 가지 요소를 단어, 문장, 어조語調라고 볼 때, 60년대나 70년대의 수필은 한자어 계통의 단어들이 많이 동원되었다. 그러나 80년대를 지나 90년대에 들어오면서 한자어보다는 고유어, 고유어 중에서도 부드럽고 감각적인 단어들을 선호하는 경향이 일어난다. 고독, 사색, 실존, 소외, 이념, 행복, 우정, 묵시록 같은 단어들이 사라지고, 슬픔, 사랑, 죽음, 그리움, 외로움과 같은 고유어가 그 자리를 차지하게 된다. 그리고 꽃, 나무, 자벌레, 풀꽃 향기 같은 구체적이고 감각적인 단어가 증가하게 된다.

문장의 길이에서도 70년대와 많이 달라졌다. 간결하고 수식이 적은 홑문장보다는 수식이 많고 여성적 성향을 담기에 좋은 호흡이 긴 겹문장을 선호하는 경향이 있다. 몇몇 수필가에 의해 탄력 있는 문장들이 시도되어 많은 성과를 거두고 있지만, 아직 대부분의 수필가들의 문장이 늘어지고 설명적인 수준을 넘어서지 못하고 있다는 평을 받고 있다. 수필 문장과 소설 문장의 차이에 대한 인식이 부족하기 때문이다. 이야기가 중심인 자전적 수필이 주류를 이루면서 나타난 현상이 아닌가 한다.

또 하나는, '보여 주기식showing 문장'과 '말하기식telling 문장'에 대한 인식이 부족하다. 현장감을 주는 묘사가 적고 설명이 중심을 이루고 있다는 이야기다. 수필 전문 교육기관의 대거 설립으로 표현상에서 많은 향상을 보여 왔지만 아직 더 많은 노력을 요하는 면이라 생각된다.

어조면에서는 부정적 어조보다는 긍정적 또는 예찬적 어조가 강세를 보이고 있다. 삶의 여유에서 오는 결과인지, 아니면 여성 특유의 포용성의 결과인지 정확한 진단을 내릴 증거가 없다. 그와 같은 긍정적 어조가 주조를 이루다 보니, 비판적 어조가 약화되었다는 평을 듣게 되었다. 한마디로 말해서 80년대 이후 여성 수필가의 증가로 어조는 부드러워지고, 제재는 구체적이 되었으며, 주제는 거대 담론보다 사적이고 개인적이고 사소한 것으로 바뀌었다. 철학성보다는 문학성이 강화되었다는 결론을 내릴 수 있지 않을까 한다.

이상에서 수필의 외적 변화가 가져온 수필의 내적 변화에 대해서 대충 살펴보았다.

앞에서 열거한 여러 지적에도 불구하고 2000년대 한국 현대 수필이 저변 확대에만 그친 것은 아니다. 양적 증가에 미치지는 못할지 모르지만 적지 않은 우수 작품들이 발표되었고 또 발표되고 있고 발표될 것이다. 내용면에서나 표현면에서나 70년대 이전에 비해 양적으로나 질적으로나 괄목할 만한 성과를 거두었다는 사실은 비록 필자만의 견해는 아닐 것이다. 다만 옥석이 한데 뒤섞여 있기 때문에 눈에 띄지 않을 뿐이다. 앞으로 일정 시간이 흐르고, 수필 선집의 출판과 수필에 대한 비평이 활기를 띠게 되면 어느 것이 돌이고 어느 것이 옥인지 표범의 무늬처럼 확연히 구별될 날이 오리라 믿는다.

그렇더라도 현재 한국 수필계가 개선해야 할 점은 그대로 남는다. 앞으로 우리 수필의 발전을 위해서 다음 다섯 가지를 말하고자 한다.

첫째, 지적 훈련의 필요성이다. 수필은 어디까지나 산문이다. 감성만으로 글이 되지 못한다. 지적 구성과 문장의 논리적 뼈대 위에 감성의 피와 살이 붙어야 우뚝 설 수 있다. 그러기 위해서 감정을 절제하고 조화와 균형을 이루는 지적 · 논리적 훈련이 필요하다. 수필가란 “학식 있는 시인ein Poeta Doctus”이라는 말에 한 번쯤 귀를 기울일 필요가 있지 않을까 한다.

둘째, 수필계에는 아직도 중세적 엄숙주의, 도덕주의가 엄존하고 있다. 현대 감각에 맞게 수필은 주제면에서나 제재면에서 또는 단어 선택에서 보다 감각적이고 발랄해져야 한다는 이야기다. 기지, 풍자, 유머는 수필이 갖추어야 할 요건들이다. 웃음이 있고 재치가 있으며 허위성을 폭로하는 풍자가 있는 그런 수필이 많이 쓰여져야 한다. 그렇다고 수필이 야해져야 한다는 주장에 동의하는 것은 아니다. 모든 면에서 자유스러워야 한다는 이야기다. 열린 형식, 다양한 제재 그리고 진정성, 그것은 수필의 정체성이기도 하다.

셋째, 등단제도의 개선이다. 무분별한 등단 장사를 계속하는 동안 함량 미달의 수필가를 양산하게 될 것이고, 그것은 결국 부메랑이 되어 우리 수필계를 강타하고 말 것이기 때문이다.

넷째, 20종이 넘는 전문 수필지도 구조조정이 되어야 한다. 그러기 위해서는 재원 확보가 급선

무다. 원고료를 지불하는 잡지가 나와야 한다. 그래야 경쟁력이 향상되고 좋은 작품과 그렇지 못한 작품과 구별될 것이라 생각한다.

다섯째, 주례사와 같은 수필 비평도 문제다. 엄정하고 날카로운 비평이 활성화되어 수필가들에게 자극제 역할을 해 주어야 한다. 작품 비판에 대해 낯을 붉히는 사람에 대해서는 의연해야 한다.

이런 조건들이 충족된다면 우리 수필의 미래는 다른 어떤 장르보다 밝다고 생각한다. 인터넷에 들어가 보면 필자의 주장이 공허한 말장난이 아니라는 것을 알 수 있을 것이다. 좋은 수필, 아름다운 수필은, 오프라인에서 뿐만 아니라 온라인에서도 젊은 독자들의 사랑을 받고 있다는 사실이 이를 증명하고 있다. 지금은 수필 독자의 무관심을 탓할 때가 아니다. 치열한 작가정신의 부재를 탓할 때다.

"수필은 어느 날 문득 모든 문학을 흡수하여, 영향력을 잃고 있는 소설이나 심리극에 대하여 보다 높은 차원에서 막강한 영향력을 행사할 것이다."

L. 로너의 격려의 말 한마디를 소개하면서 이 글을 마친다.

※한 · 일 수필 세미나 발표 원고

대상을 여는 일곱 개의 열쇠

– 대상의 본질에 이르는 방법

대상이란 주체를 둘러싸고 있는 세계를 말합니다. 따라서 글쓰기란 대상과 주체, 즉 세계와 나의 관계라고 하겠는데, 세계는 나를 자극하고 나는 그 자극에 끌려 세계를 탐색하게 됩니다. 그러나 세계, 즉 대상은 자신의 본질을 쉽사리 누설하지 않습니다. 털어놓는다 해도 주체가 누구냐에 따라 그 정도를 달리합니다. 시각, 관점, 방법 그리고 그 위에 엄청난 열정, 그러니까 주체가 가지고 있는 그릇의 크기만큼, 노력의 크기만큼만 대상은 자기를 줍니다. 같은 대상을 다루었더라도 그 수준이 같지 않은 것은 그 때문이라고 생각합니다.

오늘 제가 말하고자 하는 것은 주체로서의 내가 어떻게 하면 대상의 본질에 도달할 수 있는가 하는 방법론이 되겠습니다. 대상의 본질이 숨겨져 있는 곳간 문을 여는 데는 열쇠가 필요합니다. 일곱 가지 열쇠가 필요합니다. 이 열쇠에 대해서 차례로 말하고자 합니다. 이것은 집필 이전 단계에 속하는데, 이 단계의 성공 여부가 다음 단계인 집필에 절대적 영향을 끼치므로 글쓰기에 있어서 중요한 과정이라 할 수 있겠습니다.

1. 대상에 대한 지속적 사고

대상의 본질에 이르기 위해서 우리는 그 대상에 대해서 지속적으로 사고할 필요가 있습니다. 이것이 대상을 여는 첫 번째 열쇠입니다. 여기서 '사고'란 말은 우리가 보통 같은 의미로 쓰고 있는 '생각'이란 말과 구분하고자 합니다. 사람이라면 생각을 하지 않고는 하루도 살 수 없습니다. 그러나 사고는 하지 않아도 살 수 있습니다. 사고를 하는 사람은 전체 인구의 20%에 불과하다고 합니다. 생각은 지속성도 논리성도 없지만 사고는 그 모든 것을 갖추고 있습니다. 생각은 마치

빨랫줄에 앉은 참새와 같아서 한 곳에 오래 머물지 못합니다. 빨랫줄에 앉았던 참새는 언제 지붕 위로 날아갈지 모르며, 지붕 위에 앉았던 참새는 금세 미루나무 꼭대기에 가서 앉았다가 다시 길을 건너 정미소 환기창에 가 앉을 수도 있습니다. 그렇게 이 대상에서 저 대상으로 옮겨 다니고서는 대상의 본질에 이를 수 없는 것입니다.

스님들이 어떤 화두를 붙잡고 늘어지듯 대상에 대해서 지속적이고 집중적으로 사고하지 않으면 한 줄의 글도 쓸 수 없습니다. 따라서 좋은 글은 대상에 대한 지속적 사고의 결과물이라 하겠습니다. 다음은 저의 졸작 〈수련〉 중 일부입니다.

> 이렇게 사흘 동안을 피고 잠들기를 되풀이하다가 나흘째쯤 되는 날 저녁, 수련은 서른도 더 되는 꽃잎을 하나씩 치마폭을 여미듯 접고는 피기 전 봉오리였을 때의 모습으로 되돌아간다. 처음 보는 사람은 봉오리인 줄 착각하기 십상이지만 주의하여 보면 그렇지 않음을 곧 알게 된다. 피기 전에는 대공이 끝에 반듯하게 고개를 쳐들고 있지만 지고 있을 때의 모습은 그렇지 않다. 비녀꼭지 같다고나 할까. 아니면 기도하는 모습이라고나 할까. 마치 자신의 죽음에 대하여 마지막 애도의 눈길이라도 보내고 있는 듯한 그런 모습으로 조용히 고개를 떨구고 있는 것이다.

어떤 후배가 이 글을 읽고 이렇게 말했다고 합니다. "얼마나 오랫동안 바라보았을까?" 하고 말입니다. 그렇습니다. 저는 근 10년 가까이 수련을 가꾼 후에 이 글을 썼던 것 같습니다. 그동안에 수련의 모든 비밀은 아니지만 그 일부나마 볼 수 있었던 것입니다.

저와 함께 공부하는 사람 가운데 한 분이 전봇대에 대해서 글을 쓴 적이 있습니다. 의도한 수준에 미치지 못했습니다. 제가 할 수 있는 충고는 이런 것이었습니다.

"어느 거리를 택해서 그곳에 있는 전봇대 아홉 개만 조사하십시오. 거기 붙어 있는 온갖 광고지와 안내문과 낙서를 조사하고 분석하십시오. 그러나 그것으로도 부족합니다. 한 시간 또는 열 시간, 아니 하루 종일 전봇대를 지켜보십시오. 지나가던 개가 오줌을 싸기도 하고 술 취한 사람이 이마를 대고 한동안 울다 가기도 할 것입니다. 가로등 아래에서 외롭게 밤을 지새우는 모습도 보십시오. 그런 모든 것을 본 다음에 글을 쓰십시오."

우리는 자주 글의 소재가 없다고 투정합니다. 소재는 우리 주변과 우리 머릿속에 널려 있습니다. 다만 그것에 대해서 깊이 사고하지 않기 때문에 소재가 생각나지 않는 것입니다. 하나의 대상을 붙잡고 집중적으로 또 지속적으로 사고하면 대상은 마침내 자기의 비밀을 다 털어놓고 말 것입니다. 이 지속적 사고의 과정은 몇 분이나 몇 시간 또는 며칠이 될 수도 있고, 1년 또는 10년이 될 수도 있겠습니다. 어떤 대상의 본질에 도달할 때까지, 아니면 그 대상에 대해서 쓰기를 포기할 때까지 사고의 시계바늘은 계속 돌려야 합니다.

2. 대상과의 거리 조정

아무리 지속적 사고로 대상을 보더라도 대상과의 거리를 잘못 조정하면 대상의 본질을 놓치고 맙니다. 여기서 '거리'란 대상과 주체의 심리적 거리를 말합니다. 아니, 거리는 때로는 시간적 거리가 되기도 합니다. 일어난 사건에 대해서 바로 쓰느냐, 얼마 동안 시간이 경과한 후에 쓰느냐 하는 것이 바로 거리라는 것입니다. 대상과의 알맞은 심리적 또는 시간적 거리, 이것이 두 번째 열쇠입니다. 거리를 너무 가깝게 잡으면 대상의 본질이 왜곡될 뿐만 아니라 감상에 빠지기 쉽습니다. 너무 멀리 잡으면 차디찬 글이 되고 맙니다. 알맞은 거리에서 대상을 보아야 대상의 본질, 즉 참모습이 왜곡되지 않고 제대로 보입니다. 다음 글을 보겠습니다.

> 아아, 이상도 할사. 내 고향은 바로 네로구나. 네가 바로 내 고향일 줄이야 꿈엔들 꿈꾸었으랴. 이 일이 웬일인가? 이것이 꿈인가, 꿈 깨인 꿈인가? 미칠 듯한 나는 방금 네 속에서 내 고향을 보았노라. 천추의 감격과 감사의 기적적 순간이여. 이윽히 벽력 같은 기적의 경이와

환희에 놀란 가슴 어루만지며 침두에 세워 둔 가야금 이끌어 타니, 오동나무에 봉이 울고 뜰 앞에 학이 춤추는도다. 모두가 꿈이요, 꿈 아니요, 꿈 깨니 또 꿈이요, 깨인 꿈도 꿈이로다. 만상이 적연히 부동한데 뜰에 나서 우러러보니 봉도 학도 간 곳 없고, 드높은 하늘엔 별만 총총히 빛나고 땅 위에는 신음하는 거위의 꿈만이 그윽하고 아름답게 기었고녀….

꿈은 깨어 무엇하리.

– 〈짝 잃은 거위를 곡하노라〉, 오상순

이 글은 짝을 잃은 거위의 슬픔에 대하여 표현하려고 했으나 자아도취적인 감상에 흘러 정작 짝을 잃고 밤새워 이리저리 헤매는 거위의 슬픈 모습이 충분이 표현되지 못했습니다. 들뜬 문장에는 작가의 감상적 영탄만 넘쳐흐를 뿐이지요. 대상과의 심리적 거리를 제대로 잡지 못해서 일어난 결과입니다.

왼손잡이였던 어머니는 북달이 메주콩 씨앗을 담은 종구라기를 옆에 끼고 먼저 왼발 뒤꿈치로 오른발 앞에 자국을 찍는다. 재빨리 제자리로 오면서 콩 서너 알을 떨어뜨린다. 오른발로 스치듯이 슬쩍 흙을 덮고 다시 그 발로 왼발 앞에 자국을 찍는다. 왼발은 오른발을 오른발은 왼발을 번갈아가며 포곡포곡 콩을 심었다. (중략) 이랑 따라 굽이를 돌아가는 어머니의 뒤꿈치 확에 콩과 함께 콩꼬투리 같은 자식을 희망의 씨앗으로 꼭꼭 숨겼을 것이다.

– 〈어머니의 콩밭〉, 권순옥

콩을 심고 있는 어머니의 행동 묘사가 치밀합니다. 문장은 들뜨지 않고 차분합니다. 어머니에 대한 이야기이므로 자칫 감상에 젖을 수도 있었지만 감정을 여과시켜 절제된 문장으로 주제를 잘 형상화시켰습니다. 앞의 〈짝 잃은 거위를 곡하노라〉와 달리 거리를 너무 바투 잡지도 그렇다고 너무 멀리 잡지도 않고 알맞은 거리를 잡은 결과라 하겠습니다.

거리를 너무 멀게 잡은 글의 예문은 생략하기로 합니다. 다만 이어령의 대부분 수필이 그에 속한다고 하겠습니다. 대상을 논리적으로 분석하고 비교 대조하는 것이 그의 문체 전반을 지배하고 있기 때문입니다. 따라서 체감 온도가 찹니다. 이런 글을 머리로 쓴 글이라고 합니다.

대상과 알맞은 거리를 나타내는 말에 관조觀照와 명경지수明鏡止水가 있습니다. 관조란 대상을 마음의 동요 없이 바라보는 것을 말합니다. 명경이란 깨끗한 거울을 말합니다. 지수란 흐르지 않는 물, 즉 고여 있는 물을 말합니다. 때가 낀 거울은 미인의 얼굴을 제대로 비추지 못하고 여울물은 개울가에 선 포플러를 제대로 비추지 못합니다. 따라서 마음 상태가 어떤 선입관이나 감정에 치우치지 않고 맑고 깨끗할 때 대상의 본질이 제대로 비치는 것입니다.

어젯밤에 사랑하는 사람을 여의었다고 가정합시다. 감정이 복받치겠지요. 그런 때 글을 쓰면 그 글은 실패하기 쉽습니다. 시간적 거리는 심리적 거리와 맞먹습니다. 몇 달, 아니 몇 해를 두고 삭이고 숙성시키십시오. 그런 다음에라야 대상의 본질이 가감 없이 보일 것입니다.

3. 대상에 대한 구체적 관점

대상을 볼 때 우리는 두 가지 관점에서 봅니다. 숲을 보는 방법과 나무를 보는 방법입니다. 하나의 숲을 제대로 보기 위해서는 멀리서 보아야 그 위치와 면적을 알 수 있습니다. 그러나 그렇게 거시적으로만 본다면 그 숲을 구성하고 있는 요소는 볼 수 없을 것입니다. 숲 속에 들어가 나무 하나하나에 대해 관찰해야 하고, 나무의 종류와 냇물의 위치와 수질 등을 조사해야 하며, 어떤 애벌레가 기어다니며 어떤 야생화가 피어 있는지도 눈여겨봐야 합니다. 그런데 글을 처음 쓰는 사람들은 숲을 본 이야기만 합니다. 문학은 개괄적 설명이 아니라 구체적 묘사요 서술입니다. 다음 글을 보겠습니다.

가계부에는 각종 수입과 지출 난 외에도 곗돈을 적는 난이 따로 있었다. 67년도 1월분 남편 월급이 18,159원이었다. 거기에 보너스로 16,250원이니 총 수입이 34,409원. 당시 공무원 월급이 5,000원 정도였으니 남편 월급이 꽤 많았다는 이야기가 된다. 그것은 60년대 탄광은 국가 기간산업인 데다가 사고가 잦아 위험수당이 많았기 때문이다. <u>그때 고생은 필설로 다할 수 없다.</u>

– 〈지난 시절 가계부를 보며〉, 안숙

이 글의 밑줄 친 부분이 바로 개괄적 관점에서 모든 상황을 한마디로 요약해 놓은 것입니다. "필설로 다할 수 없다"고 했는데, 이 글을 읽는 독자는 그 고통이 어느 정도였는지 실감하지 못합니다. 그저 몹시 힘들었나 보다 하고 머리로 이해할 정도지요. 가슴으로 느끼지는 못합니다.

만약 이 글의 필자가 이렇게만 썼더라면 작가로서의 의무를 다하지 않은 것이나 마찬가집니다. 독자가 실제로 그 필설로 다할 수 없는 상황을 실감할 수 있도록 독자를 그 상황 속에 밀어넣어야 합니다. 그것이 바로 작가의 의무입니다. 독자는 이런 작가에 대해 아주 냉정합니다.

다행히 위 글의 필자는 그 부분을 다음과 같이 구체적 시각으로 표현해서 독자의 감동을 끌어내는 데 성공하였습니다. 이제 앞에서 본 밑줄 친 부분처럼 개괄적으로 서술했을 때와 아래와 같이 구체적으로 표현하였을 때 어떻게 효과가 달라지는지 보기로 합시다.

남편은 막장까지 내려가 일했다. 감독이라고는 하지만 공대를 갓 졸업한 20대 초반의 나이로 힘든 노동을 감당하기에 얼마나 힘들었을까 하는 것은 짐작하고도 남는다. 저녁에 퇴근하면 전신이 검정빛 일색이었다. 눈과 이빨만이 하얗게 빛날 뿐이었다. 일간 신문에는 한 달이 멀다하고 탄광 붕괴 사고가 보도되었다. 막장에 갇힌 광부들이 며칠 후 구조되기도 했지만 그렇지 못하고 시신이 되어 올라올 때는 탄광촌 전체가 비탄과 통곡의 막장 속으로 매몰되는 것이었다. 그렇게 벌어들인 위험수당, 그건 목숨값이었다. 젊어 고생은 돈을 주고 산다지만 나는 다시 그 시절로 돌아가고 싶지 않다.

이렇게 구체적 관점에서 대상을 보아야 실감을 줄 수 있고, 그래야 문학적 감동을 극대화할 수 있습니다. 대상을 구체적 관점에서 보라, 이것이 세 번째 열쇠입니다.

4. 비교와 대조

지속적 사고와 알맞은 거리를 확보했을 뿐만 아니라, 대상을 구체적 관점에서 보았다고 하더라도 대상의 본질에 이르기는 쉽지 않습니다. 대상은 자기 속내를 쉽게 발설하지 않기 때문입니다. 그러나 맹목적으로 붙잡고 늘어진다고 해서 속내를 드러내는 일도 없습니다. 대상, 즉 사물이나 사건의 본질에 도달하려면 네 번째 열쇠가 필요합니다.

그 열쇠는 비교와 대조의 기법입니다. 우리가 표현하고자 하는 어떤 대상과 가장 가까운 이웃 소재들을 동원한 다음 그것들을 같은 레벨에서 비교하고 대조함으로써 그 본질에 도달할 수 있는 것입니다.

> 서산 위에 잠깐 나타났다 숨어 버리는 초생달은 세상을 후려 삼키려는 독부가 아니면 철모르는 처녀 같은 달이지마는 그믐달은 세상의 갖은 풍상을 다 겪고 나중에는 그 무슨 원한을 품고서 애처롭게 쓰러지는 원부와 같이 애절하고 애절한 맛이 있다. 보름의 둥근 달은 모든 영화와 끝없는 숭배를 받는 여왕 같은 달이지마는 그믐달은 애인을 잃고 쫓겨남을 당한 공주와 같은 달이다. (중략) 그는 고요한 꿈나라에서 평화롭게 잠든 세상을 저주하며 홀로 머리를 풀어뜨리고 우는 청상과 같은 달이다. 내 눈에는 <u>초생달 빛은 따뜻한 황금빛에 날카로운 쇳소리가 나는 듯하고,</u> <u>보름달을 쳐다보면 하얀 얼굴이 언제든지 웃는 듯하지만 그믐달은 공중에서 번뜩하는 날카로운 비수와 같이 푸른빛이 있어 보인다.</u>
>
> **– 〈그믐달〉, 나도향**

그믐달의 본질에 도달하기 위해서 필자는 이웃 소재인 초생달과 보름달을 동원해서 비교 대조의 기법으로 그믐달의 특징과 본질을 파악했고 그것을 비유를 통해서 감동적으로 표현했습니다. 대부분의 사물이나 사상은 상대적입니다. 따라서 비교 대조를 통해야 그 본질이 명료하게 드러나는 것입니다. 여기서 비교란 유사성을 밝히는 일이고, 대조란 이질성을 밝히는 일입니다.

그런데 잘 나가던 이 글이 독자에게 혼란을 주고 말았습니다. 밑줄 친 부분을 자세히 보면 대상을 같은 레벨에서 대조하지 않았기 때문이라는 것을 알 수 있습니다. 즉 초생달의 청각적 인상을 쇳소리로 표현하고, 보름달이나 그믐달에 대한 청각적 인상을 누락하고 만 것입니다. 게다가 초생달은 황금색이라 하고 쇳소리가 난다고 한 것은 본질에 맞지 않습니다. 쇳소리는 푸른색이 도는 그믐달의 청각적 인상에 더 맞습니다. 그러니까 불완전한 관찰과 대조는 이렇게 본질에서 빗나가게 한다는 것을 잊지 말아야겠습니다.

이웃 소재란 쓰고자 하는 제재, 즉 대상과 가까운 소재를 두고 하는 말입니다. 등잔불에 대해 쓰고 싶으면 이웃 소재인 촛불, 전등불, 남폿불을 동원하면 등잔불의 본질이 잘 드러날 것입니다.

5. 대상에 대한 개성적 시각

이것이 대상의 본질을 여는 다섯 번째 열쇠입니다. 개성적 시각이란 다른 말로 바꾸면 대상을 낯설게 보는 것을 말합니다. 글쓰기에서 대상에 대한 지속적 사고와 비교 대조에 의해서만 대상을 파악할 수 있는 것은 아닙니다. 그에 못지않게 중요한 것이 대상을 어떻게 볼 것인가 하는 문제인데, 그것은 늘 보아오던 익숙한 방식으로 봐서는 아무것도 발견할 수 없다는 것입니다. 좀 더 구체적으로 말하자면 “현미경적 시각”으로 보든가, 일반적 견해를 “뒤집어 보는” 것입니다.

대나무에 대해서 글을 쓴다고 가정해 봅시다. 선배 문인들처럼 대나무에서 기존의 시각에서 본 가치, 즉 지조니 절개를 본다면 그것은 새로운 글이 될 수 없습니다. 뒤집어 보든가 꼬집어 보든가 아무튼 달리 보아야 할 것입니다.

저도 대나무를 키워 보았습니다. 마당 한 모퉁이에 심어 놓고 언제 자라나 기다리는데 2년이 되는 어느 날 아침에 나가 보니 마당 이곳저곳에 대나무들이 불쑥불쑥 솟아서는 깃발을 휘날리고 있는 것이었습니다. 철쭉 밭도 채송화를 심은 화단도 모두 대나무가 접수해 버린 것이었습니다. 그걸 뽑는 데 애를 먹었습니다. 깊이 한 자 되는 땅 밑으로 여기저기 자기들 세력을 몰래 뻗쳐 놓았던 것입니다. 제가 대나무란 제재로 글을 쓴다고 하면 지조니 절개보다 자기들의 세력 확장을 위해서 몰래 물 밑이 아닌 땅 밑에서 공작을 꾸미고 있는 정치인들의 음모를 꼬집는 글을 쓸 것입니다. 대나무의 겉 다르고 속 다른 이중성과 그 은밀한 게릴라 전법에 대해서 말입니다.

이렇게 낯설게 볼 때 모든 것이 새롭게 보입니다. 새롭게 보아야 새롭게 쓸 수 있는 것입니다. 상투적이고 피상적이고 상식적인 시각으로는 글이 되지 않습니다. 문학의 본질 가운데 하나가 참신성이고, 참신성은 개성적인 시각에서 나온다는 사실을 잊지 말아야 합니다.

아름다운 경치를 보고 무조건 "그림 같다"든가 아니면 "한 폭의 수채화"라든가, 맛있는 것은 무조건 "꿀맛"이라고 하고, 보고 싶은 심정은 "굴뚝같다"고 표현한다면 그건 창조적 시각이 아닙니다. 그런 글에 독자들은 이미 식상해 있기 때문입니다.

낮달을 보고 "물에 불어터진 비누 조각 같다"고 하든가, "양철 조각 같다"고 하든가, "친구의 허파를 찍은 엑스레이 필름 같다"고 하면 어떨까요? 좀 새로운 시각이 되겠지요? 그러나 이것으로 만족해서는 안 됩니다. 백척간두진일보百尺竿頭進一步하는 심정으로 더 나은 것을 찾아 한 발 더 내디뎌야 합니다. 글쓰기에서는 한 발 더 나아간다고 해서 추락사고가 나는 건 아닙니다.

어떤 시인의 〈달팽이〉란 시에, "두 개의 성냥개비 같은 눈을 하고"라는 구절이 있습니다. 저는 그 구절을 처음 읽는 순간 아주 많이 감탄했습니다. 달팽이 눈을 여실하게 표현했다고 생각했기 때문입니다. 하지만 제가 〈달팽이〉에 대해 쓸 때는 생각이 달라졌습니다. 달팽이 눈을 성냥개비로 비유한 것은 최선이 못 된다는 것을 알게 되었던 것이지요. 보조관념이 원관념과 형태상으로는 유사하지만 달팽이 눈을 성냥개비에 비유하는 순간 달팽이 눈은 그 유연성과 생명력을 잃고 경직된 나무쪼가리가 되고 말았기 때문입니다. 그래서 생각하고 또 생각한 끝에 "꽃의 수술"로 표현했습니다. 그러자 달팽이의 눈은 생명력과 유연성은 물론 꽃의 향기까지 덤으로 받게 되는 것이었습니다. 백척간두진일보라는 나의 신념이 빛을 보는 순간이었습니다.

6. 따뜻한 시선으로 대상 보기

모든 사물을 살아 있는 것으로 보고 따뜻한 시선으로 봐야 대상이 우리에게 다가옵니다. 이것이 여섯 번째 열쇠입니다. 돌은 돌이고, 나무는 나무이며, 꽃은 그냥 꽃일 뿐 감정이 없는 사물이라고 생각하는 순간, 시도 수필도 태어나지 못할 것입니다. 우리가 매일 타고 다니는 자동차를 하나의 쇳덩이로 볼 때 자동차도 스스로 쇳덩이기를 고집할 것입니다.

승용차로 고속도로를 달리다가 길가에 휴게소 안내판이 보였다고 합시다. 운전자는 조수석에 탄 사람에게 보통 이렇게들 말합니다.

"우리 저기서 차에 기름도 넣고 요기도 하세."

이 운전자는 차를 하나의 무정물로 본 것입니다. 그러나 이 말에서 세 개의 단어만 바꾸어 봅시다.

"우리 저기서 이놈에게 여물도 먹이고 요기도 하세."

이렇게 말하는 순간 자동차는 쇳덩이기를 거부하고 생명이 있는 소나 말이나 아니면 당나귀 같은 피가 흐르고 감정이 있는 생명체로 둔갑하여 우리 앞에서 큰 소리로 울어 젖힐 것입니다. 우리 시각을 한 번 바꾸는 순간 기적이 일어난 것이지요. 이것이 말의 마술입니다. 모 제약회사 사장님이 함께 점심을 하고 나오다가 저에게 물었습니다.

"이 따분한 세상 어떻게 해야 재미있게 살까요?"

제가 대답했습니다.

“세상을 은유로 보시오. 그러면 모두가 정답고 사랑스럽게 보일 것입니다.”

그렇습니다. 대상은 바꿀 수 없지만 시각은 바꿀 수 있습니다. 시각을 바꾸면 세상이 달리 보입니다. 이런 시각은 과거 모든 시인들이 가지고 있었습니다. 그래서 그들은 좋은 시를 쓸 수 있었는지도 모릅니다. 모든 자연물과 자연현상 자체에 생명과 의식이 있다는 애니머티즘(animatism)적 시각이든, 모든 사물에는 독립된 정령이 살고 있다고 믿는 정령관(animism)적 시각이든, 모든 사물에는 신이 또는 신성이 내재돼 있다고 보는 범신론(pantheism)적 시각이든 모두 괜찮을 것입니다. 괴테나 실러나 릴케까지도 범신론자였다는 사실을 기억해 두는 것도 나쁘지 않을 것입니다.

그렇다고 사회 부조리나 물질문명의 폐단을 비판하지 말라는 이야기가 아닙니다. 그럴 경우에도 애정을 가지고 보되 직접 칼끝을 세워 공격하지 말고 칼등으로 쳐서 깨우치게 하자는 것입니다. 우정 있는 설복 같은 거 말입니다. 이런 경우는 우의적이거나 풍자적인 수법도 한 방법이 되겠습니다. 수필이 신문 사설이나 칼럼과 다른 점은 바로 이런 우정 또는 애정의 시각으로 보는 태도에 의해서라고 생각합니다.

7. 호기심으로 대상 보기

일곱 번째 열쇠는 호기심입니다. 일곱 개의 열쇠 가운데 가장 작지만 가장 빛나는 열쇠입니다. 호기심이 없다면 그림을 그리지도 글을 쓰지도 않을 것입니다. 세상이 온통 재미없는 통나무거나 흙덩이가 아니면 짐승들 뿐일 테니 말입니다. 대상에 대한 호기심이 주체를 대상에게로 끌어들이는 것입니다. 호기심은 사람을 젊게 하고 부지런하게 하며 창조하게 합니다. 서정주 시인은 만년에 러시아로 떠나면서 공항에서 기자들과 인터뷰를 했는데, 그는 자기를 “그리워하는 사람, 호기심 많은 사람”이라고 했습니다. 그의 호기심이 그 좋은 시들을 생산하게 했다는 이야기도 되겠지요. 그러나 이 열쇠는 남이 주기보다 타고나는 덕목이라고 생각합니다.

그렇다고 호기심은 천부적이라고만 생각하고 포기하는 것은 너무 성급한 판단입니다. 호기심도 정서와 마찬가지로 계발이 가능한 덕목입니다. "정서 함양"이란 말이 있듯이 "호기심 함양"이란 말이 있어서 안 될 것도 없습니다. 이제 호기심으로 세상을 봅시다. 은유로 세상을 봅시다. 세상은 온통 글거리로 충만해 있을 것입니다.

이상에서 대상의 본질에 도달하기 위한, 즉 대상을 여는 일곱 가지 열쇠에 대해서 이야기했습니다. 이것은 어디까지나 글쓰기에서 집필에 들어가기 전 단계에서 우리가 갖추어야 할 기본태도에 해당하는 것입니다. 좋은 글을 쓰는 데 있어서 없어서는 안 되는 태도이기도 합니다.

호기심을 가지고 어떤 대상을 알맞은 거리에서 진지하고 지속적으로 사고하되, 개성적 시각과 구체적 관점에서 볼 것이며, 그 대상과 가장 유사한 이웃 대상과 비교 대조해서 그 본질을 파악하게 되면 대상은 우리에게 자기 속내를 남김없이 실토할 것입니다. 그때 그것을 가지고 글을 쓴다면 우리 모두가 훌륭한 문필가가 되리라 믿습니다. 감사합니다.

※수필과비평작가회 주최 세미나 강연 원고

한국 현대 수필문학사에서 피천득 수필의 위상

– 50년대부터 90년대까지

1996년 초여름 나는 금아 선생을 찾아갔다. 5월 20일 샘터사에서 출판된 《인연》이 10일 만에 3쇄를 한 데 대한 축하를 드리기 위해서였다. 1959년 평화당에서 《금아 시문선》이 나온 후 《산호와 진주》로 표제를 바꾸어 일조각에서 두 번 출판되었지만 "1년에 500부 정도 팔리던 책"(피천득 선생의 말씀)이 40년 만에 갑자기 베스트셀러가 된 사실이 선생님도 믿기지 않는다는 눈치였다. 나도 그 이유를 알 수 없었다.

그런데 2016년 봄 금아 피천득 선생 기념사업회로부터 강연 의뢰를 받고 나서 그 이유를 밝혀 보고 싶은 생각이 들었다. 선생의 문학사적 위상을 규명하는 포인트인 동시에 50년대에서 90년대를 관통하는 한국 수필문학의 흐름을 들여다볼 수 있는 기회라고 생각해서였다.

때마침 금년 8월 김형석 선생의 수필집 《백년을 살아보니》가 출판되었다. 그의 수필집 《고독이라는 병》이 《금아 시문선》과 같은 해인 1959년 출간되었는데, 나오자마자 "전후 최초의 베스트셀러"가 되었다는 사실을 알게 되면서 나의 호기심에 속도가 붙기 시작한 것이다.

같은 시대적 상황에서 같은 장르의 책 두 권이 출간되었는데, 하나는 베스트셀러가 되어 근 20여 년 계속되었지만, 다른 하나는 출간 당시는 물론 그 후 계속 미미한 반응을 보이다가 90년대 들어와서, 그러니까 40년이 지난 후에 갑자기 베스트셀러가 되었다는 사실이 궁금했던 것이다.

해답을 찾기 위한 두 가지 관점 중 하나는 시대 상황에 대한 고찰이고, 다른 하나는 작품 세계에 대한 고찰이었다. 그리고 두 분 수필에 대한 연구는 한국 수필문학사의 흐름을 엿볼 수 있는 여러 방법 중 하나라는 사실도 흥미를 끌었다.

작품의 성격에 따라 당시 수필가들을 분류하면 대략 두 그룹으로 나눌 수 있다. 하나는 문학적 에세이 그룹이고 다른 하나는 비문학적 에세이 그룹인데, 전자에는 피천득 선생을 비롯해서 이희승,

조경희, 전숙희 같은 작가들이 속하고, 후자에는 김형석 선생을 비롯한 안병욱 같은 분들이 속한다. 이제 6 · 25전쟁 직후인 50년대와 60년대의 전후 공간을 재구성하면서 두 그룹의 수필을 살펴보기로 한다.

1950년 6월에 일어난 전쟁은 3년 후인 1953년 7월 휴전협정으로 일단락된다. 전쟁 후유증은 폭력적으로 나타난다. 경제는 침체되고 궁핍이 생존을 위협한다. 신뢰가 실종하고 무질서가 판을 치고 정치는 부정부패로 얼룩진다. 드디어 4 · 19가 터지고 5 · 16이 닥친다.

이러한 전후 상황은 물질적 차원을 넘어 정신세계마저 피폐하게 만든다. 전후 유럽에 만연되었던 2차 세계대전의 후유증이 그들만의 사건이 아니라 드디어 우리의 현실로 들이닥친 것이다. 실존주의가 사상계를 지배하기 시작한다. 이때 번역된 카뮈의 《이방인》은 두 명의 여학생을 설악산에 들어가 자살하게 만든다. 당시 시대상을 반영하는 유행어는 다음과 같다.

"군중 속의 고독"

"성난 얼굴로 돌아보라"

"오발탄"

"잉여인간"

"상실의 세대"

총체적으로 상실감이 세계적 징후로 만연된다.

"모가지를 뎅궁 잘라 혈서를 쓸까 보다"라는 손창섭 소설 주인공의 절규는 당시 모두의 절규였다고 해도 지나친 말이 아니다. 이처럼 젊은이들은 희망을 잃고 삶의 지표를 상실하고 방황했다. 이와 같은 암울한 시대 상황 속에서 우리에게 절실한 것은 우리의 정신을 지탱해 줄 삶의 지표였다.

이런 요구에 화답하듯 1959년 김형석 선생의 《고독이라는 병》이 출판된다. 그리고 안병욱 선생이 여기에 가세한다. 독서계는 철학자들의 수필, 그러니까 비문학적 에세이 시대로 접어든다. 이어령이 "우리는 내일이 없는 민족"이라고 자학하기를 서슴지 않던 시절이었다.

그와 같은 전후 세대에게 금아 선생의 수필은 받아들여지지 않았다. 《금아 시문선》에 실린 〈종달새〉나 〈보스턴 심포니〉나 〈시골 한약방 이야기〉 같은 작고 아련한 것들에 대한 사랑은, 삶의 현장에서 표류하고 있는 대다수 전후 세대들의 물음에 대한 해답도, 삶의 지표도 될 수 없었기 때문이다.

내용면에서만이 아니라 문체면에서도 그랬다. 선생의 글에 동원된 단어는 부드럽고 사적인 고유어 계통이 많았다면, 김형석 선생의 글에 동원된 단어는 공식적이고 중립적인 한자어가 많았다. 수필의 성격도 그랬다. 철학적이고, 직설적이고, 설득적이었으며, 교훈적이었다. 어조는 단정적이었고 단호했다. 자기 생각을 독자에게 내리붓는 수직적 화법을 동원했다. 지성과 이성에 호소했다. 그런데 그런 어조가 조금도 거부감으로 느껴지지 않았다. 불확실성이 지배하던 세대들에게 그것은 오히려 명쾌한 어떤 확신 같은 것으로 받아들여졌다.

반면에 피천득 선생의 어조는 유보적이었다. 수평적이었다. 독자를 설득하지도 않았고 나를 따르라고 명령하지도 않았다. 독백하듯 또는 노래하듯 읊조리었다. 혼자 노는 아이처럼. 1959년 필자가 청계천 서점에서 《금아 시문선》을 읽었을 때의 소감 또한 이와 그리 다르지 않았다. 그때 나는 20대였다. 내가 선생의 수필에 매료된 것은 10년 후인 1969년 무렵, 그러니까 30대였다.

비문학적 에세이가 언어의 세 가지 기능 가운데 의미성에만 초점을 맞추었다면 문학적 에세이는 언어의 세 가지 기능, 즉 의미성은 물론 음악성과 회화성도 함께 발휘되도록 함으로써 독자들에게 감성적으로 접근하고자 했다. 문학이 언어 예술이란 점에서 볼 때 금아 선생의 글이야말로 가장 아름다운 예술이었다. 하지만 성급한 전후 세대들에게 먹혀들지 못했던 것이다. 그런 미묘한 감성을 이해하기엔 그들은 정서적으로 너무 각박했고 정신적으로 너무 절박했던 것일까? 금아 선생은 40년이란 세월을 더 기다려야 했다.

그렇게 해서 비문학적 에세이는 50년대부터 70년대까지 독서계의 지배적 장르가 되었다. 1972년 《수필문학》이, 74년에는 《한국수필》이 창간된다. 역사상 수필 전문지 두 종류가 동시에 간행된 예는 한 번도 없었다. 뿐만 아니라 1975년에는 을유문화사가 권당 600쪽이 넘는 《한국대표수필

전집》 12권을 출간한다. 이와 같은 일련의 사실이 당시 수필이 독서계에서 차지하는 비중이 어느 정도였는가를 가늠케 한다. 70년대를 일러 "수필의 전성시대"라고 말하는 이유가 여기에 있다.

그런데 80년대에 들어오면서 양상이 달라진다. 수필계에 두 가지 사건이 일어난다. 하나는 문화센터의 대거 개설에 따른 여성 수필가의 양산이고, 다른 하나는 철학 수필, 즉 비문학적 에세이의 퇴조와 맞물려 문학적 에세이의 강세 현상이다.

80년대 들어 세탁기, 청소기, 냉장고 같은 가전제품의 보급은 주부들을 가사노동으로부터 해방시킨다. 사상 처음으로 해외여행이 자유화된 것도 이 무렵이었다. 거기에 동아일보는 '문화주의'를 표방하며 1980년 여의도 사옥에 동아문화센터를 개설한다. 여가 선용을 모색하고 있던 주부들에게 탈출구를 제공한 것이다.

당시 교과 과정을 보면 시, 수필, 미술, 철학, 스포츠댄스 등 70여 과목에 달한다. 문화센터의 개설 추세는 다른 일간지까지 확산되다가 90년대 들면서 도서관은 물론 백화점, 구청, 동회까지 파급된다. 여성 수필가들이 기하급수적으로 증가하자 이에 따라 작품 발표를 위한 수필 전문지가 대거 창간된다. 70년대 단 2종이던 전문지가 80년대 3종, 1990년대에 와서 5종이 추가 등록되면서 모두 10종에 이르게 된다. 어느 나라에서도 볼 수 없는 현상이다.

여성 작가와 남성 작가의 성비도 역전된다. 1975년 을유문화사가 간행한 《한국대표수필전집》 12권에 수록작가 336명 중 남녀 성비는 대충 85% 대 15%였다. 그러던 것이 80년대를 지나 90년대에 오면서 27% 대 73%로 역전된다. 이와 같은 여성 수필가의 폭발적 증가는 수필 작품에도 많은 영향을 끼친다. 김형석 선생으로 대표되던 비문학적 에세이가 80년대에 들어오면서 서서히 퇴조를 보이는 원인 가운데 하나가 여성 수필가들의 출현이었다고 볼 수 있다. 뿐만 아니라 철학계 내부에서도 "당의정 철학"이니 "철학의 타락"이니 하는 비판의 목소리가 높았다.

이제 거대 담론 대신 일상생활에서 오는 잔잔한 이야기들이 우리의 감성을 자극하게 된다. 이성에 호소하던 시대에서 감성에 호소하는 시대로 이동한 것이다. 문체에서도 고유어가 증가하고 문장은 부드러워지고 소재는 일상적인 것, 그러니까 코스모스니 어머니니 나비니 하는 감성적 소재가 대세를 이룬다. 이런 변화에 피천득 선생의 수필이 끼친 영향은 지대하다고 하겠다.

90년대 들어오면서 이와 같은 문학적 에세이 선호 경향은 가속화된다. 이제 수필계는 점차 여성화되고, 지적 엘리트들의 수필이 수필 전문지에서 서서히 사라진다. 90년대 들어오면서 이런 변화가 가파르게 전개된 것은 컴퓨터의 대량 보급에서 찾을 수 있지 않을까 한다. 80년대까지만 해도 컴퓨터의 보급은 활발하지 못했다. 그런데 90년대 들어 컴퓨터가 대량 보급되면서 지금까지 지적 정보를 독점했던 엘리트들이 그 자리를 잃게 된 것이다. 클릭만 한 번 하면 의문을 풀어 주는 인터넷은 모든 사람에게 정보를 제공했다.

삶의 질은 높아지고 여가는 많아지고 사람들의 안목도 높아진다. 인스턴트커피에서 원두커피로의 이행, 말하자면 단군 이래 풍요를 누리는 가장 세련된 시대가 열린 것이다. 경제적 여유는 거기에 걸맞은 세련된 문화를 요구한다. 다시 말해서 90년대는 모든 면에서 감성적인 글들이 먹혀 들어가면서 시민들의 취향도 차츰 세련되고 여성화된다. "이성 제일주의 시대"에서, "감성 제일주의 시대"로, "검소와 절약이 미덕인 시대"에서 "소비가 미덕인 시대"로 그리고 드디어 "마이카 시대"까지 현실이 된다.

이제 더 이상 삶의 지표를 찾기 위해 거대 담론으로 열을 올릴 필요가 없어졌다. "고독의 치유법"이니 "저항의 방법론"이니 "민주화"니 하는 것은 관심의 영역에서 차츰 멀어져 갔다. 그 빈 자리를 메운 것은 부드러운 위안, 세계와 사물에 대한 관조, 인간과 자연에 대한 사랑과 정이었다. 이 시기의 수필을 김태길 선생은 이렇게 요약했다.

"문학성은 높아졌으나 품위는 떨어졌다."

여기서 품위라는 말을 거대 담론이나 철학성과 같은 지적인 요소라고 본다면 그건 맞는 말이다. 금아의 수필이 90년대 와서 독자들에게 어필한 것은 바로 이런 시대적 요구와 맞아떨어졌기 때문이라고 필자는 생각한다. 앙드레 지드가 독자에게 다가가는 데 20년이란 세월이 흘렀다.

그러나 금아 선생이 독자에게 다가가는 데는 40년이란 세월이 필요했다. 그것은 우리 사회가 프랑스와 같지 않기 때문인 것에서 그 이유를 찾아야 할 것 같다.

이제 처음 제기했던 질문으로 돌아가자. 같은 5,60년대에 김형석 선생의 수필은 독자들에게 어필했는데, 왜 피천득 선생의 수필은 관심을 끌지 못했는지, 왜 90년대에 와서야 갑자기 독자의 관심을 끌게 되었는지 하는 의문이 모두 밝혀졌다고 생각한다. 그리고 문학적 수필과 비문학적 수필이 우리 현대 수필문학사에서 어떻게 전개되고 발전되었는가 하는 문제도 규명되었다고 생각한다.

그런데 2016년 지금 김형석 선생의 비문학적 에세이가 다시 독서계의 관심을 끌기 시작했다. 금년 8월 1일 초판을 찍은 《백년을 살아보니》가 한 달 만에 7쇄가 출간되었다. 이 현상을 어떻게 설명할 것인가 하는 문제를 제기하면서 이 글을 마친다.

※피천득기념사업회 의뢰로 2016년 11월 샘터사에서 발표한 원고

피천득 수필 깊이 읽기

– 〈보스턴 심포니〉를 중심으로

1

2016년 11월 필자는 샘터사에서 〈한국 현대 수필문학사에서 피천득 수필의 위상〉을 발표한 적이 있습니다. 1950년대에서 1990년까지 40년 동안 한국 수필사의 흐름 속에서 대척점에 있는 김형석 선생의 작품과 비교 연구함으로써 선생의 수필사적 위상과 함께 그 독특한 성격을 규명할 수 있있습니다. 이번에는 작품 한 편을 택해서 좀 깊이 들여다보고자 합니다. 지난번 작업이 거시적 관점에서 선생의 작품세계 들여다보기였다면, 이번 작업은 미시적 관점에서 선생의 작품세계 들여다보기가 되겠습니다. 텍스트로 〈보스턴 심포니〉를 택했습니다.

이 작품을 텍스트로 선택한 데에는 그럴 만한 이유가 있습니다. 필자가 처음 이 글을 읽었을 때 받은 감동이 좀 특별했기 때문입니다. 그렇다고 해서 흔히 말하는 "감전된 것 같은 충격"이었다든가, "미묘한 향기에 노출된 것 같은 신비였다"든가 하는 것은 아닙니다. 그저 가슴이 좀 답답한, 그러니까 안개 속에 버려진 것 같은, 아니면 수평선을 바라볼 때와 같은 아득함이라고 할까, 뭐 그런 묘한 감동이었다는 이야깁니다. 나는 읽던 책을 놓고 잠시 망연히 앉아 있었던 것을 지금도 기억하고 있습니다. 그 후 잡지 편집자들이 선생의 추모 특집을 위해 대표작 추천을 문의해 올 때마다 나는 이 글을 추천하는 데 주저하지 않았습니다. 그 '아득함의 정체'가 무엇인지 제대로 파악해 보지도 않은 채 말입니다.

그러다가 이번 강연 의뢰를 받고서야 비로소 그것을 밝혀볼 기회라는 생각이 들었던 것입니다. 저번 작업도 강의 의뢰를 받고서야 부랴부랴 결정했으니, 저는 늘 그런 식입니다. 발등에 불똥이 떨어져야 비로소 발동이 걸리거든요. 그런데 다시 읽다가 좀 놀랐습니다. 꽤나 긴 글로 기억하고 있었는데, 의외로 짧았습니다. 제목을 제외하면 한 페이지에 불과한, 그러니까 선생의 글 가운데서 세 번째로 짧은 것인데 말입니다. 아마도 처음 읽었을 때 받았던 그 "아득함"의 깊이 때문이 아니었는지 모르겠습니다.

아무튼 그 '정체'가 무엇인지 또 그런 것이 다른 작품에서도 나타나는지 밝히고자 합니다. 만약 그렇게 된다면 선생의 작품세계를 열 수 있는 여러 개의 열쇠 중 하나를 확보하는 성과가 되리라 생각합니다.

2

작품 감상부터 하겠습니다. 낭송에 들어가기 전에 여러분께 부탁드립니다. 낭송 중에 텍스트를 보지 말라는 것입니다. 눈이 활자에 구속되면 작품 감상에 방해가 됩니다. 눈은 낭송가의 몸짓과 표정에 고정시키시고, 귀는 음성을 향해 활짝 열어 놓으시기 바랍니다. 그래야 작품 감상이 제대로 됩니다. 아니면 눈을 아예 감아 버려도 좋습니다. 상상력에 날개를 달아주는 격이 될 것입니다. 그러면 〈보스턴 심포니〉를 이송은 님의 낭송으로 감상하겠습니다.

(1) '재즈'라도 들으려고 AFKN에다 다이얼을 돌렸다. 사월 (a)<u>어떤</u> (b)<u>토요일이었다</u>. 뜻밖에도 그때 심포니 홀로부터 보스턴 심포니 75주년 기념 중계방송을 한다고 (c)<u>한다</u>. 나의 마음은 약간 설레었다.

(2) 1954년 가을부터 그 이듬해 봄까지에 걸친 연주 시즌에 나는 금요일마다 보스턴 심포니를 들으러 갔었다.

(3) 삼층 꼭대기 특별석에서 듣는 60센트짜리 입장권을 사느라고 장시간 기다렸다. 그런데 이때마다 만나게 되는 하버드대학 현대시 세미나에 나오는 학생이 있었다. 그는 교실에서 가끔 날카로운 비평을 발표하였다. (a)<u>크고 맑은 눈</u>, (b)<u>끝이 약간 들린 듯한 코</u>, (c)<u>엷은 입술</u>, (d)<u>굽이치는 갈색 머리</u>, 그의 용모는 아름다웠다.

(4) 오케스트라가 음정을 고르고, '샹들리에' 불들이 흐려진다. 갑자기 고요해진다. 머리 하얀

컨덕터 찰스 먼치가 소나기 같은 박수 소리를 맞으며 나온다. 지휘봉이 들리자 하이든 심포니 B플랫 메이저는 (a)미국 동부지방 불야성不夜城을 지나, (b)별 많은 프레리를 지나, (c)해지는 태평양을 건너 지금 내 방 라디오로부터 흘러나오고 있다.

(5) 그는 이 가을에도 와이드나 연구실에서 책을 읽고 벌써 단풍이 들었을 야드에서 다람쥐와 장난을 하고, 이 순간은 심포니 홀 삼층 갤러리에 앉아 음악을 듣고 있을 것이다.

(6) 꿈같은 이태 전 어느 날 밤 도서관 층계에서 그와 내가 마주쳤다. 그는 나를 보고 웃었다. 그 미소는 나의 마음 고요한 호수에 작은 파문을 일으키고 음향과 같이 사라졌다.

(7) 중계방송이 끊어졌다. (a)7천 마일 거리가 우리를 다시 딴 세상 사람으로 만들었다. (b)하이든 심포니 제1악장은 무지개와도 같다.

3

이 텍스트는 2017년 월간 샘터사가 펴낸 《인연》에 실린 것입니다. 1958년 경문사에서 펴낸 교수 수필선집 《서창여적書窓餘滴》에 실린 원고와 몇 개의 단어가 바뀌었습니다만, 여기서는 간행 연도가 가장 가까운 전자를 택했습니다. 그러나 형식단락 구분은 원문과 달리했습니다. 해설상의 필요도 있지만 적절치 않은 단락 구분은 바로잡는 것이 옳다고 생각되어서입니다.

이제 분석에 들어갑니다. 우선 이 글은 일곱 개의 형식단락으로 구성되어 있는데, 각 단락은 다시 다음과 같이 세 개의 의미단락으로 묶을 수 있습니다.

현재 : (1)단락
과거 : (2), (3), (4), (5), (6)단락
현재 : (7)단락

전체 구성은 현재에서 시작해서 과거로 돌아갔다가 다시 현재로 빠져나오는 전형적인 과거 회상

에 적합한 액자 구성인데, 〈인연〉의 구성과 같습니다. 이런 구성은 과거를 현재화하는 데 기여합니다. 다시 말해서 지나간 것이 지나간 것으로 끝나지 않고 현재에까지 작용한다는 의미를 지니게 된다는 이야깁니다.

이제 (1)단락부터 보겠습니다. 이 단락에서는 시간적 배경과 공간적 배경이 제시되어 있습니다. 시간적 배경은 특히 선생이 좋아하는 토요일입니다. 선생의 작품 중 시간적 배경이 토요일로 된 것이 꽤 많습니다. 제재가 아예 '토요일'인 것도 있습니다. 선생은 매일 한 장씩 뜯어내는 일력日曆에서 금요일만 되면 그 밑장에서 비치는 파란색으로 인쇄된 토요일을 보면 금요일이 찍힌 장을 미리 뜯어내 버리곤 했습니다.

공간적 배경은 구체적으로 제시되어 있지 않지만 라디오를 튼다는 행위를 통해서 필자의 방이라는 사실을 짐작할 수 있습니다.

그런데 (1)단락 "어떤 토요일이었다"에 문제가 있습니다. (a)어떤은 "어느"로 바꿔야 옳습니다. 영어식 우리말이기 때문입니다. 두 번째 문장 "중계방송을 한다고 (c)한다"에서 밑줄 친 "한다"가 또 문제입니다. 과거시제인 "했다"로 바꾸는 것이 옳습니다. 앞 문장 서술어의 시제가 "토요일이었다", 즉 과거니까 시제를 일치시키는 것이 옳습니다. 집필시執筆時 이전에 일어난 사건이기 때문입니다.

말이 나온 김에 잠시 우리말 시제에 대해 간단히 언급하고 가겠습니다. 우리말 시제는 서구어의 시제처럼 그렇게 복잡하지 않습니다. 과거, 현재, 미래 그리고 진행과 상태가 있을 뿐입니다. 과거는 발화시發話時-여기서는 집필시-이전에 일어난 사건이며 현재는 발화시에 일어나고 있는 사건이고 미래는 발화시 이후에 일어나는 사건입니다. 글을 쓰면서 이상하게 생각한 것은 한국 작가들은 시제를 지키지 않는다는 사실입니다. 심하면 "우리말에도 시제가 있느냐"고 묻는 사람도 있습니다. 외국어에서는 시제가 틀리면 큰일 나는 줄 알면서도 모국어 시제에 대해서는 무관심한 것이 현실입니다. 시제 문제는 문법 연구서나 중고등학교 문법 교과서에서만 언급할 사항이 아니라 문장 작법 책에서 더 자세히 언급되어야 할 문제인데 안타깝습니다.

나머지 단락 가운데 (4)번째 단락의 시제에 주목하시기 바랍니다. 분명 글을 쓰고 있는 순간이 아닌데도, 즉 발화시가 아닌데도 시제가 현재로 되어 있습니다. 문법 교과서에만 충실하고자 한다면 시제를 과거로 해야 옳습니다. 하지만 문학적 감동의 극대화를 위해서는 현재시제로 하는 것이 옳습니다. 작가는 새로운 언어 창조의 담당자이고, 문법학자는 창조된 언어 정리의 담당자입니다. 문학에서는 미적 감동이 문법에 선행합니다. 과거에 일어난 사건이라도 그것이 현재 일어나고 있는 것 같은, 그러니까 '현장감'을 주기 위해서는 일정 부분을 현재시제로 하는 것이 효과적이란 이야깁니다. 그런 의미에서 이 부분의 시제를 현재형으로 한 것은 현명한 선택이었습니다. 현재형을 씀으로써 선생은 이태 전으로 돌아가 현재 심포니 홀 삼층 특별석에 앉아 있는 듯한 현장감을 독자에게 줄 수 있었기 때문입니다.

다음은 (2)단락입니다. 선생은 1954년부터 1955년까지 일 년 동안 하버드대학에 교환교수로 간 적이 있습니다. 이 글은 1958년 경문사에서 나온 《서창여적書窓餘滴》에 실려 있습니다.

(6)단락에 나오는 "이태 전"이란 것으로 보아 1957년에 집필한 것이 아닌가 합니다. 선생이 미국 시인 로버트 프로스트를 만난 것도 이때였습니다.

(3)단락에서 특별석 입장료가 60센트라는 것에 대해 말이 많습니다. 한 시즌 동안 매주 금요일마다 음악 감상을 하러 갔으니 한 달 입장료만 24불입니다. 당시 국민소득이 60불 정도라고 볼 때 적지 않은 비용을 지불한 것입니다. 이에 대해 어떤 네티즌은 사치라고 비난했습니다. 하지만 선생이 얼마나 검소한 삶을 살았는지 알고 있는 독자라면 그런 말을 하지 않았을 것입니다. 반포아파트 2층 거실 바닥은 니스가 벗겨진 채였고, 서재의 책상은 모서리가 닳고 장식이 떨어져 나간 학생용 나무 책상이었습니다. 마루에는 그 흔한 소파 하나 없었습니다. 선생님은 어떤 글에서 이렇게 말했습니다.

"나는 담배도 피우지 않고 술도 마시지 못하니 대신 나에게 작은 사치는 허락하고 있다."

또 <구원의 여인상>에서 이렇게 말합니다.

"그는 사치하는 일은 있어도 낭비는 절대로 아니합니다."

선생님은 낭비와 사치를 달리 생각하고 계셨던 것입니다. 아름다움을 위해서라면 '작은 사치'는 눈감아 주기로 한 것입니다. 그러나 쓸데없이 돈을 쓰는 것은 매우 싫어하셨습니다. 따라서 60센트의 입장권은 예술애호가에겐 낭비가 아니라 실용이었다고 봐야 할 것입니다. 게다가 전쟁 직후인 1950년대 한국에서는 콘서트다운 콘서트를 접할 기회가 없었던 것입니다. 평생 언제 다시 들을 수 있을지 모르는 훌륭한 연주, 그것을 들을 수 있는 기회를 놓치고 싶지 않았을 것입니다.

선생은 조선호텔 영국 식당의 회원권도 가지고 있었습니다. 연회비가 적지 않았지만 가끔 지인들이나 제자들을 초대해서 대접하셨는데, 가끔씩 그런 "작은 사치를 허락"하신 것은 어쩌면 젊은 날 상해 시절을 되살리고 싶은 심정이었을지도 모릅니다. 예술가에게 지나치게 엄격한 윤리적 잣대를 들이대는 건 부당하다는 것이 필자의 생각입니다. 아름다움을 위해서라면 목숨까지 내놓을 각오가 되어 있는 것이 예술가이기도 합니다.

(3) 단락에 나오는 인물 묘사가 재미있습니다. 선생의 여성에 대한 취향을 엿볼 수 있기 때문입니다.

(a) 크고 맑은 눈
(b) 끝이 약간 들린 듯한 코
(c) 엷은 입술
(d) 굽이치는 갈색 머리

(a)에서는 맑고 깨끗한 여인상을 볼 수 있습니다. 선생님은 <구원의 여인상>에서도 이렇게 말했

습니다. "여기에 나의 한 여인상이 있습니다. 그의 눈은 하늘같이 맑습니다." 맑은 눈은 맑은 영혼을 의미하기 때문이겠지요. 그리고 (b)"끝이 약간 들린 듯한 코"는 부드러운 여인상의 전형적 표상입니다. 세상 사람들이 말하지요. "그 여자 콧대가 세다"든가 아니면 "콧대가 높다"든가 하고. 그런데 "약간 들린 코"가 아니고 "약간 들린 듯한 코", 그 "듯한"에 필자가 밑줄을 쳤습니다. 왜냐하면 약간 들린 코와 들린 듯한 코 사이에는 분명 미묘한 차이가 있으니까요.

다음은 (c)"엷은 입술"입니다. 이것은 "얇은 입술"로 고쳐야 맞습니다. '엷다'는 채색의 짙고 옅음의 정도이고 '얇다'는 깊이나 두께의 정도를 나타내는 형용사입니다. 얇은 입술이란 외양 묘사는 관능적 여인상이 아니라 지적 여인상을 보여 줍니다. 본문에 나오는 "세미나 때 날카로운 비평을 발표한다"는 대목에서 그 여인의 이런 성격을 뒷받침해 줍니다.

"재치 있게 말을 받아넘기기도 하고 남의 약점을 찌르기도 합니다."

이 말도 〈구원의 여인상〉에 나옵니다. 선생이 호감을 가지는 여인상이 그러니까 약간은 지적이라는 이야기가 되겠습니다. 하지만 (d)"굽이치는 갈색 머리"에서는 관능적이면서 낭만적인 여인상을 느낄 수 있습니다. 우리 선조들이 미인을 표현할 때 자주 쓰는 말이 있습니다. "삼단 같은 머리"가 그것입니다. 정지용의 〈향수〉에도 이런 머리에 대한 탁월한 이미지가 나오지요? "전설바다의 춤추는 밤물결 같은 검은 귀밑머리와…." 선생의 글에는 많은 여인들이 등장합니다. 작품뿐만 아니라 댁에 가면 액자에 들어 있는 여인들 사진이 서가 위에 나란히 세워져 있는 것을 볼 수 있습니다. 어떤 기자가 "피천득 선생의 여인들"이란 글을 쓰겠다는 이야기를 들은 적이 있을 정도입니다. 하지만 발표되었는지 어떤지는 알 수 없습니다. 저도 시간이 나면 한번 연구해 보는 것도 재미있겠다는 생각을 한 적이 있습니다.

(4)단락에 나오는 (a), (b), (c)는 (7)단락에 나오는 "7천 마일"의 구체적 진술입니다. 이것이 없었다면 7천 마일이란 추상적 수치는 실감을 동반하지 못했을 것입니다. 보스턴과 서울 사이의

거리감은 이 세 지역의 설정으로 아득함을 실감케 합니다. 그리고 이 물리적 거리는 배경으로서의 역할만 하는 것이 아닙니다. 시간적 거리, 즉 "이태 전"을 의미하기도 하고, 그것은 다시는 만날 수 없다는 심리적 거리감을 실감하게 하는 데도 기여합니다. 문학작품에서 배경은, 그것이 공간적이든 시간적이든 주인공의 심리 표현의 역할을 한다는 것을 알고 있다면 이해가 어렵지 않으리라 믿습니다.

어떤 네티즌은 이 글에 대해서 외국어가 너무 빈번하게 등장한다고 탓했습니다. "심포니, 갤러리, 오케스트라, 샹들리에, 프레리, 와이드, 야드"니 하는 외래어 또는 외국어가 적지 않게 나오는 것이 사실입니다. 국어 순화 차원에서 그렇게 생각할 수도 있습니다. 그러나 심포니니 오케스트라니 샹들리에니 하는 말은 이미 귀화한 외래어라 달리 표현하지 않아도 무방합니다. 그리고 컨덕터는 지휘자로 할 수도 있겠지만 뒤에 지휘봉이란 말이 나오기 때문에 중복을 피하기 위해서 였다고 생각됩니다. 그리고 '와이드'니 '야드'는 적당한 우리말이 없습니다. 다만 갤러리는 객석으로 해도 되지 않을까 하는 것이 필자의 생각입니다. 이태준은 《문장강화》에서 외래어를 섞어 쓰면 현대적 감각을 살리는 데 도움이 된다고 했습니다. 하지만 그것도 미적 감동에 이바지할 때 한하는 말일 것입니다.

그런데 (4)의 (b)"프레리"라는 지역명이 문제입니다. 그곳은 미국 중부지방으로 남북으로 2천 킬로미터, 동서로 1천 킬로미터가 되는 대초원인데, '프레리'라고만 했을 때 사전 정보가 없는 독자에게는 실감을 줄 수 없습니다. 독자는 그 광활한 대지와 하늘을 상상할 수 없다는 이야깁니다. "대초원"이라 했더라면 더 효과적이지 않았을까 합니다.

(6)단락은 이 글의 정점입니다. 객관적으로 볼 때 아주 작고 미미한 한순간의 사건, 거의 스냅사진 수준인 한 여인의 미소가 40대의 한 남자에게는 적지 않은 심리적 파문이 되었던 것입니다. 이 경우 객관적 사건의 크기는 문제가 되지 않는다고 생각됩니다. 주관적인 문제이기 때문입니다. 민감한 예술가에게 있어서는 더욱 그러하리라 생각됩니다. 이 파문의 크기는 (7)단락에서 단절에서 오는 아쉬움과 안타까움의 크기를 결정하기도 합니다.

중계방송이 계속되는 동안 작가는 이태 전으로 돌아가 보스턴 심포니 홀 특별석에 앉아 있다가 방송이 끝나는 순간 현실로 돌아옵니다. 그러니까 작가의 몸은 한국 시간으로 환한 정오를 갓 지난 낮 1시경에 한국이라는 공간에 앉아 있지만 영혼은 13시간이란 시차를 넘어 보스턴 시간으로 밤 자정에, 이태 전 어느 날처럼 보스턴 심포니 홀 특별석에 앉아 있는 것입니다. 중계방송이 끝남과 동시에 작가의 상상도 끊어지고 영혼은 현실로 소환됩니다. 그 순간 엄습해 오는 7천 마일의 아득한 단절감. 그건 거의 추락에 가깝습니다. 그 추락의 높이와 깊이와 길이가 7천 마일이란 계량 가능한 수치로 표현된 것입니다.

아름다운 관계의 단절, 그건 아픈 이별입니다. 그런데 이 이별은 보통 사람의 감정으로는 그리 대단한 것이 못될 수도 있습니다. 둘 사이에 어떤 심각한 사건이 일어났던 것도 아닙니다. 다만 어느 날 밤 대학 도서관 층계에서 짧은 순간 미소를 주고받는 정도의 관계입니다. 그런데 이 글에서 독자가 느끼는 단절감과 안타까움은 그렇지 않습니다. 아득합니다. 이별에 대한 선생의 심정이 보통 사람과 다르기 때문에 이렇게 절절하게 표현된 것인지 모릅니다.

영국 사람들은 사람의 일생을 말할 때 “자궁에서 무덤”까지라고 말합니다. 너무 생물학적입니다. 한 사람의 일생은 만남에서 시작해서 헤어짐으로 끝나는 과정이라고 하면 어떨까 싶습니다. 태어난다는 것은 세상과의 첫 만남이고 죽음이라는 것은 세상과의 마지막 헤어짐이 되겠습니다. 그러니까 그 큰 만남과 큰 헤어짐의 사이에는 수없이 많은 작은 만남과 수없이 많은 작은 헤어짐이 있습니다. 어찌 보면 산다는 것은 작은 만남과 작은 헤어짐의 연속으로 볼 수도 있습니다.

그런데 지금 이 작은 헤어짐에 대해 다른 사람들보다 더 깊은 감회를 느낀다면 그건 선생이 일찍이 어머니와의 사별이라는 큰 헤어짐을 체험했기 때문인지도 모릅니다. 다시 말해서 어머니와의 사별에 의해 받은 트라우마가 작용한 것은 아닌가 하는 것입니다. 영국 작가 서머셋 몸은 그의 책 “*The summing up*”에서 이렇게 말합니다.

“어렸을 때 돌아가신 어머니의 죽음은 50년이 지난 지금도 아물지 않는 상처로 남아 있다.”

그러니까 선생에게 있어서는 작은 이별도 큰 이별처럼 그 강도가 컸던 것이 아닌가 생각됩니다. 마지막 단락에서 밑줄 친 (a)와 (b)에서 그 아픔은 절제된 표현을 얻습니다. 이 짧은 글에 길고 깊은 울림을 주는 절창이기도 합니다. 직설법이 아니라 간접적 표현을 빌려서 말입니다. 내가 이 글을 읽고 잠시 망연했던 이유가 이 두 개의 문장에 있다고 생각됩니다.

(a) 7천 마일 거리가 우리를 다시 딴 세상 사람으로 만들었다.

(b) 하이든의 심포니 제1악장은 무지개와도 같다.

언뜻 보기에 (a)와 (b)의 관계는 좀 생뚱맞습니다. 직설적으로 '슬프다'든가 '아프다'든가 아니면 '그립다'든가 하는, 뭔가 그런 표현이 왔어야 맞지 않느냐는 이야깁니다. 그런데 그런 단어가 없습니다. 생략과 압축과 비약입니다. 그런데 이 압축과 비약이 우리를 더 깊은 슬픔과 더 큰 아픔과 더 간절한 그리움으로 울린다는 것입니다. 생뚱맞은 소리 같은 이 표현이 우리에게 아득한 슬픔을 주는 것입니다. 쉬클로프스키 식 표현을 빌리자면 이런 기법은 낯설게 하기입니다. 즉 (a)문장이 이끌고 있는 '슬픔', '아픔', '그리움'이란 정서를 전혀 이질적인 (b)문장이 이끌고 있는 '화려한 아름다움'으로 표현함으로써 예상을 뒤엎는 감동을 획득한다는 이야기가 되겠습니다.

쉽게 말하면 이런 기법을 은유라고 하지요. 그러니까 (a)에 숨겨져 있는 원관념을 이질적인 보조관념 (b)로 표현함으로써 (a)와 (b)의 산술적 합계보다 몇 배나 큰 울림, 즉 미학적 효과를 성취한 것입니다. 이렇게 설명할 수는 있지만 어딘지 미진한 구석이 있습니다. 이 미진한 점을 다른 장르인 동양화 기법을 통해서 설명하면 이해가 쉬울 것 같습니다.

동양화 기법 가운데 '홍운탁월烘雲托月'이란 것이 있습니다. 서양화와 달리 동양화 그 가운데서 문인화에서는 대상을 표현할 때 먹으로 대상의 형태를 흰 바탕인 화선지나 비단 위에 그립니다. 그렇게 해서 형상이 드러나게 됩니다. 대상이 아닌 물이나 하늘은 그리지 않고 여백으로 둡니다. 그런데 하얀 달을 그릴 때가 문제입니다. 흰 바탕에 흰 달은 그릴 수 없습니다. 선으로 원을 그려 나타낼 수도 있지만 밤하늘에 걸린 달의 그 은은함을 표현할 수 없습니다. 그렇다고 호분을 쓰면 달이 주는 은은한 맛이 사라지고 텁텁하고 딱딱해집니다. 그래서 고안해 낸 기법이 홍운탁월법이 아닌가 합니다. "흰 달이란 대상을 그리기 위해 달 주변을 먹으로 칠하여 달을 드러내는 방법입니다". 아래 그림을 참고하기로 합시다.

梅月圖, 어몽룡(선조 때 화가)

위 그림은 문인화입니다. 안료는 먹입니다. 달 주변을 담묵淡墨으로 '우려냈습니다'. 그래서 달이 밤하늘과 분리되어 있지 않고 은은하게 떠 있는 효과를 낼 수 있었던 것입니다. 위 그림처럼 어떤 "대상을 표현하기 위해 그 대상을 직접 그리지 않고 변죽을 울림으로써 그 대상을 나타내는 방법을 모두 홍운탁월이라"고 합니다. 문학에서 이와 비슷한 것으로 비유법이 있습니다. 그러니까 보조관념으로 원관념을 드러내는 점에서 그렇습니다. 그러나 "7천 마일이라는 거리가 다시 우리를 딴 세상 사람으로 만들었다"와 "하이든 심포니 제1악장은 무지개와도 같다"는 두 개의 전후 문장 사이에는 원관념이 생략되어 있습니다. 따라서 단순히 비유로 설명하기 어렵습니다. 원관념을 숨겨 두었을 때 그것은 상징이 됩니다. 비유에 해당하는 부분은 "하이든 심포니 제1악장은 무지개와도 같다"는 문장뿐입니다. 비유만으로 볼 수 없는 것이 홍운탁월법입니다. 이 간접적인 표현법은 비약까지 포함한 기법입니다.

슬프다는 말을 슬프다 하지 않고 엉뚱한 다른 사물이나 상황을 제시하면 직설적으로 표현했을 때보다 더 큰 효과를 내기 때문입니다. "하이든 심포니 제1악장은 무지개와도 같다"는 이 표현에는 슬픔이나 그리움과 같은 정서는 없습니다. 그런데 우리는 슬프다거나 아프다거나 그립다고 말했을 때보다 더 큰 울림과 아득함을 느끼게 되는 것입니다. 이런 표현은 〈인연〉의 마지막 두 문장에서도 나타납니다.

(a) 오는 주말에 춘천에 다녀오려고 한다.
(b) 소양강 가을 경치가 아름다울 것이다.

이 글에서 첫 문장이 암시하는 내용은 아사코에 대한 그리움 또는 회상입니다. 소양강 가을 경치와는 전혀 무관합니다. 그런데도 우리는 아가코와의 슬픈 인연에 대한 작가의 회한 같은 정서를 더 아득하게 느끼는 것입니다. 그것은 슬픔이나 그리움을 직설적으로 표현하지 않음으로써 우리 마음을 더 깊게 울리는 것입니다.

소리내어 우는 통곡보다 눈물을 감추고 우는 울음, 그 절제된 울음에서 더 깊은 슬픔을 느끼는 것과 같다고 하겠습니다. 드러내지 않고도 드러낸 것보다 더 잘 드러내는 장치, 그것이 바로 홍운탁월입니다. 그리고 이것은 동양미학의 한 요체이기도 합니다.

선생은 두 작품의 결구結句를 이와 같은 완곡어법으로 끝냄으로써 두 작품의 여운을 더 길고 간절하고 아득히 울려 나가게 한 것입니다. 화선지에 달무리가 우리어 나오듯이 말입니다.

이제 필자가 이 글 처음 도입부에서 언급한 내용, 즉 이 작품을 읽고 왜 그렇게 아득했는지 그

원인을 밝혀냈다고 생각합니다.

그런데 슬픔, 아픔, 그리움의 정서를 무지갯빛이나 가을 단풍으로 굴절시켜 아름답게 표현한 것은 비단 이 두 작품에서만이 아니라는 사실입니다. 선생의 모든 작품에서 절제되고 굴절된 슬픔을 발견하게 됩니다. 다시 말해서 선생은 그런 정서를 아름다움으로 굴절시킴으로써 그 아픔이나 슬픔으로부터 자신을 상하지 않고 온전히 보전할 수 있다고 믿었던 것 같습니다. 오랫동안 계속되는 비탄은 몸과 마음을 상하게 합니다. 해서 슬픔이라는 검은 광선을 프리즘을 통해서 무지개로, 또는 가을 단풍으로 미화시키지 않고는 견뎌 내기가 쉽지 않았을 것입니다.

선생의 글을 보면 〈봄〉 〈신춘〉, 〈조춘〉 〈오월〉과 같이 유독 희망찬 계절을 노래한 것이 많습니다. 선생의 유년기와 소년기 삶은 전혀 그렇지 않았는데도 말입니다. 선생님과 비슷한 나이에 저도 어머님을 여의었습니다. 제 나이 열한 살 때입니다. 저는 봄을 노래한 적이 없습니다. 저는 〈비 오는 날〉을 썼고 공복과도 같은 〈이 가난한 11월을〉과 〈겨울 갈대밭에서〉를 노래했습니다. 선생님과 저는 거의 비슷한 환경에서 자랐지만 우린 서로 다른 방법으로 그 어두운 상황을 극복하려고 했던 것 같습니다. 저는 그 속에 저를 밀어넣고 더 철저하게 고독해 보고 싶었다면, 선생은 그것을 굴절시켜 아름다움으로 치환함으로써 비탄에 빠지지 않고 오롯이 자신을 보전할 수 있었던 것이 아닌가 합니다. 이 굴절과 홍운탁월의 기법은 선생의 대부분의 작품세계를 열 수 있는 키워드가 아닌가 합니다.

이제까지 들여다본 결과 내가 처음 이 작품에서 느꼈던 "아득함"에 대한 의문이 어느 정도 풀렸고, 그것을 통해 어느 정도 선생의 작품세계를 열 수 있는 작은 열쇠 하나를 찾았다고 말하고 싶습니다. 이제 이송은 님의 낭송을 다시 한 번 듣고 이 강의를 마칠까 합니다. 감사합니다.

※피천득기념사업회 요청으로 2017년 11월 서초동 심산기념관에서 발표한 원고

문학이 동양화 기법을 만났을 때

– 홍운탁월烘雲托月을 중심으로

1

창작의 요체는 '무엇'을 표현하느냐에 있지 않다. '어떻게' 표현하느냐에 있다. '사랑', '죽음', '복수' 같은 테마, 그것은 추상적 관념일 뿐이다. 그런 관념이 형상화에 성공했을 경우에만 감동을 끌어낼 수 있다. "문학은 장치의 총체다. 내용은 그 장치들이 제대로 작동하게 하는 배경에 지나지 않는다." 쉬클로프스키의 말이다. 여기서 장치란 곧 기법이란 말로 바꾸어도 될 것이다. 따라서 감동의 극대화를 위해 작가는 '어떻게'라는 표현 기법에 목을 맬 수밖에 없다. 이것이 오랜 세월 예술가들이 각 장르의 특성에 맞는 이론과 기법을 개발해 온 이유다.

개발된 이론과 기법은 그 장르에 국한되지 않는다. 이웃 장르와의 교차 수용을 통해서 이동하고 굴절되고 확장된다. 패턴, 몽타주, 콜라주는 원래 회화나 영화의 기법이었지만 지금은 문학적 표현 기법으로 정착되었다.

그런데 이런 기법들은 모두 현대 서양회화나 영화 기법에서 차용된 것이라는 사실이다. 현대라는 길지 않은 기간에 장르들 사이의 차용 관계가 이와 같다면, 그보다 더 장구한 세월을 관통해 온 동양화와 동양 문학의 차용 관계는 분명 더 긴밀했을 것인데, 이에 대한 연구는 전무한 상태다. 우리는 서구 이론의 소매업에 안주할 뿐, 새로운 이론의 발견이나 생산은 포기한 것이 아닌가 하는 우려를 하게 한다.

이와 같은 우려는 문학비평에 이르면 더욱 증폭된다. 하나같이 일정한 패턴을 밟고 있기 때문이다. 우선 서구의 이론을 서두에 제시한다. 그 다음 그 도마 위에 우리의 작품을 올려놓고 요리하는 식이다. 편견과 편중은 진실과 본질을 왜곡하고 만다. 이와 같은 편향성을 지양하고, 나아가 기법과 이론의 다변화라는 차원에서 동양화의 기법과 미학이 어떻게 문학에 차용되고 있으며 그 성과가 어떠한지 살펴보는 것은 매우 유의미한 작업이라 생각한다.

문학에 차용된 동양화 기법이나 미학은 적지 않다. 그러나 이 글에서 필자는 동양미학의 하나인 '홍운탁월烘雲托月'에만 초점을 맞출 것이며, 이 기법과 미학이 문학에서 어떻게 작용하고, 어떤 성과를 내고 있는가 하는 문제를 푸는 것에 만족하고자 한다.

2

홍운탁월은 특별한 것이 아니다. 동양화의 기초 기법인 동시에 기본 미학이다. 아니 동양 문화의 기본 철학이라 해도 무방할 것이다. 여기서 홍烘은 그슬다는 뜻이고, 탁托은 드러내다는 뜻이다. 옮기면 '구름을 그슬려서 달을 드러내다'는 의미가 된다.

동양화에서 달을 그릴 때 대상인 달을 직접 그리지 않는다. 달이 될 부분은 남기고 그 주변을 흰색과 대립되는 검은 먹물로 칠해서 달이 드러나게 한다. 이때 먹빛이 짙을수록 달빛은 더 하얗게 빛난다. 우리가 표현하고자 하는 대상과 대립되는 사물이나 관념을 동원해서 충돌시켰을 때 얻는 극적 효과 또는 반전의 효과다. 홍운탁월 기법의 몇 가지 미적 효과 가운데 하나라 하겠다.

다음 그림을 보자.

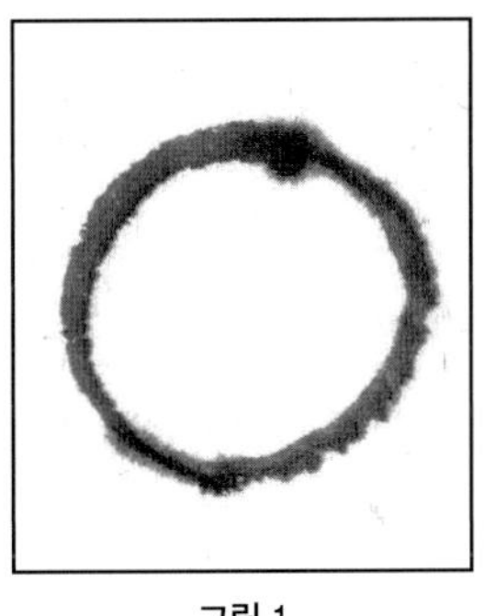
그림 1

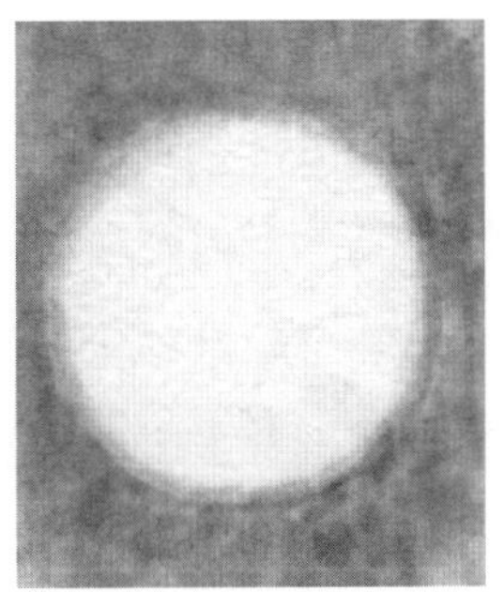
그림 2

만약에 먹선으로 그림 1처럼 달의 윤곽을 직접 그리면 어떨까? 달의 물리적 형태는 분명하지만 달의 실감은 나지 않는다. 남는 것은 달이라는 관념뿐이다. 그림 2와 같이 그리고자 하는 대상인 달을 직접 그리지 않고 달의 주변을 그림으로써 달을 드러나게 하면 관념을 넘어 달의 실감이 살아난다. 달무리 속에 뜬 달처럼 비로소 달다워지는 것이다. 은은하고 아련하고 깊숙하다. 여운은 멀리 그리고 널리 번져 나간다. 이런 번짐이 홍운탁월 기법의 또 하나의 미적 효과다.

'드러내고 싶으면 감추라', '감추고도 드러낸 것보다 더 잘 드러내는 방법', 이 간접성과 우회성은 동양미학의 바탕이다. 우회적 표현은 직설법에 비해 뜻이 모호하다. 법조문이나 신문 기사와 같은 실용문에서는 피해야 할 일이다. 하나의 단어나 문장이 두 가지 이상의 의미로 해석되어서는 곤란하기 때문이다.

이런 기법은 실용문이 아닌 문학에 적용될 때 그 호소력이 강화된다. 시적 모호성 또는 다의성은 작품에 깊이를 더한다. 명료성은 이성에 호소하고 모호성은 감성에 호소한다. 예술은 이성이 아닌 감성의 영역에 속한다. 홍운탁월 기법의 또 다른 미적 효과다.

홍운탁월은 은유를 포함한다. 그러나 은유보다 그 범위가 넓고 복잡하다. 은유는 유사성의 원리에 기초하지만 홍운탁월은 유사성 외에 이질성의 원리까지 포괄한다. 이 점이 은유와 다른 점이다. 어떤 의미에서 몽타주 기법에 가까울 때도 있다. 성난 군중이 들고 일어나는 장면을 보여 주고 잠자던 사자가 포효하며 일어나는 장면을 보여 주는 영화의 몽타주 기법은 유사성의 원리에 입각한 은유지만, 가난한 서민의 식탁을 보여 주고 부자의 풍성한 식탁을 보여 주는 몽타주 기법은 은유가 아니다. 그건 홍운탁월이다.

그런데 이와 같은 우회적이고 간접적인 표현은 해명을 요구한다. 수수께끼 같은 표현을 풀어가는 과정에서 독자는 지적 쾌감을 느낀다. 다시 말해서 작가가 전달하고자 하는 메시지를 받아들이기만 하는 수동적 역할이 아니라, 간접성과 우회적 표현 속에 숨겨진 의미를 발견하는, 보다 능동적 역할을 할 수 있는 것이다. 이런 과정을 통해 우리의 감동은 증폭된다. 보물찾기에서 보물을 나누어 받았을 때보다 스스로 찾았을 때 얻는 기쁨이 배가 되는 것과 같은 이치다. 홍운탁월의 마지막 미적 효과라 하겠다.

이제 홍운탁월 기법과 미학이 문학에서 어떻게 작동하며 성과는 어느 정도인지 보기로 한다.

3

다음은 목성균의 수필 〈앞자리〉다. 편의상 화소만을 뽑아 적는다.

(1) 아침에 조간을 집어 든다.
(2) 마침 머리 위에서 기러기 떼가 V자형으로 날아가고 있다.
(3) V자로 나는 것은 앞 기러기의 날개에서 발생하는 상승기류를 타면 그 다음에 오는 기러기가 날기 쉽기 때문이다.
(4) 맨 앞자리서 나는 새는 자신의 힘만으로 날아야 하기에 힘이 든다.
(5) 따라서 기러기 떼의 앞자리는 영광의 자리가 아니라 희생의 자리다.
(6) 조간 첫 장은 대통령 출마 예정자들로 도배되어 있다.
(7) 국민을 이끌겠다는 그들이 앞자리가 희생의 자리라는 사실을 아는지 미덥지 않다.
(8) 기러기 떼가 그들의 서식지까지 무사히 돌아가기를 빈다.

대부분의 지면이 기러기에 동원되고 있다. 그러나 작가의 의도는 그것에 있지 않다. 대통령 출마자들에 대한 우려에 있다. (8)은 겉으로는 기러기 떼가 무사히 목적지에 도착하기를 기원하는 것으로 되어 있지만 속으로는 대통령 후보 중에서 앞자리를 희생의 자리로 생각하는 사람이 뽑혀서 국민들이 안전하고 행복한 삶의 목적지에 도착했으면 하는 기원을 담고 있다. 간접성과 우회성의 효과를 노린 것이다. 만약 대통령 후보들을 향해서 이와 같은 이야기를 직설법으로 썼다면 이 글은 신문 사설이나 독자투고란에 실린, 감동과는 거리가 먼 비문학적인 글이 되고 말았을 것이다.

4

피천득의 〈보스턴 심포니〉와 〈인연〉에서도 이와 같은 기법의 원용을 통해서 미적 효과를 증대시킨 예를 찾을 수 있다. 우선 〈보스턴 심포니〉 결미만 인용한다.

> 그는 이 가을에도 와이드나 연구실에서 책을 읽고 벌써 단풍이 들었을 야드에서 다람쥐와 장난을 하고, 이 순간은 심포니 홀 삼 층 갤러리에 앉아 음악을 듣고 있을 것이다. 꿈같은 이태 전 어느 날 밤 도서관 층계에서 그와 내가 마주쳤다. 그는 나를 보고 웃었다. 그 미소는 나의 마음 고요한 호수에 작은 파문을 일으키고 음향과 같이 사라졌다. 중계방송이 끊어졌다. (a)7천 마일 거리가 우리를 다시 딴 세상 사람으로 만들었다. (b)하이든 심포니 제1악장은 무지개와도 같다.
>
> – 〈보스턴 심포니〉

(a)와 (b)의 관계는 좀 생뚱맞다. 문맥상 (a)의 뒤에 와야 할 (b)는 '슬프다'든가 '그립다'든가 그런 정서여야 한다. 그런데 그런 것과 대립되는 무지개를 가져옴으로써 전후 내용을 충돌시키고 있는 것이다. 슬픔이라고 할 수 있는 '흑색 정서'를, 또는 달리 말해서 슬픔이라고 할 수 있는 '백색 정서'를 피천득이란 프리즘을 통과시켜 일곱 색깔의 찬란한 무지개'로 굴절시킨 것이다.

그런데 이 모순된 표현이, 돌발적 충돌이 도리어 우리를 더 슬프고 더 아프고 더 그립게 만든다. 전혀 이질적인 것의 충돌을 통해 전혀 예기치 못한 반전의 효과를 거둔 것이다. 드러내야 할 것을 숨김으로써 드러낸 것보다 더 잘 드러낸 장치, 홍운탁월 기법이 성취한 성과라 하겠다. 1958년에 발표된 이 작품은 어찌 보면 1960년대에 발표된 〈인연〉의 마중물이 되었는지도 모른다. 〈인연〉의 마지막 구절에서도 같은 절창을 들을 수 있기 때문이다. 결구를 분석해 본다.

> 그리워하는데도 한 번 만나고는 못 만나게 되기도 하고, 일생을 못 잊으면서도 아니 만나고

살기도 한다. 아사코와 나는 세 번 만났다. 세 번째는 아니 만났어야 좋았을 것이다.

(a)오는 주말에는 춘천에 갔다 오려고 한다. (b)소양강 가을 경치가 아름다울 것이다.

– 〈인연〉

(a)에서 춘천에 다녀오려고 한 이유는 춘천에 아사코가 다니던 대학과 동명인 성심여대가 있기 때문이고, 그 성심여대에 다녀오고 싶은 것은 아사코에 대한 그리움 때문이다. 그런데 그런 (a)의 정서에 이어지는 (b)의 정서는 생뚱맞다. "소양강 가을 경치"란 "무지개"와도 같은 화려함이다. 〈보스턴 심포니〉와 같은 모순 형용과 이질적인 두 정경의 대립. 그런데 이 이질적 내용의 충돌을 통해 그리움과 슬픔의 정서를 극대화시키고 있는 것이다. 울림은 더 은은하고 더 깊고 아득하다. 그리고 그 울림은 독자의 가슴속에 오래오래 여운으로 남는다.

숨기고도 드러낸 것보다 더 잘 드러내기, 그러기 위해서는 절제가 요구된다. 감정의 지적 절제. 그런 지적 절제 없이는 홍운탁월은 불가능하다. 통곡보다 속울음이 우리를 더 슬프게 하는 이치와 같다. 절제는 슬픔에도 품위를 입힌다.

5

위에서 분석한 〈보스턴 심포니〉와 〈인연〉의 결구에 동원된 홍운탁월은 부분적 차용의 예다. 작품 전체에 걸쳐 하나의 구조로 차용하기도 한다. 필자의 졸작 〈달팽이〉를 보기로 한다. 좀 길지만 이해에 도움이 되기 위해 전편을 싣는다.

달팽이를 보고 있으면 걱정이 앞선다. 험한 세상 어찌 살까 싶어서다. 개미의 억센 턱도 없고 벌의 무서운 독침도 없다. 그렇다고 메뚜기나 방아깨비처럼 힘센 다리를 가진 것도 아니다. 집이라도 한 칸 있으니 그나마 다행이다 싶지만, 찬찬히 뜯어보면 허술하기 이를 데 없다. 시늉만 해도 바스라질 것 같은 투명한 껍데기. 속까지 비치는 실핏줄이 소녀의 목처럼 애처롭다.

달팽이는 뼈도 없다. 뼈가 없으니 힘이 없고 힘이 없으니 아무에게도 위협이 되지 못한다. 하물며 무슨 고집이 있으며 무슨 주장 같은 것이 있으랴. 그대로 '무골호인'이다. 여리디 여린 살 대신 굳게 쥔 주먹을 기대해 보지만 아무래도 무리인 것 같다.

그렇다고 감정마저 없다는 이야기는 아니다. 민감하기로는 미모사보다 더하다. 사소한 자극에도 몸을 움츠리고 이마를 스치는 바람에도 고개를 숙인다. 비겁해서가 아니다. 예민해서요, 수줍어서다. 동물이라기보다 식물에 가깝다.

누굴 찾고 있는 것일까? 달팽이는 늘 긴 목을 치켜들고 주위를 두리번거린다. 그러나 그의 이웃은 아무 데도 없다. 소라, 고동, 우렁 그리고 다슬기 같은 것들이 있긴 하지만 그들은 이미 그의 이웃이 아니다. 아득히 먼 물나라의 시민들이다.

모든 생물이 다 그러하듯 달팽이의 고향도 바다였던 때가 있었다. 그런데 먼 조상들 중 호기심 많은 한 마리가 어느 날 처음 뭍으로 올라왔다가 그만 길을 잃고 말았다. 물달팽이가 육지달팽이로 바뀌는 기구한 역사가 그렇게 해서 시작된 것이다.

잃어버린 고향에 대한 그리움 때문일까? 육지에 사는 달팽이의 목과 눈은 물달팽이의 그것보다 훨씬 가늘고 길다. 슬픔도 내림이라, 수많은 세월이 흘렀는데도 조상들의 슬픔으로부터 그들은 자유로울 수가 없는 모양이다. 실향민의 후예. 달팽이는 외로움을 탄다.

어디 좋은 친구 하나 없을까? 달팽이는 개구리에게 다가가 본다. 개구리도 습지를 좋아하니 벗이 되어 줄 법도 한 일이다. 하지만 그들은 너무 크고 너무 빠르다. 도무지 따라잡을 수가 없다. 벌이나 개미는 어떨까? 부지런한 것은 더없이 좋은 점이지만 배타적인 것이 좀 마음에 걸린다. 제 동족이 아니면 자기들의 먹이로밖에 생각하지 않으니 말이다.

시인이 죽으면 나비가 된다는 말이 있다. 나비가 죽으면 무엇이 될까? 아니, 달팽이가 죽으면 무엇이 될까?

달팽이는 나비 곁으로 다가간다. 그냥 사귀기만이라도 했으면 싶다. 그러나 나비는 잠시도 한 곳에 머물러 주지 않는다. 설사 머문다 해도 걱정이다. 어떤 때는 환희에 넘쳐 춤을 추다가도 금세 침울해져서는 두 날개를 접은 채 마른 나뭇잎처럼 조용하다. 그 엄청난 감정의 기복을 감당할 자신이 없는 것이다.

아, 배추벌레하고 놀아야지. 달팽이는 그들 옆에서 잠시 외로움을 달래본다. 외모는 좀 그렇지만 벌처럼 시끄럽지도 않고 나비처럼 팔랑대지도 않아서 좋다. 한데 한 가지 안 된 것은 그들은 탐식가라는 사실이다. 옆에 가서 등을 대고 누워도 눈 한 번 거들떠보는 일이 없다. '나는 먹는다. 고로 나는 존재한다'는 식이다. 달팽이는 풀이 죽어서 돌아온다.

달팽이는 날카로운 이빨도 없다. 그의 입은 먹기 위한 기관이라기보다 이목구비를 갖추기 위한 필요에서 생긴 것 같다. 살아 있는 것을 보면 뭐든 먹기는 먹는 모양인데 그런 순간을 거의 볼 수가 없다. 게다가 짝짓기를 하는 장면도 들키지 않으니 말이다. 귀여운 금욕주의자, 이 모든 쾌락보다 더 절실한 어떤 문제가 있다는 말일까?

달팽이는 언제나 긴 목을 치켜들고 길을 떠난다. 현실로부터 탈출할 수 있는 어떤 비밀의 문이라도 찾고 있는 것일까? 방황하는 영혼, 고독한 산책자.

그러나 달팽이는 감정을 드러내지 않는다. 기쁨을 노래하지도 않고 슬픔을 울지도 않는다. 매미에게는 일곱 해 동안의 침묵과 극기를 보상하고도 남을 이레 동안의 찬란한 절정의 순간이 있지만 달팽이에게는 그런 눈부신 순간이 없다. 그렇다고 종달새 같은 황홀한 비상의 기회가 마련되어 있는 것도 아니다.

다만 가시며 그루터기며 사금파리 같은 현실, 맨살로 밀며 살아갈 수밖에 없는 그런 현실이 그 앞에 놓여 있을 뿐이다. 육체의 고통이 때로는 영혼의 해방을 가져온다고 믿는 어느 고행승과도 같은 그런 표정으로 그저 묵묵히 몸을 움직일 뿐이다.

오체투지五體投地의 말없는 순례. 지나간 자리마다 묻어나는 희고 끈끈한 자국들. 배설물일까. 낙서일까. 아니면 그들끼리만 통하는 상형문자일까. 끝내 판독되기를 거부하는 암호들.

여름도 다 끝나가려는 어느 늦은 저녁 무렵이었다. 그때 나는 달팽이의 이상한 몸짓을 보았다. 억새풀의 제일 높은 끝에 한 방울의 이슬처럼 위태롭게 맺혀 있었다. 목은 길게 솟아올랐고, 조그만 입은 약간 벌어졌으며, 꽃의 수술 같은 두 개의 눈은 긴장되어 있었다. 마치 노래를 부르려는 순간의 어떤 가수처럼, 나뭇가지를 떠나려는 순간의 새의 자세처럼 보였다. 가늘고 긴 목에서 벌레소리 같은 어떤 슬픈 소리가 나올 것 같았다. 그러나 달팽이는 끝내 아무 소리도 내지르지 못했다. 투명한 달빛이 조그만 몸을 비추고 있었다.

밀폐된 유리벽의 저편에서 키가 작은 한 남자가 울고 있는 것은 나는 보고 있었다.

–〈달팽이〉

마지막 문장 하나만 빼고 처음부터 모두 달팽이에 대한 언급이다. 마지막 문장은 달팽이가 아닌 키 작은 한 남자를 이야기한다. 〈보스턴 심포니〉나 〈인연〉에서 보는 것과 같이 앞의 문맥과 전혀 이질적인 내용이 이어지고 있다. 그래서 생뚱맞다. 그런데 이 마지막 문장을 읽는 순간, 이 글은 달팽이 이야기가 아니라 키 작은 남자, 즉 작가 자신을 이야기한다는 사실을 알게 된다. 반전의 묘미다. 그러니까 이것을 말하는 것 같지만 저것을 말하고, 드러낸 것 같지만 숨기고, 숨긴 것 같지만 드러낸다. 이 글을 처음부터 키 작은 남자의 나약함과 고독함과 각박한 삶과 출구가 보이지 않는 인간의 실존적 조건을 직접적으로 표현했다면, 유치한 넋두리 수준에 머물고 말았을 것이다. 키 작은 남자는 작가 자신인 동시에 나아가서 이 세상의 왜소하고 무력하고 그리고 사회로부터 소외된 모든 존재까지 보듬는다. 고골의 소설 〈외투〉의 주인공 아카키 아카키예비치이기도 하고, 조세희의 〈난쟁이가 쏘아올린 작은 공〉의 난쟁이이기도 한 것이다.

6

홍운탁월 기법은 소설에도 효과적으로 적용된다. 김동리의 〈등신불〉과 2017년도 노벨문학상 수상작가 가즈오 이시구로의 데뷔작 〈창백한 언덕 풍경〉은 이 기법을 차용하여 성공을 거둔 소설이다. 다만 〈등신불〉은 부분적 차용이라면, 〈창백한 언덕 풍경〉은 작품 전체 구성에 관련되어 있다. 우선 〈등신불〉의 줄거리를 요약한 후 결말 부분을 분석한다.

일제 말, 화자인 나는 학병으로 북경에 끌려간다. 최전선에 투입되리란 정보를 접하고 탈영, 진기수 씨에게 은신처를 부탁하지만 거절당할 위기에 처한다. 나는 바른손 식지를 깨물어 혈서를 쓴다. 그것을 본 진기수 씨가 나를 정원사로 보내고 비로소 나는 체포의 위기를 모면한다.

정원사에서 만적선사의 등신불을 만나고 호기심을 갖게 된다. 원혜대사의 이야기에 의하면 만적의 소신공양 내력은 다음과 같다.

만적萬寂은 금릉 사람이다. 어머니는 어렸던 그를 데리고 사射씨 집에 후처로 들어간다. 사씨에게는 만적 또래의 전실 소생 아들 사신射信이 있다. 어느 날 어머니가 사신의 음식에 독약을 타는 것을 목격한 만적은 자기 밥그릇과 바꾼다. 어머니가 놀라 꾸짖는다. 눈치를 챈 사신이 집을 나가자 그를 찾기 위해 만적은 출가한다.

그 후 나병에 걸린 사신을 만난다. 착한 사신이 그리 된 것이 어머니 탓이란 사실에 괴로워한다. 만적은 정원사로 돌아와 소신공양을 감행한다. 소신공양할 때 모인 승려들과 대중들에게 영험을 보인다. 영험을 입은 대중들에 의해 많은 새전이 쌓인다. 그것으로 죽은 만적의 몸에 금을 입히고 금불각에 안치한다.

다음은 이 소설의 결말 부분이다.

> 이야기를 마치고 난 원혜대사는 이제 다시 나에게 그런 것을 묻지는 않았다.
>
> "자네 (a)바른손 식지를 들어보게" 했다.
>
> 이것은 지금까지 그가 이야기해 오던 금불각이나 등신불이나 (b)만적의 소신공양과는 아무런 상관도 없는 엉뚱한 이야기가 아닐 수 없었다.
>
> 나는 달포 전에 남경 교외에서 진기수 씨에게 혈서를 바치느라고 입으로 살을 물어 뗀 나의 식지를 쳐들었다.

그러나 원혜대사는 가만히 그것을 바라보고 있을 뿐 더 말이 없다. 왜 그 손가락을 들어보라고 했는지 이 손가락과 만적의 소신공양이 무슨 관계가 있다는 겐지 이제 그만 손을 내려도 좋다는 겐지 일절 말이 없는 것이다.

"……."

"……."

태허루에서 (c)정오를 알리는 큰 (d)북소리가 목어 소리와 함께 (e)으르렁거리며 들려왔다.

－〈등신불〉

어디서도 작가는 소설의 주제를 드러내지 않았다. 숨기고 있다. 독자더러 찾으라는 것이다. 이 글에서 원혜대사는 작가의 대리인이고, 화자인 나는 독자의 대리인이다. 따라서 원혜대사의 질문에 내가 대답하면 그것이 작가가 말하고자 하는 이 소설의 주제가 될 터이다. 힌트는 글 속에 있다. 단서를 주지 않고 문제를 풀라고 하진 않는다. 숨겨 놓은 단서를 찾아야 한다.

열쇠는 마지막 문장에 숨겨져 있다. 즉 (c), (d), (e)를 잘 들여다보면 답이 나온다. (c)정오는 하루 중 태양이 가장 높이 떴을 때다. 가장 밝은 시간대이므로 인간 의식이 가장 명료할 때임을 상징한다. 즉 각성의 시간이란 이야기다. (d)북소리와 목어 소리도 각성을 촉구하는 소리다. 목어는 물고기 형상을 만들어 놓고 그것을 두드려서 소리를 내는데, 이 또한 각성을 촉구하는 소리다. 물고기는 항상 눈을 뜨고 있으므로 불교에서는 '깨어 있음', 즉 각성의 상징물로 사용된다. 그런데 이런 소리는 다만 음향에 지나지 않는다. 하지만 이 무의미한 음향이 듣는 사람의 생각에 따라 이렇게도 들리고 저렇게도 들린다. 같은 물소리지만 듣는 사람의 심리 상태에 따라 달리 들리는 것과 같다.

이런 사실로 볼 때 (e)으르렁거리며라는 단어가 바로 열쇠가 된다. 아무 의미 없는 소리가 화자에게 '으르렁거리는 소리'로 들리는 것은 나의 내부로부터 오는 소리다. 동물이 짖어대는 위협적인 소리, 달리 말하면 꾸짖음의 소리이기도 하다. 잘못에 대한 꾸짖음, 내 쪽에서 보면 그건 부끄러움이다. 부끄럽게 느낀다는 것은 곧 깨우침이기도 하다. 화자인 나는 왜 수치심을 느낀 것일까? (a)바른손 식지와 (b)만적의 소신공양을 대조해 보면 답이 나온다. 그것은 작가가 애초부터 화자인 나와 만적을 이항대립의 구조주의적 관점에서 설정해 놓았기 때문이다.

만적은 사신에 대한 미안함과 안타까움과 자신의 어머니에 대한 연민, 그 모든 아픔을 짊어지겠다는 마음과 더 나아가서 중생들의 고통을 덜어주겠다는 거룩한 '이타심'에서 자기 한 몸을 부처님께 바쳤다. 그런데 화자인 나는 나 자신 한 몸을 구하겠다는 작은 '이기심'에서 손가락 하나를 깨문 것이다. 만적의 소신공양이라는 커다란 이타적 희생에 비해 나의 이기적 희생은 초라하기 그지없다. 부끄럽다. 그래서 의미 없는 북소리와 목어 소리가 으르렁거리는 소리로 들린 것이다. 화자인 내가 깨닫는 순간인 동시에 작가의 의도가 관철되는 순간이다. 동시줄탁, 독자와 작가가 양방향에서 와서 비로소 하나의 접점에 도달하는 순간이며 비로소 〈등신불〉이란 하나의 작품이 완성되는 순간이다.

만약 작가가 직접 전면에 나서서, 아니 원혜대사의 입을 빌려 이런 주제를 설파했다면 우리가 지금 받고 있는 것과 같은 강도의 지적 감동을 받을 수 있을까? 작가가 숨겨 놓은 주제를 독자가 지적 분석을 통해서 깨달아 가는 과정에서 자기화가 이루어지고, 그것을 통해 우리는 큰 감동과 쾌감을 맛보게 되는 것이다. 다시 말해서 숨겨 놓은 의미를 발견해 내는, 보다 능동적인 주체가 되는 순간에서만이 얻을 수 있는 쾌감이다. 숨기고도 드러낸 것보다 더 잘 드러낸 우회의 미학, 즉 홍운탁월이 성취한 성과라 하겠다.

7

홍운탁월 기법은 김동리의 〈등신불〉에서와는 달리 가즈오 이시구로의 〈창백한 언덕 풍경〉에서는 구성 전체에 차용된다.

화자 에츠코는 나가사키 출신인데, 원폭으로 남편을 잃고 전후 영국인 남자와 재혼해서 영국에 와서 산다. 전남편과의 사이에서 태어난 게이코와 영국인 남편과의 사이에서 난 니키가 있다. 그런데 영국에 데리고 온 게이코가 자살한다. 그러나 자신이 어떻게 해서 전남편과 사별했으며 영국인과 재혼했는지, 또 게이코가 왜 자살했는지에 대해 일절 언급하지 않는다. 그는 아픈 과거를 숨기고 있다. 대신 나가사키에 살 때 알게 된 친구 사치코와 그녀의 딸 마리코에 대한 이야기를 하면서 당시의 참혹했던 원폭 후의 상황을 담담히 말한다.

사치코는 딸 마리코를 데리고 미국인 프랭크와 결혼해서 미국으로 갈 아메리칸 드림에 들떠 있다. 마리코가 프랭크를 싫어한다는 것도 문제 삼지 않는다. 모성애보다 자기애가 더 강한 것이다. 그리고 마리코가 어떤 여인이 자신의 어린 딸을 물에 담가 죽이는 장면을 본 후 쫓기고 있는 악몽–언젠가 그 여자가 자기를 데리러 올 것이라는 악몽을 꾸고 있다는 사실도 모르고, 오직 거짓말을 밥 먹듯 하는 프랭크와 미국 갈 생각만 한다.

여기서 사치코는 에츠코의 과거 분신이고 마리코는 에츠코가 데리고 영국으로 왔지만 자살하고 만 게이코의 분신이다. 그러니까 자기 딸 게이코가 죽은 이유를 숨기고 마리코의 심리적 정황을 통해 그것을 간접적으로 암시하고 있다. 뿐만 아니라 어머니를 따라 미국에 가게 된다면 마리코도 장차 게이코처럼 자살하고 말 것이란 예측을 낳게 한다. 말해진 것보다 말해지지 않은 부분이 더 많은 작품이라 하겠다. 이런 표현 방식에 대해서 가즈오 이시구로는 파리 리뷰와의 인터뷰에서 이렇게 말한다.

“너무 고통스럽거나 어색해서 자신의 삶에 대해 이야기하지 못하는 누군가가, 다른 사람의 상황을 빌려 자기 얘기를 하게 만드는 것이 소설을 이야기하는 흥미로운 방법이라고 생각했다.”*

가즈오 이시구로는 원폭 이후 일본을 그리되 원폭의 참상을 생생하게 묘사하는 다른 일본 원폭문학 작가와는 달리 담담한 서술로 인간 내면의 상처를 드러내는 방식을 택했다는 평을 받는다.

이 말은 바꾸어 말하면 우회적 방법, 즉 홍운탁월 기법으로 말한다는 이야기가 되겠다.

그런데 흥미로운 것은 작가 가즈오 이시구로는 나가사키에서 태어난 일본인으로 영국에 귀화한 작가라는 사실이다. 그가 토박이 영국인이었다면 이런 동양미학의 원리를 자기 작품 창작에 접목시킬 수 있었을까 하는 생각을 해 본다. 다음은 〈창백한 언덕 풍경〉이 처음 발표되었을 때 뉴욕 타임스에 실린 서평이다.

"말해진 것보다 말해지지 않은 것이 종종 더 중요한 (…) 어둡고 신비한 소설이다."**

만약 그 기자가 홍운탁월에 대해 알았다면 이렇게 말했을지도 모른다.

"동양미학인 홍운탁월 기법을 소설에 차용해서 성공한 어둡고 신비한 소설이다."

이 비평에서 '신비한'이란 형용사에 주목했으면 한다. 그것이 홍운탁월이 이룩한 성과의 하나이기 때문이다. 직접성이 아니라 간접성, 명료성이 아니라 모호성에서 신비성이 나온다. 그것은 안개 같은 번짐의 미학이고 범종 소리 같은 여운의 미학이다. 독자로 하여금 작품 해석에 능동적으로 참여하게 함으로써 작가와 함께 작품을 완성시키는 또 다른 한 축으로서의 주체가 되게 하는 것이다. 이쯤에서 서두에 인용한 쉬클로프스키의 말을 상기해도 좋을 것이다. 문학은 장치의 총체다. 내용은 그 장치가 제대로 작동하게 하는 배경에 지나지 않는다. 이 말에 전적으로 찬성할

---

* 중앙일보, 2017년 10월 5일

** 조선일보, 2017년 10월 8일

수는 없더라도 그 장치의 여하에 따라 문학작품으로 성공하기도 하고 실패하기도 한다는 사실은 인정해야 할 듯싶다.

8

이상에서 네 편의 수필과 두 편의 소설을 살펴보았다. 동양화의 기법이자 미학의 하나인 홍운탁월이 문학작품에 어떻게 차용되고, 또 어떤 성과를 이루었는가에 대해서 어느 정도 설명되었다고 생각한다.

우회적 기법은 직설적 기법이 끝나는 곳에서, 아니 직설적 기법이 도달할 수 없는 높이에서 비로소 날개를 편다. 숨기고도 드러낸 것보다 더 잘 드러내는, 이 절제의 미학은 작품에 품위와 여운을 준다. 화선지에 먹물이 번지듯, 낮게 달린 범종이 높이 달린 서양의 종보다 멀리 그리고 오래 울리듯 우리 정서에 주는 번짐과 울림이 크다.

따라서 직설적으로 토로해야 직성이 풀린다는 생각은 잘못이다. 감정의 절제와 여과 없는 표출은 자칫 넋두리와 같은 배설에 지나지 않는다. 만약 지금도 그런 판단에서 벗어나지 못하는 작가가 있다면 그건 미학적 인식의 결핍에서 나온 결과다. 우회할수록 강줄기는 곡진해지고 감출수록 향기는 더욱 은은해진다. 통곡보다 더 슬픈 속울음, 그것이 문학이다. 신변잡사가 신변잡기의 수준에 머물지 않고 한 단계 높은 예술작품이 되기 위해서는 미학적 이론과 기법에 대한 인식이 절실하다. 나아가 그에 대한 신념이 확고할수록 우리 수필의 미래는 밝을 것이라 믿는다.

다시 말해서 이미지와 이미지의 충돌 또는 문맥의 반전과 굴절, 그리고 그런 것들이 조성해 내는 극적 효과, 감성에 조용히 스며드는 은근한 번짐과 울림의 효과, 절제에서 오는 지적 품위와 문제의 능동적 해결에서 오는 지적 쾌감. 그런 가치에 대한 올바른 인식의 정도에 우리 수필의 미래가 달려 있다고 본다.

※2018년 《에세이문학》 주최 세미나 원고

수필은 무한히 열려 있는 공간이다

– 제1회 가천환경문학상 수상 소감

상이란 늘 사람을 어리둥절하게 하는가 보다. 익숙한 길에서 뜻하지 않은 사람을 만난 것처럼 놀라움과 반가움이 뒤섞인 그런 기분이다. 나에게 '가천문학상'도 그런 충격으로 다가왔다. 어쩌면 문화재단 가운데 수필이라는 장르에 상을 주는 예가 드물다는 의외성 때문일지도 모른다.

사실 수필이란 장르가 그처럼 외면당할 만큼 수준 이하거나 매력이 없는 장르도 아니다. 하나의 장르가 태어나서 오랜 세월 명맥을 유지해 왔다는 것은, 더구나 활발한 작품 생산이 이루어져 왔다는 것은 그럴 만한 이유가 있기 때문이다. 그런데 문학을 전문으로 하는 사람들조차, 아니 수필을 전문으로 하는 사람들조차 수필에 대하여 제대로 인식하지 못하고 있다는 생각이 들 때가 없지 않다. 생활 수기쯤으로 알고 있거나, 신문 잡지 투고란에 실린 잡문이거나, 아니면 서양의 에세이와 동일한 개념으로 알고 있는 정도다.

수필은 시처럼 뜨겁지 않다. 그렇다고 소설처럼 차갑지도 않다. 따뜻하다. 나는 이 인간적인 온기를 사랑한다. 수필이 사회 참여를 외면한다고 말하는데, 그건 잘못된 인식에서 나온 발언이다. 수필도 비판을 한다. 다만 이를 드러내서 으르렁거리지 않을 뿐이다. 수필은 칼을 들어 내리쳐야 할 때조차 날을 쓰지 않는다. 칼등으로 쳐서 기절시키는 선에서 멈춘다. 피를 싫어하는 것이 수필이다. 수필은 어디까지 품격의 문학이기 때문이다. 지식의 문학이 아니라 지혜의 문학, 크고 힘센 것보다 작고 가녀린 것에 따뜻한 눈길을 돌리는 것이 수필이다.

수필이 무형식이란 말은 형식이 없다는 뜻이 아니다. 다양하다는 뜻이다. 즉 열린 형식open form이란 이야기다. 그래서 시적 수필도 소설적 수필도 희곡적 수필도 철학적 수필도 가능하다.

친한 친구와 무릎을 맞대고 정담을 나누듯이, 조용히 이야기를 풀어가는 그 직접성과 자기 고백적 솔직성, 수필의 그런 덕목을 나는 사랑한다. 시보다 감동적인 수필도 있고 소설보다 재미있는 수필도 있다. 다만 화법이 다르고 접근 방법이 다를 뿐이다.

이제 우리는 허구에 싫증이 난 시대에 살고 있다. 어딘가 진솔한 이야기가 있었으면 한다. 수필이 이 시대에 번창하는 이유가 여기에 있다. 우리는 진실한 고백에 목말라 있는 것이다.

가천문화재단에서 수필문학상을 제정한 것은 그런 의미에서 뜻깊은 일이다. 그런 뜻깊은 상의 최초 수상자가 된 것은 큰 기쁨이다. 심사위원 여러분께 감사를 드립니다.

수필, 진정성에 뿌리를 둔 믿음직한 나무

– 제11회 한국현대수필문학 대상 수상 소감

수필에 관심을 가지기 시작한 것은 40여 년 전이었다. 그러나 정작 수필을 쓰기 시작한 것은 37년 전인 1975년부터였다. 그리고 1992년에 첫 수필집을 냈다.

문학에 있어서 열등 장르란 없다. 장르적 특성만 있을 뿐이다. 어떤 내용은 시로 표현하는 것이 효과적이고 어떤 내용은 소설로 표현하는 것이 효과적이다. 또 어떤 내용은 수필이 아니면 표현할 수 없다.

시는 노래하고 소설은 이야기한다. 수필은 노래할 때도 있고 이야기할 때도 있다. 때로는 비판도 서슴지 않는다. 그것이 수필의 다양성이다. 그렇다고 수필이 시가 되고 소설이 되고 평론이 되는 것은 아니다. 수필은 수필만의 기본 요소를 지키기 때문이다.

수필은 시처럼 절규하지도 않고 소설처럼 장황하게 늘어놓지도 않으며 평론처럼 꼬집지도 않는다. 절제된 언어로 우정 있는 설득을 한다. 칼로 내리칠 것도 칼등으로 치는 관용. 그런 면에서 평론과도 다르다.

시의 기본 요소가 운율과 이미지라면 수필의 기본 요소는 주제와 제재다. 수필은 허구가 아니라는 점에서 소설과도 구별된다. 진정성이란 토양에 뿌리를 내리고 자라는 믿음직한 한 그루의 나무와도 같고, 차 한 잔 놓고 마주 앉아 이야기를 나누고 싶은 다정한 친구와도 같은 수필. 수필은 시처럼 뜨겁지 않다. 그렇다고 소설처럼 차갑지도 않다. 따뜻하다. 수필이 어떤 장르보다 신뢰와 친근감을 주는 것은 그 때문이다.

내가 적지 않은 세월을 수필의 주변을 서성거린 것 또한 그 때문이리라. 더러는 사양도 했지만 그동안 받은 상이 몇 가지가 된다. 그 가운데서 한국현대수필문학 대상은 나에게 각별한 의미를 가진다. 금아 선생이 맨 처음 타시고 일석, 우송, 소운 선생 같은 분들이 받으신 상이라서 그렇기도 하고, 또 어찌 생각하면 저물어가는 내 노년의 창가에 배달된 마지막 꽃다발인지도 모른다는 생각에서도 그렇다.

아무튼 내가 수필을 위해 봉사한 것보다 수필이 나를 위해 베푼 기쁨이 더 크다. 심사위원님들과 조한숙 회장을 비롯한 (사)한국수필문학진흥회 회원 여러분께 감사한 마음을 전한다. 그리고 가까이서 지켜봐 준 가족들과 멀리서 응원해 준 많은 분들께도 지면으로나마 고마움을 전하고 싶다.

2012년 봄 손광성

좋은 수필은 올바른 수필관에서 나온다

지난 10년 동안 많은 선배들이 우리 곁을 떠났다. 피천득, 김태길, 차주환, 이응백, 공덕룡, 법정, 박연구, 허세욱… 열 손가락이 모자랄 정도다. 가끔 그분들이 남기고 간 빈자리가 너무 크구나 하는 생각이 들 때가 없지 않았다. 그나마 위로가 된 것이 있다면 촉망되는 후배들이 하나둘 등장하기 시작한 사실이라고나 할까. 한국 수필의 미래가 밝아 보였다. 그러나 요새 들어 이런 기대가 조금씩 흔들리고 있다. 수필에 대한 잘못된 인식에서 비롯된 주장들이 수필계 일각에서 일어나고 있기 때문이다.

"작가가 들어 있지 않은 글은 실패한 작품"이라고 하는 것이 첫째이고, "작가의 과거가 들어 있지 않은 글은 실패한 작품"이라고 하는 것이 둘째이며, "치유의 기능이 없는 글은 실패한 작품"이라고 하는 것이 그 셋째다.

얼핏 보면 그럴듯하지만 자세히 들여다보면 적지 않은 허점을 보이고 있음을 알 수 있다. 이런 주장에 대해 아직 수필에 대한 올바른 인식이 부족한 신인들이 맹목적으로 추종한다는 사실도 문제지만, 오류를 지적하고 비판해야 할 위치에 있는 일부 중견 수필가들도 무비판적으로 동조하고 있다는 사실이 더 문제다. 시간이 지나면 해소되리라 믿었던 기대도 이제 우려로 바뀌고 말았다. 잘못된 주장에 대해 몇 자 짚고 넘어가기로 한다. 오류에 대한 침묵은 오류에 대한 승인의 의미로 오해될 소지가 있기 때문이다. 위에 언급된 세 개의 항목을 하나로 묶을 수도 있지만 이해를 돕기 위해서 나누어 비판하기로 한다.

첫째 주장에 대한 반론은, 작가가 들어 있지 않은 작품은 결코 있을 수 없다는 사실이다. 이런 특성은 문학뿐만 아니라 다른 예술 장르에 공통되는 성격이다. 추상수필이나 비판수필에 작가가 들어 있지 않다면 그 작품 속에 제기된 의견과 주장이 누구로부터 나온 것인지 스스로에게 물어보면 자명해질 것이다. 뿐만 아니라 어떤 객관적 사물을 다룬 구상수필에서조차도 필자가 빠질 수 없다. 이양하의 〈나무〉에는 이양하가 들어 있다. "고독의 철인"이니, "안분지족의 현인"이니, "견인주의자"니 하는 것은 이양하의 인생관이자 세계관이다. 나무 자체가 그런 것은 아니다. 심지어 고흐의 그림에도 고흐가 빠질 수 없다. 그의 자화상에만 고흐가 있는 것이 아니다. 그의 풍경화에서도 고흐는 빠지지 않는다. 소용돌이치는 태양, 불길처럼 타오르는 나무들, 파도처럼 일렁이는 밀밭은 모두 고흐의 불안과 광기를 드러낸 것이다. 따라서 작가가 들어 있지 않은 작품이란 말 자체가 성립될 수 없는 것이다.

둘째 주장에 대한 반론은, 모든 수필에 작가의 과거가 들어가야 하는 것은 아니라는 사실이다. 작품에 작가의 과거가 들어가 있는 경우는 주로 서사수필, 즉 자전적 수필의 경우다. 그런데 "작가가 들어 있지 않은 글은 실패한 작품"이라는 주장은 일부 수필에 해당되는 특성을 마치 전체 수필의 특성인 것처럼 일반화하고 있다는 것이다. 이양하의 〈나무〉에는 이양하의 과거가 없다. 그렇다고 이 작품을 실패한 작품이라고 할 수 있을까. 지금까지도 없었고 앞으로도 없을 것이다.

셋째 주장에 대한 반론은, 치유의 기능 역시 일부 수필에 해당하는 것이지 모든 수필에 해당하는 특성이 아니라는 사실이다. 문학의 기능에는 여러 가지가 있다. 비판적 기능이 있는가 하면 교훈적 기능이 있고, 지적 쾌감을 주는 기능이 있는가 하면 정서적 쾌감을 주는 기능도 있다. 따라서 모든 수필이 치유의 기능을 갖추어야 한다는 주장은 잘못된 것이다. 이양하의 〈나무〉나 김진섭의 〈백설부〉에는 치유의 기능이 없다. 대신 지적 또는 정서적 감동과 생에 대한 깊은 성찰의 계기를 제공하는 기능이 있다. 그것만으로도 충분히 감동적인 작품이다.

오히려 문학의 진정한 기능은 교훈이나 치유와 같은 계몽성이나 공리성에 있는 것이 아니라 순수한 지적 내지는 정서적 감동에 있다고 봐야 맞다. 다시 말해서 미적 감동을 전달하는 기능에 있다는 이야기다. 이상의 〈권태〉에는 비판적 작가 이상李箱이 들어 있다. 하지만 거기에는 그의 과거가 없다. 치유의 기능도 없다. 그렇다고 해서 이 글을 실패한 작품이라고 말할 수 있을까? 과거에도 없었고 미래에도 없을 것이다. 오히려 한국 현대 수필문학사에 길이 남을 수작이란 사실에 모두 동의할 것이다.

따라서 어떤 작품에 작가가 들어 있지 않다는 주장은 근거를 잃고 만다. 그리고 작가의 과거의 유무나 치유 기능의 유무는 특정한 수필에 해당하는 특성이지 모든 종류의 수필에 해당하는 특성이 아니다. 그런데 그것을 마치 모든 수필의 특성인 것처럼 주장하는 것은 잘못된 수필관이다. 그런 주장은 수필에 대한 피상적 이해의 결과라고밖에 볼 수 없다.

설사 "작가가 들어 있다"거나 "작가의 과거가 들어 있다"라는 말이 자신 또는 가족의 곤고했던 과거사나 치부를 노골적으로 고백하는 것이라고 생각하면 잘못이다. 왜냐하면 그런 판단은 수필의 문학성을 해칠 우려가 있기 때문이다. 문학이란 가치 있는 체험을 언어적 형상화를 통해 독자에게 미적 감동을 주는 데 있는 것이다. 생동감이 결여된 지나친 엄숙주의 수필도 비판받아 마땅하겠지만 여과되지 않은 감정을 날것 그대로 직설적으로 토로하는 감상주의 작품 또한 비판받아 마땅하다. 문학은 헛기침도 아니지만 그렇다고 넋두리도 아니다. 넋두리 같은 글, 통곡하는 글, "제 밑 들어 남 보이는" 유형의 글은 수기거나 실화거나 고백록에 지나지 않는다. 그런 수준의 글과 수필을 혼동해서는 안 된다.

뿐만 아니라 현재 한국 수필이 안고 있는 문제점 가운데 하나가 편향성이다. 발표되는 수필 가운데 9할 이상이 자전적 수필이다. 수필 속에 작가의 과거가 들어가야만 성공한 작품이란 주장은 자칫 자전적 수필만이 성공한 작품이라는 말로 오해받을 소지가 없지 않다. 그렇게 되면 현재 한국 수필의 편향성은 더욱 심화될 것이고 결과적으로 한국 수필의 다양한 발전을 저해할 것이 틀림없다. 잘못된 가치판단이 세를 불려 한국 수필을 편향된 방향으로 몰아갈 때 한국 수필의 미래는 암담할 수밖에 없다. 획일적 수필관은 수필의 다양성을 해칠 뿐만 아니라 질적 저하를 초래한다. 이런 사실을 우리는 과거 우리 문학사에서 이미 보아왔다.

수필의 발전을 위해서 보다 생산적인 토론을 해야 할 이때 문학개론 수준의 문제를 가지고 이러니저러니 해야 하는 수필계의 현실이 안타깝다. 그럼에도 이 글을 쓸 수밖에 없는 것은 그릇된 가치판단이 미칠 파장에 대한 우려 때문이다. 좋은 수필은 올바른 수필관에서 나온다. 오늘날 수필에 대한 올바른 인식이 절실히 요구되는 것은 이 때문이다.

다. 대담으로 읽는 선생의 문학세계

영상 매체 시대 문학의 활로

대담 : 정목일 수필가

일시 : 2013년 5월 17일 오후 2시

장소 : 죽전 신세계 아카데미

정리 : 권남희

지금은 수필을 꽃피우기에 가장 좋은 K-Essay 시대

대담 : 원정란

일시 : 2014년 9월

장소 : 한림대학원대학교

정리 : 한승희

사진 : 원지우

영상 매체 시대 문학의 활로

- **대담 : 정목일 수필가**
- **일시 : 2013년 5월 17일 오후 2시**
- **장소 : 죽전 신세계 아카데미**
- **정리 : 권남희**

정목일 수필가 : 반갑습니다. 늘 젊은 감각으로 수필문학의 발전을 위해 애쓰시는 데 대해 감사드립니다. 강의와 그림 그리기 외에 특별히 계획하시는 일이 있으신지 근황을 말씀해 주시면 고맙겠습니다.

손광성 교수 : 2011년 3월부터 제주도 서귀포에 작업실을 마련하고 있는 중입니다. 몇 년 후 여기 일을 다 정리하고 내려가서 조용히 지내려구요. 4백 평 귤밭에 30여 평 되는 감귤 창고가 있는데 그걸 개조해서 조그만 전시실과 작업실을 넣었습니다. 지금은 정원을 꾸미고 있습니다. 7할 정도 완성되었습니다. 나머지 3할은 비와 바람과 흙이 완성하겠지요. 또 한 가지는 세 번째 전시회를 준비 중인데 벌써 몇 달째 허송하고 있습니다. 너무 오래 쉰 데다가 이 일 저 일 시간을 뺏기다 보니 지지부진입니다.

정 : 두 장르를 넘나들기가 쉽지 않을 텐데 서로 어떤 영향이 있다고 생각하는지요?

손 : 문학적 발상은 그림에 시정을 불러넣는 것 같아요. 또 그림을 그리다 보면 사물을 치밀하게 보는 습관이 생기는데 대상에 대한 그런 관찰 태도는 글쓰기에서 묘사에 도움이 되는 것 같습니다. 예부터 내려오는 말이 있지요? "시중화요, 화중시"라는 말 말입니다.

정 : 그밖에 다른 계획도 있으신가요?

손 : 예, 수필낭송회를 활성화하려고 합니다. 말하자면 수필 낭송은 공연예술적 가능성이 있다는

생각에서입니다. 지금까지 '수필낭독회'는 많이들 하고 있지만 '수필낭송회'는 없었어요. 낭독을 하게 되면 작품을 읽는 데 매어서 동작이나 표정을 자유롭게 못하기 때문에 자연스럽지 못해서 공연예술로서의 성과를 거두지 못하지요. 힘들더라도 작품을 암송해서 노래하듯 하게 하니까 반응이 대단히 좋더군요. 시간도 7분 내지 8분 정도 걸려서 감동을 주기에 알맞은 길이구요. 그런 면에서 시 낭송보다 수필 낭송이 청중에게 더 잘 어필할 수 있다고 믿습니다. 유행가도 보통 2절까지 부르는 데 7분 내지 8분 걸리니까, 수필 낭송도 공연예술로서 가능성이 예감된다고나 할까요. 작년에 제자들과 함께 제1회 낭송회를 열었습니다. 반응이 뜨거웠습니다.

정 : 좋은 계획이라고 생각합니다. 그런데 피천득 선생께서 생전에 "손광성의 수필은 한 편 한 편이 모두 시"라고 하셨는데, 수필 작법상 어떤 특별한 비법이라도 있으신지요?

손 : 비법이랄 건 없고, 저는 수필을 쓸 때 문장 다듬기에 많은 시간을 할애하는 편입니다. 첫째는 문장의 호흡 문제고, 둘째는 이미지 문제지요. 그 다음은 단어 선택이고요. 구성이 탄탄해야 하는 건 기본이겠지요. 요새 한국 수필은 9할이 서사수필인데 거의가 탄력이 없고 장황한 소설적 문장으로 서술하고 있지 않나 하는 생각을 합니다. 압축되고 탄력이 있는 낭창거리는 문장이 독자에게 기쁨을 주는데 말입니다. 그리고 비유를 통한 시적 형상화에 주력하고 있는 편이랄까요? 다시 말해서 리듬과 이미지에 주력하는 편인데 그것이 독자에게 읽는 맛을 주는 것 같습니다. 수필은 소설처럼 파란만장한 스토리도 없는데 문장마저 탄력이 없고 장황하면 곧 지루하겠지요. 저는 그것을 피하려고 합니다.

정 : 국문학과를 졸업하고 대학원에서 한국화를 전공하신 독특한 이력을 갖고 계십니다. 회화와 문학 두 길을 겸한 특별한 사연이라도 있으신지 말씀해 주셨으면 합니다.

손 : 저는 어렸을 때부터 그림 그리기를 좋아했습니다. 초등학교 때라고 기억되는데, 각 학년 남녀 두 반인 작은 학교였지요. 제가 5학년 때라고 기억합니다. 도화시간에 나팔꽃을 그렸는데 여자반 담임 선생님이 보시고는 그것을 가져다 칠판에 붙여 놓고 여학생들에게 보고 그리게 했어요. 어린

마음에 기분 좋았지요. 아마 그때부터 그림에 더 많은 관심을 가졌던 것 같습니다. 그 후 6·25가 나고 50년 12월 흥남철수 때였는데 큰누님과 함께 LST라는 수송선을 타고 피란을 올 때였습니다. 며칠을 배만 타고 있으니 심심해서 견딜 수가 없었어요. 그래서 선실에 있는 기물들을 그리고 있었지요. 그때 지나가던 선원 한 사람이 누님보고 이 아이가 그림을 잘 그리는데 이남에서는 그림을 그리다가는 굶어 죽으니 그림 시키지 말라고 했어요. 나중에 안 일이지만 이중섭, 박수근 같은 분들이 모두 가난에 시달리다 돌아가셨기 때문이었다고 생각합니다. 그래서 할 수 없이 취직이 잘 되는 사범대학에 진학하게 되었는데 사범대학에는 미술교육과가 없었어요. 그래서 국어교육학과를 택했지요. 그 후 늘 그림에 대한 미련을 버릴 수 없어 마흔다섯 살 때 그림을 시작했습니다. 나중에 동국대학교 교육대학원에서 한국화를 전공하게 되었습니다.

정 : 개인전도 몇 번 여셨지요?

손 : 네, 2002년과 2005년 두 번 열었습니다.

정 : 《손광성의 수필쓰기》는 수필을 공부하는 사람들에게 인기가 높습니다. 그 외에 고전 한문 수필을 번역하는 등 수필에 대한 애정이 남다르다는 말을 듣습니다. 그렇게 하게 된 까닭을 말씀해 주시고, 나아가 현대인에게 있어서 문학은 무엇이라고 생각하시는지 아울러 말씀해 주시면 감사하겠습니다.

손 : 고전 한문 수필을 번역해야겠다고 생각한 것은 우리 수필의 근원이 어디에 있는지 밝혀야겠다는 필요성에서 나왔지요. 대개 우리 수필을 서양 에세이를 받아들인 거라고 생각하는 사람들이 많으니까요. 특히 서양 이론서만 공부한 젊은층에서 두드러집니다. 그리고 수필작법을 쓰게 된 동기는 지금까지 나온 수필작법 책이 대개 추상적인 설명이거나 자신의 경험담 성격이 강해서 좀 더 분석적이고 실증적인 수필작법을 가르치는 것이 효과적이라 생각해서 그리한 것입니다. 그리고 문학이 현대인에게 어떤 의미를 가지느냐 하는 문제는 수없이 논의된 것이라 새삼스러울 것이 없겠습니다만, 문학의 근원적 목적은 인간성의 탐구라고 봅니다. 현대에 오면서 인간성은 고갈되고 매몰되어 가고 있지요. 그래서 그 잃어 가는 인간의 정체성을 찾고 그를 통해 휴머니즘을

회복하는 것이기 때문에 현대인들에게 있어서 문학은 어떤 예술 장르보다 필요한 것이라 생각합니다. 문학에는 치유의 기능도 있고 지적 감동을 주는 기능도 있으며, 어떻게 사는 삶이 가장 올바른 삶인가 하는 인생관 내지 세계관도 문학만이 줄 수 있다고 생각합니다.

정 : 요즘은 스마트폰 시대라는 것을 실감합니다. 전철이나 커피숍 등 곳곳에서 신문이나 종이책을 보는 사람은 거의 없습니다. 영상 매체에 의해 언어예술인 문학은 점점 설 자리를 잃어 가고 있는 실정입니다. 문학도 이 시대에서 살아남기 위해 변화해야 한다고 생각되는데, 선생님 의견은 어떠신지요?

손 : 물론 문학도 변해야겠지요. 요새는 책을 출판할 때 화가들과 합작해서 소설이나 수필집을 출간하는 경우를 많이 봅니다. 말하자면 '글 반 그림 반'인 시대지요. 그런 융합의 수단 말고도 언어예술인 문학은 언어만으로도 영상 매체 시대를 극복할 수 있는 바탕을 가지고 있다고 생각합니다. 어느 문학단체 초청 강연에서 〈영상 매체 시대의 수필의 서술전략〉이란 내용으로 제가 강연한 적이 있습니다.

언어에는 세 가지 기능이 있어요. 의미 전달의 기능 이외에 음악적 기능과 회화적 기능이 그것인데, 사람들은 언어를 수단으로 하는 문학작품을 쓰면서도 언어의 의미 전달 기능에만 의존할 뿐 다른 두 가지 기능을 구사하는 일에는 특별한 관심이 없는 것 같습니다. 예를 들어 자전수필에는 인물이 등장하게 마련인데, 자기 어머니에 대해 이야기하면서도 개괄적 설명이나 서사 일변도로 나가는 것입니다. 우리 어머니는 예뻤다든가 착했다든가 하는 추상적 표현을 하고 있는 것입니다. 캐릭터를 살리려면 외양 묘사와 행동 묘사, 심리 묘사가 따라야 하는데, 그렇지 못하니까 인물이 입체적으로 살아나지 못하는 것입니다.

글 쓰는 사람치고 말하기telling와 보여 주기showing식 서술방법이 있다는 걸 모르는 사람은 없지만, 개념적으로 알고 있을 뿐 어떻게 해야 보여 주기가 제대로 실현되는 것인가에 대한 구체적 방법은 모르고 있는 것 같습니다. 묘사 말고도 직접화법을 동원할 것인가 간접화법을 동원할 것인가, 극적 상황 묘사에는 짧은 문장이 효과적인가 긴 문장이 효과적인가 등 구체적 방법을 알아야 이미지를 살려서 글에 현장감과 입체감을 주고 긴박감을 줄 수 있습니다. 언어의 세 가지 기능을 알고 그것을 적절히 구사할 때 독자의 감동을 배가시킬 수 있다고 생각합니다.

문학도 변해야 합니다. 그래야 영상 매체 시대에 살아남을 수 있습니다. 그러나 그 활로를 언어 밖에서 찾아서는 안 된다는 것이 제 생각입니다. 삽화나 화가와의 공동 작업이 주는 것은 한계가 있을 뿐만 아니라 문학은 어디까지나 문학이니까요. 그래서 그 방법을 언어 안에서 찾아야 한다고 생각합니다. 언어를 떠나는 순간 그건 이미 문학이 아니니까요.

정 : 사회가 발달하고 변화하면서 그 사회에서 꽃피는 문학 장르도 형태를 달리한다고 생각합니다. 인터넷 발달과 함께 수필 인구의 급격한 양적 팽창에 대해 긍정적 미래를 짚어 주셨으면 합니다.

손 : 한국 수필도 50년대보다 많이 달라졌지요. 내용면에서 보더라도 철학적이거나 윤리적이고 계몽적인 성격에서 벗어나 문학성이 강화되었고 형식면에서도 짧아지고 있지요. 다시 말해서 현대 한국 문단을 보면 장르 개념이 없어지고 있는 것 같습니다. 시는 수필 쪽으로 이동하고 수필은 시 쪽으로 이동했지요. 장르란 설명과 이해의 필요에서 생긴 것이지 독자에게 감동을 주는 면에서는 별 의미가 없는 것이라고 생각합니다. 이 세상에는 읽을 만한 글이 있고 읽을 가치가 없는 글이 있을 뿐이지요. 그리고 사람들은 한국 수필계가 양적 팽창만 있고 질적 향상이 그에 미치지 못한다고 하는데, 저는 그렇게 우려할 것이 아니라고 생각합니다. 피라미드는 밑면이 넓을수록 높이 쌓을 수 있지요. 모든 것이 다 그렇듯이 하층구조가 넓고 튼튼해야 상층이 튼튼해지는 이치입니다. 수필을 쓰는 사람들이 많이 배출되다 보면 훌륭한 후배들도 나오겠지요. 제 생각인데 50년대보다 2000년대 우리 수필은 많이 발전했다고 봅니다. 전문 수필가도 많아졌고 수필의 수준도 높아졌지요. 훌륭한 후배들도 속속 출현하고 있구요.

정 : 그렇습니다. 아무튼 우리 수필의 미래에 희망을 걸어도 좋겠지요?

손 : 그렇습니다.

정 : 바쁘신데 이런 자리를 흔쾌히 승낙해 주셔서 감사드립니다. 늘 건강하시고 추진하시는 일 모두 이루어지기를 빌면서 수필과 함께 행복하시길 빕니다.

지금은 수필을 꽃피우기에 가장 좋은 K-Essay 시대

- 대담 : 원정란
- 일시 : 2014년 9월
- 장소 : 한림대학원대학교
- 정리 : 한승희
- 사진 : 원지우

원정란 : 선생님 안녕하세요? 올해 선생님 연세가 여든이 되셨다고 들었습니다. 그런데 강의를 하실 때나 사석에서 늘 청년 같은 활기를 느끼게 됩니다. 수필뿐만 아니고 그 비결도 전수해 주시면 좋겠습니다.

손광성 : 전수? 전수할 수 있지요. 사람들이 나를 젊게 보는데 나도 육체적 연령은 거부할 수 없지요. 사진을 찍어 보면 나이가 그대로 찍혀 나와요. 비결이 있다면 첫째가 호기심을 잃지 않는 것, 그 다음으로 꿈꾸는 것. 어린애 같으니 호기심이 많고 호기심이 많으니 꿈을 꾸는 것이지요. 그러니 여러분도 젊게 살려면 호기심을 버리지 마세요. 그러면 젊게 살 수 있어요.

원 : 아, 그러시군요. 호기심, 지금부터 열심히 챙기겠습니다. 몇 년 전부터 수필도 안 쓰시고 제주도에 작업실을 꾸미고 계시는데, 그 먼 곳을 택하신 이유라도 있으신지요? 모두 궁금해합니다.

손 : 수필은 2000년에 쓰고 2006년인가 2007년인가 몇 편 쓰고는 안 썼는데, 2011년 부산일보에서 토요 에세이 코너에 연재를 하자고 해 세 편 실었으니 뭐 거의 안 쓴다고 봐야지요. 이유는 지금까지 쓴 것보다 더 좋은 글을 쓸 자신이 없어서예요. 같은 수준의 글을 자꾸 되풀이할 필요는 없잖아요. 대개 사람들을 보면 죽을 때까지 뭔가를 끄적거리는데, 나는 그게 싫어요.
제주도라면 이야기가 길죠. 2011년 3월 1일 땅을 조금 구입한 것을 계기로 그때부터 3년 반을 한

달에 한 번씩 내려가서 그 달 수입만큼 가서 공사를 했지요. 그러다 인세 나오는 달은 좀 더 하고, 그림 팔리면 또 그만큼 더 하고, 그러다 보니 3년 반 넘게 공사를 했지만 그게 석 달 공사한 것밖에 안 돼요. 힘은 들지만 재미로 하고 있어요. 내가 아파트에 살아보니까 아파트라는 주거 환경은 노인들의 배경이 되긴 너무 삭막해요. 이왕이면 제주도에 가서 자연을 배경으로 해서 내 생애를 마쳐야겠다고 생각했어요. 옛날엔 신혼여행 아님 못 갔던(일동 웃음) 그런 제주도에 가서 노년을 마친다면 얼마나 좋아요. 제주도는 태풍이 오는 길목에 있어, 나는 내 가슴으로 태풍을 그대로 맞고 싶어요. 한라산에도 올라가 볼 것이고, 당나귀도 한 마리 기르고 싶은데…. 그러다 거기에 묻히고 싶어요. 난 고향이 없는 사람이니까 고향을 만든 셈이죠. 작업실은 다 됐고, 정원도 어지간히 다 됐는데 살림집은 언제 다 지을지 몰라요.

원 : 이제 몇 년 후 선생님을 뵈려면 제주도로 가야 할 것 같습니다. 선생님께서 시나 소설 같은 장르를 택하지 않고 굳이 수필을 고집한 이유가 무엇인지 듣고 싶습니다.

손 : 어떤 사람은 축구선수가 되고 어떤 사람은 야구선수가 되거든요. 문학도 마찬가지예요. 그 사람의 성격이라든가 자질이라든가 이런 것이 맞는 장르가 따로 있더라고요. 나도 시를 써 봤는데 결국 수필이 나하고 제일 잘 맞는 장르더군요. 소설을 쓰기엔 나는 너무 이야기에 서툴고, 시를 쓰려면 땅에서 한 자 정도 발이 떠 있어야 하는데 난 그런 비약에 맞지 않아요. 적당히 지적이면서 정서적인 장르, 그런 수필이 좋았어요.

원 : 네, 저희 수필가들로서는 감사한 일이지요. 선생님의 수필에 대해 한 말씀 여쭙겠습니다. 선생님의 수필을 읽고 있으면 저도 모르게 눈가가 촉촉해지곤 해요. 그렇다고 무슨 슬픈 사건을 토로하신 것도 아닌데 말입니다. 그 슬픔의 정체에 대해 말씀해 주실 수 있으신지요.

손 : 슬픔의 정체라, 나의 초기 작품에 특히 더 짙게 나타나 있는 걸 느낄 거예요. 그것은 아마도 열두 살 때 어머니를 잃은 것이 가장 큰 원인이지요. 그 후 흥남 철수 때 가족들하고 헤어지게 되고. 아이들 특히 남자아이들에게 있어서 어머니의 부재란 엄청난 충격이거든요. 서머싯 몸이

말했어요. "어머니를 잃은 상처는 오십 년이 지나도 아물지 않는다"고요. 그렇다 할지라도 슬픈 얘기를 그대로 쓰면 날것이 되니 슬픔을 직접 드러내지 않고 리듬이라든가 어조라든가 또는 은유나 알레고리 같은 그런 것으로 간접적으로 드러내야 해요. 슬픔이 행간에 흐르도록 해서 독자가 부지불식간에 그것에 젖게 해야 하지요. 그건 마치 클래식 같아요. 거기에는 사설이 없거든요. 그냥 리듬, 박자, 멜로디 그런 것만 있어도 어떤 건 슬프고 어떤 건 기쁘잖아요. 수필도 언어의 음악성을 최대한 살려 독자가 문자를 읽으면서 슬픈 음악을 들을 때처럼 간접적으로 감정을 느끼게 하고 싶었어요.

원 : 무슨 말씀인지 잘 알겠습니다. 감정을 여과시키라는 말씀이지요. 그런데 선생님은 강의 시간에 "수필隨筆은 수필修筆이다"라고 자주 강조하시거든요. 그 이유를 설명해 주셨으면 합니다.

손 : 늘 말하는 것처럼 나는 수필의 특성 중 하나가 자아 성찰이라고 생각해요. 남의 잘못을 보고 나를 돌아보게 하는 장르. 그래서 수필 쓰는 사람은 늘 자기를 성찰하고 자기를 닦아야 한다는 그런 의미로 수필의 수隨자를 닦을 수修로 바꾸어 생각하자는 거지요. 그러니까 수필은 붓으로 하는 자기 수련이란 뜻이지요.

원 : 곁에서 뵌 선생님은 원칙주의자면서 유연한 사고를 가지신 분인데 일부에서는 선생님의 강하고 날카로운 부분만 주목하는 것 같아요. 해명할 기회를 드리고 싶은데, 괜찮으시다면 한 말씀 부탁드립니다.

손 : 해명이랄 것도 없고, 나도 늘 느끼고 생각하는 부분이에요. 음, 나는 주례사를 잘 못해요. 좋은 것은 칭찬하지만 나쁜 것을 좋다고 말하지 못해요. 특히 수필에서 자기 자랑을 한다거나 지식을 과시한다든가. 엄살을 떠는 것을 사정없이 지적하게 되지요. 그러다 보면 강의실에서 울기도 하고 뛰어나가기도 합니다. 언젠가 이런 일이 있었어요. 한 수강생이 강의를 듣고 나한테는 말을 못하고 수업 후 제자들끼리 전철을 타고 가며 말하더랍니다. 선생님 글을 보면 부드럽고 따뜻한데 왜 강의하실 때는 그렇게 매몰차신지 모르겠다고. 그 말을 듣고 내가 얘기했어요. 수필을 쓰

는 것과 수필을 가르치는 것은 다르다고. 수필을 가르치는 사람은 재판관이 되어야 한다고. 나쁜 것과 좋은 것을 판가름해야 하니 어쩔 수 없다고. 옳은 것을 옳다 하고 그른 것을 그르다 하는 것도 용기가 필요해요. 남들의 평가 같은 것은 별로 중요치 않게 여깁니다.

원 : 네, 잘 알겠습니다. 선생님이 생각하시는 수필의 본질은 무엇인지요? 수필을 쓴다 하면서도 누가 물으면 매번 허둥대게 돼요. 간략하게 말씀해 주셨으면 합니다.

손 : 수필의 본질은 진정성이에요. 그 밖에 다양성, 개방성이지요. 진정성은 자기 체험에서 우러나온 거짓 없는 생각과 느낌을 말하는 것이고, 다양성은 그 수필의 소재면이라고 봐야겠죠. 개방성은 형식면을 말하는 것으로 다양한 형식을 취할 수 있다는 의미겠지요. 그중에서 진정성이 가장 핵심적인 특성이에요.

원 : 그러니까 수필의 본질은 진정성, 다양성, 개방성이라는 말씀이시죠.

손 : 그렇지요. 그래서 수필을 정의 내리기 어려운 것은 그 다양성 때문이에요. 잘못 정의를 내리면 서사수필에만 해당되거나 추상수필에만 해당되니까요. 전체를 아우르는 정의 내리기가 쉽지 않아요. 그래서 사람들이 수필이라 하면 허둥대고 마치 장님이 코끼리 만지는 식으로 수필을 이해하게 되죠.

원 : 네, 정확한 이해가 필요하겠네요.

손 : 수필은 신변잡기다 하는데, 이것은 대단히 잘못 알고 있는 거지요. 신변잡기와 수필을 잘못 이해하고 있는 거예요. 신변잡사를 소재로 했지만 그것을 예술적으로 형상화하면 신변잡기가 아닌 수필이 되지요. 따지고 보면 소설도 시도 소재는 다 신변잡사지요. 그것을 예술적으로 어떻게 잘 형상화했느냐에 따라서 신변잡기냐 수필이냐로 나뉘게 됩니다.

원 : 선생님께서 이 시대가 수필을 꽃피우기에 가장 좋은 때라고 하시는 데 대해 많은 사람들이 궁금해하고 있습니다. 공연한 아전인수격인가요, 아니면 타당한 이유가 있는 건가요?

손 : 나름 타당하고 합리적인 이유가 있지요. 이 시대는 수필시대가 맞아요. 특히 우리나라에서는. 국제 세미나 할 때 중국 작가에게 직접 들었는데, 중국에는 수필 전문 잡지라는 것이 한 7종 정도 있다고 해요. 일본에서도 에세이클럽 총무가 왔고, 후쿠오카대학 교수도 왔는데 일본에는 수필 전문지가 아예 없대요. 일 년에 한 번 신문 잡지에 실린 에세이를 모아 책 한 권을 내는 것이 전부라는 거예요. 근데 우리나라는 등록된 수필 전문지만 20종 정도 되거든요. 그래 이제 앞으로 K-POP시대처럼 K-Essay 시대도 올 거예요. 왜 수필이 현대에 가장 맞는 문학이냐 하면 시는 난해하거나 감동을 주기엔 너무 짧아요. 소설은 너무 길고. 수필은 전철 타고 한 댓 정거장 이동할 때 읽기에 가장 알맞다는 거죠.

그리고 현대인들이 가장 관심을 가지고 있는 것은 어떤 특정한 영웅이 아니라 나와 같은 수준의 사람들이에요. 다시 말해서 나와 같은 사람들이 살아가는 이야기에 관심이 많다는 것이지요. 그런 면에서 수필은 현대인에게 가장 적합한 문학 장르다 말할 수 있는 거예요. 대중들이 감상하기 가장 편리한 게 수필이라고 말할 수 있어요. 그런데 왜 수필이 빛을 못 보느냐, 그건 우리 수필가들에게 책임이 있어요. 그러니 잘 써야 해요. 그러면 시를 능가하고 소설을 능가하게 되지요. 그런 날이 꼭 올 겁니다.

원 : K-Essay 시대, 말만 들어도 기분 좋습니다. 선생님 어록에 남을 표현입니다. K-Essay 시대가 정말 오면 20종이 넘는 잡지들이 열광할 것 같네요. (좌중 웃음) 선생님, 선생님께선 어려운 고전 한문 수필을 편역하셨습니다. 《아름다운 우리 고전 수필》을 번역하시게 된 목적이 무엇인지 한 말씀 부탁드립니다.

손 : 목적이 있었지요. 문학을 연구하는 학자들, 또 평론가들, 이런 사람들이 우리 수필을 볼 때 서양 에세이를 모방한 거라고 생각하는 사람들이 많아요. 특히 서양에서 공부하고 온 젊은 사람들이 그래요. 그러면서 도대체 우리나라에 에세이가 있냐? 수필이란 게 전부 신변잡기라고 폄하한단 말이지요. 근데 우리나라 수필은 수입품이 아니에요. 한국 수필, 특히 현대 수필의 전통은 한국 고전 수필에 있다는 것을 알려 주기 위해 어려운 작업을 한 것이에요. 《아름다운 우리 고전 수필》을 보면 지금 현대인의 수필과 다른 게 없어요. 우리 수필의 뿌리는 고전 수필에 있다, 특히

한문 수필에 있다 해도 과언이 아니에요.

원 : 참 어려운 작업이셨겠네요. 선생님은 현재 두 가지 사업에 역점을 두고 계십니다. 하나는 수필낭송회의 활성화이고 다른 하나는 바람직한 미래의 수필 전문 잡지상에 대한 것입니다. 두 가지 질문에 대해 말씀해 주십시오.

손 : 수필은 읽는 것도 좋지만 노래처럼 듣는 것이 더 좋아요. 수필은 낭송하기 좋은 장르거든요. 수필에 배경음악까지 깔고 들으면 음악도 감상하고 수필에서 배울 수 있는 자기 성찰의 깨달음 같은 것도 느끼게 되지요. 노래 한 곡 부르는 시간에 수필 낭송 한 편을 감상하게 하는 건 또 다른 감동을 줄 수 있어요.

그리고 수필 잡지에 대해선 관행을 깨고 싶었어요. 그동안 기존의 수필 잡지들이 한국 수필 발전에 많은 기여를 했어요. 오늘날 이렇게 수필가가 많아진 것도 수필 잡지가 있었기에 가능했던 일이지요. 1980년대부터 2014년까지 거의 30년이라고 하는 한 세대가 지난 거예요. 그런데 수필 전문 잡지는 별로 변한 게 없어요. 체재도 운영 방법도 편집 방향도 작가에 대한 대접도 30년간 거의 같아요. 똑같이 등단시키고 그 등단한 작가의 작품을 좋든 나쁘든 여과 없이 실어 주다 보니 양적 팽창은 되었는데 질적으로는 수준이 떨어지게 된 거예요. 또 수필 쓰는 사람들은 원고료를 제대로 못 받고 있어요. 글을 써서 원고를 잡지사에 그냥 주고 잡지사는 당연히 원고를 잡지에 싣고 하는 그런 모순들을 타개할 시기가 되었다는 거죠. 앞으로 수필 잡지가 나아가야 할 방향을 보여 주고 싶었어요. 그래서 등단 안 시키는 잡지, 글만 좋다면 등단과 상관없이 실어 주고 원고료를 지불하는 잡지를 내게 되었지요. 잡지라고 하는 것은 편집자가 좋은 글을 골라서 싣는 것이 원칙이 되어야 해요. 그러려면 반드시 심사를 거쳐야 하고, 그에 대해 소정의 원고료를 지불하고, 좋은 글 쓴 사람은 잡지에 실리니 좋고 잡지는 좋은 글을 싣게 되니 잘 팔릴 것이고요.

원 : 네, 맞는 말씀입니다. 그렇게 시작된 《에세이피아》가 벌써 6호를 발행하는 것으로 알고 있습니다. 선생님 의견이 반영된 수준 있는 잡지로 계속 발전하길 바라겠습니다. 그런데 잡지를 내시면서 가장

어려운 점은 무엇인가요?

손 : 좋은 원고를 받는 것이 가장 어려운 일이에요.

원 : 그렇군요. 마지막으로 선생님께서 수필가들에게 당부하시고 싶은 말씀이 무엇인지 듣고 싶습니다.

손 : 치열한 작가정신이 필요하다고 봅니다. 그러기 위해선 사물을 깊이 있게 보는 훈련을 해야 합니다. 그렇지 않고 모든 걸 쉽게 생각하고 쉽게 쓰면 좋은 글이 나올 수 없어요. 노력에 의해서 글의 수준이 좋아집니다. 그리고 호기심과 꿈을 잃지 말고 움직이고 시도하기를 게을리하지 말아야겠죠. 내가 제자들에게 자주 하는 말이 있어요. "귀신도 움직이는 과녁은 못 맞춘다"는. 계속 움직여야 합니다. 그래야 건강하게 오래 삽니다. 그리고 도전하세요. 그래야 좋은 글을 쓸 수 있습니다.

선생님, 오늘 귀한 시간에 좋은 말씀 감사드립니다. 모든 분들이 선생님의 열정을 이어받아 좋은 수필가가 되었으면 합니다.

라. 수필을 위한 선생의 새로운 시도

수필 전문지 계간 《에세이피아》의 발간에서부터 종간까지 _ 손광성

공연예술로서 가능성을 연 수필낭송회 _ 이송은 일현수필낭송회장

수필 전문지 계간 《에세이피아》의 창간에서부터 종간까지

손 광 성

《에세이피아》 표지 초안

1995년 한국일보문화센터를 시작으로 20여 년 동안 수필을 가르쳤다. 그것도 한 곳이 아니라 서울시립대학교 평생교육원, 신세계백화점 문화센터, 조선 에듀케이션 등 몇 군데를 거치다보니 제자들 수가 늘었다. 글이란 몇 번 배웠다고 되는 법이 아니니 그들을 위해 서로에게 도움이 되는 작은 모임이 필요하겠다 싶어 여남은 명씩 모여 함께 공부할 동인을 만들게 했다. 나중에 보니 '다월茶月', '느티나무', '오름', '맑은내', '아가위', '조선에듀' 이렇게 모두 여섯 동인이 결성되었는데, 합평회와 동인지 발간을 통해 모두 활발하게 활동하고 있었다. 현재는 '서향원 사람들'이 추가되면서 모두 일곱 동인이 되었다.

하지만 동인들이 서로 교류가 없는 것이 아쉬웠다. 그러던 어느 날 각 동인 대표들이 모여 친교를 위한 모임을 결성하기로 했다는 말을 듣게 되었다. 잘 되었다 싶었다. 회원들 사이에 서로 소통하고 친목도 다지려면 작은 회지 정도가 필요할 것 같았다. 그래서 회지 표제를 〈에세이피아〉로 정하고 이리저리 체재며 내용 등에 대해 궁리하기 시작했다.

그런데 회지를 만들다 보니 생각이 달라졌다. 기왕이면 수필계 전체를 위한 사업을 시도해 보고 싶은 욕심이 든 것이다. 제자들의 작품 발표 공간뿐만이 아니라 다른 작가들의 작품 활동 무대가 될 본격적인 잡지를 만들기로 했다. 그렇게 해서 2013년 6월 17일 수필 전문지 《에세이피아》 창간호가 탄생하게 된 것이다. 신국판에 56쪽짜리 작은 잡지였지만 기존 문예지와는 몇 가지 차별화를 시도했다.

알립니다

글을 싣고 싶으십니까?
[문]은 여러분에게 활짝 열려 있습니다.
회원과 비회원의 차별이 없습니다.
[선]한 작품은 심사를 통하여 게재합니다.
[게재]된 작품에는 소정의 원고료를 지급합니다.
[게]재된 작품 중에서 우수 작품을 선정해서
[매]회 〈에세이피아상〉과 부상을 드립니다.
동참하고 싶으신 분은 아래 주소로
작품을 보내 주시면 고맙겠습니다.

보내실 주소 :
연락할 번호 :

에세이피아 편집실

그 가운데 하나가 등단제도 폐지였다. 등단제도는 세월이 지나면서 애초의 의도와는 달리 순기능보다 역기능 쪽으로 기울고 있었다. 작가와 독자의 저변확대라는 순기능도 있었지만 신인상이란 명목으로 수준 이하의 작가들을 등단시킬 뿐만 아니라 의무적으로 그런 글을 실어줌으로 해서 잡지의 페이지만 늘고 질은 떨어지는 결과를 초래한 것이다. 급기야 "양적 팽창에 질적 저하"라는 평을 듣게 되기에 이르렀던 것이다. 등단 작가는 날로 늘고 거기에 따라 비슷비슷한 수필지도 비례해서 늘었다. 2013년 기준으로 등록된 수필 전문지만 해도 어림잡아 30여 종에 달했다.

이런 점을 지양하기 위해서 등단제도를 없애기로 한 것이다. 대신 등단 여부에 관계없이 응모작만을 심사에 의해 실었다. 그리고 또 하나, 작가에게 제대로 된 원고료를 지불하기로 한 것이다. 지금도 별반 달라진 건 없지만 게재 작품에 대한 응당한 원고료를 지급하지 않는 것이 관행처럼 되어 왔다. 그런 불합리성을 지양하고 작가에게 합당한 원고료를 지급함으로써 창작 의욕을 북돋아 주고 싶었다. 매호 선정된 작품에 대해서는 당시로는 파격적이라 할 만한 금액, 그러니까 편당 십만 원의 원고료를 지불했다. 자금이 넉[넉해서]가 아니었다. 작가를 제대로 대접하는 잡지를 만들고 싶었다.

[그리]고 피할 수 없는 계간지의 결점이라 할 수 있는 작품과 계평을 전후 호로 분리해서 싣는 관행을 깨고, 그 호[에 실]린 작품평을 같은 호에 실음으로써 그런 폐단을 없앤 것이다. 독자들의 이해를 돕고, 동인지 성격으로 떨어[진 문]학 전반(?)의 질을 높이기 위한 방편이라고 생각했기 때문이다. 이런 기조는 창간호에서부터 마지막 호까지 [변함]없이 이행되었다. 작품 편수도 20편 이내로 제한하여 잡지의 부피를 얇게 함으로써 읽는 부담과 구독료 부[담을 덜]었였다. 연간 구독료 1만 원, 100쪽 내외의 잡지. 종간호가 나오기 전 5년도 채 못 되는 기간에 정기 구독자

창간호

수가 1,500명에 달하는 성과를 냈다. 보통 10년 이상 된 문예지의 경우 정기 구독자수가 500명에서 800명 안팎인 것을 감안할 때 희망적인 성과였다. 이런 식으로 계속하면 10년 안에 경제적으로 자립할 수 있겠다는 전망을 하게 되었다. 5년 동안 19호를 내면서 어려웠던 점을 하나만 지적하라면, 그건 재정적 문제가 아니라 좋은 글을 발굴해 내는 일이었다. 젊거나 용기 있는 작가들은 응모하는 데 주저함이 없었지만 체면 때문인지 중견 작가들은 응모하기를 망설였다. 그러나 이런 문제도 시간이 지나면 해결될 전망이었다. 중견 작가 몇 명은 심사에서 탈락했어도 다음 공모에 다시 도전했기 때문이다. 진정한 잡지란 등단 장사를 하지 않아도 구독료와 광고료만으로 유지될 수 있어야 한다.

그렇게 되기 위한 몇 가지 시도를 해 봤고 가능성도 봤지만 모든 것이 마음먹은 대로 되는 것은 아니었다. 2018년 1월 1일 19호를 마감으로 종간을 할 수밖에 없는 상황이 벌어졌다. 이유는 내 건강에 갑작스런 이상이 생긴 때문이었다. 잡지를 계속할 수 없었다. 그래서 종간하기로 했다. 그나마 자위가 되었던 것은 처음 의도한 대로 독자들의 전폭적인 호응을 받았다는 것과 이런 편집 방향으로 간다면 밝은 미래를 보장할 수 있을 것이라는 자신감이었다. 그리고 한 가지 덧붙인다면 본보기를 보이는 것만으로도 어느 정도 목적에 도달한 것이라는 생각에서였다.

겨우 통권 19호로 문을 닫았지만 이것으로 완전히 끝난 것이라고는 생각하지 않는다. 다음에 수필을 사랑하는 후배가 나타나 이 잡지의 창간 정신을 이어받아 새로운 《에세이피아》가 거듭 태어나리라는 것을 믿기 때문이다. 이운경 평론가의 《수필미학》 19호 권두언을 인용하면서 이 글을 끝내려고 한다.

"2013년 6월 창간한 수필 잡지 《에세이피아》가 2017년 겨울호(통권 19호)를 끝으로 종간했다.

에세이피아 발송 모습

발행인의 부득이한 사정으로 종간했지만, 이 잡지는 수필 잡지의 몇 가지 문제를 인식하고 개선하고자 노력했다. 누구에게나 문호를 개방했으며 작품 심사를 거쳐 게재함과 동시에 소정의 원고료도 지급했다. 무엇보다 등단제도를 두지 않았다. 후원금과 구독료만으로도 잡지 운영은 충분했다고 한다. 《에세이피아》의 이런 시도와 노력이 수필 문단에 얼마나 영향력을 끼쳤는지는 알 수 없다. 그러나 건강한 수필 생태계의 건설을 지향하던 매체가 사라진다는 것은 사실은 수필계의 크나큰 손실이다. 이러한 잡지사의 지향과 몸짓에 수필계가 보다 적극적인 호응을 해 주지 않았다는 점은 반성할 부분이다. 수필계의 문제점을 인식하고 개선의지를 가졌던 《에세이피아》에 대하여 수필가나 독자들이 격려하고 화답하는 태도를 보여 주어야 하지 않았을까 하는 아쉬움이 남는다."

그동안 잡지를 내는 데 힘이 되어 준 일현수필문학회 모든 회원들과 운영위원 김동식, 최성열, 박순, 이상규, 원정란, 강철수, 홍영선, 인연정, 김미옥, 유미경, 김종균, 서장원, 장수자, 이복희, 이송은, 염희순, 이재훈, 김기선, 이석재, 한승희, 이미정 그리고 경제적 뒷받침을 해 준 발전위원 김동식, 최장순, 신대식, 박순, 이동순, 이상규, 박종금, 최성열, 홍영선, 인연정, 유호영, 원정란, 윤연희, 강태홍, 강정주, 김기선, 홍정자, 이장병, 안숙 그리고 편집주간 최장순, 원정란과 편집위원 한혜숙, 정해경, 유미경, 강정주, 김형구, 박명자, 이복희, 이혜숙, 서용순, 최지안, 김정례, 한승희, 편집고문 최민자, 정성화, 송혜영, 정희승 모든 분들에게 고맙다는 말을 남기고 싶다. 특히 발전위원님들에게 큰 빚을 졌다. 그들의 도움이 없었다면 이런 일은 시작도 해 보지 못했을 것이다.

공연예술로서 가능성을 연 수필낭송회

– 일현수필낭송회 조직 취지와 그 성과

이 송 은 일현수필낭송회장

한국문학사에서 시 낭송은 오래전부터 있었고 지금도 시 낭송을 전문으로 하는 단체는 많다. 그러나 수필 낭송은 한 번도 없었다. 물론 행사 때 낭독하는 경우는 더러 있었고 지금도 있다. 이유는 간단하다. 10매 내외의 수필을 암송한다는 것이 쉬운 일이 아니기 때문이다. 그래서 시도도 해 보지 않았다. 그런데 그 어려운 수필 낭송이 공연예술로서 가능성이 있음을 처음 주창한 이는 일현 손광성 선생이었다.

선생의 주장에 따르면, 시 낭송의 역사가 오래지만 공연예술로까지 발전하지 못한 것은 시 자체가 안고 있는 두 가지 태생적 요인 때문이라고 했다.

첫째, 압축과 생략을 기본으로 하는 시어는 청중에게 전달되는 데 제한적이라는 것이다.

둘째, 리듬과 이미지라는 장점에도 불구하고 3~4분에 끝나는 길이 때문에 청중의 감동 곡선에 미치기 전에 끝나 버리고 만다는 것이다.

거기에 비해 수필은 용어가 평이해서 전달이 잘 되며, 길이가 7~8분이기 때문에 청중의 감동 곡선에 이르는 데 충분하다고 했다. 대중의 사랑을 받고 있는 대중가요를 한 곡 부르는 데 걸리는 시간이 7~8분인 것은 이를 입증한다고 하겠다. 게다가 수필에는 스토리가 있기 때문에 청중이 쉽게 빠져든다는 장점이 있다.

또 한 가지는 낭독과 낭송의 차이점이다. 시든 수필이든 낭독을 하면 시선이 문자에 구속되기 때문에 일체의 제스처를 구사할 수 없다. 그러나 다 외워서 낭송하게 되면 표정과 동작이 자유로워 수필 내용과 정서에 따라 적절한 동작을 가미할 수 있기 때문에 듣는 즐거움에 보는 재미까지 더해져 하나의 공연예술적 효과를 볼 수 있다. 한 작품이 줄 수 있는 최상의 효과를 10이라고 가정

어느 겨울 수필 낭송 리허설을 마치고
선릉역 근처 호프집에서의 뒤풀이 모습

할 때 낭독이 7의 효과밖에 못 낸다면 낭송은 9~10이라는 효과를 거둘 수 있는 것은 그 때문이다.

이런 취지에서 2012년 일현수필낭송회가 결성되어 그해 5월 첫 공연을 시작했다. 2017년 현재까지 총 12회, 매년 5월과 11월에 정기적으로 열고 있다.

이런 노력이 결실을 맺게 되어 2015년부터 다른 문학회로부터 초청을 받아 수필 낭송이 공연예술로서의 가능성을 입증하기에 이르렀다.

2015년 12월 '의사수필가협회' 송년회에 박순, 김미옥 회원이 초청받아 낭송한 것을 시작으로 2016년 11월 18일 춘천 강원수필출판기념회에 이송은 회원이, 2017년 5월 12일 서울문학의 집에서 홍영선 회원이 낭송하였으며, 그밖에도 《현대수필》, 〈금아 피천득 선생 기념회〉《에세이문학》 등 여러 단체의 초청을 받아 활발하게 수필 낭송 활동을 하고 있다.

문학은 본래 문자 언어 예술이기 이전에 음성 언어 예술이었다. 앞으로 수필 낭송이 전국적으로 활발하게 전개되어 수필이 대중예술로서의 가능성과 더불어 공연예술의 가능성까지 얻게 되면 한국 수필계의 새로운 지평을 넓히는 계기가 되리라 믿는다.

현재 김미옥, 김영숙, 김지언, 김태겸, 박순, 이경숙, 이혜숙, 조유안, 청랑, 홍영선, 안춘윤, 이송은 회원이 활동하고 있다.

마. 선생의 프로필

서귀포에 은거 중인 일현 선생을 흠선欽羨하며 _ 한명희 대한민국예술원 회원 · 전 국립국악원장

강단에서는 대쪽같은 성품과 엄격한 문학 기준, 일상에서는 인간적인 온기 _ 최장순 수필가

은연중에 시인이신 일현 선생 _ 정희승 수필가

우리 아빠의 뒷모습 _ 손지안 일현 선생의 장녀

서귀포에 은거 중인 일현 선생을 흠선欽羨하며

한 명 희 대한민국예술원 회원 · 전 국립국악원장

지난 세기 80년대 후반쯤의 일로 기억한다. 당시 조선일보에 격주로 낯선 이름의 필자가 수필 한 편씩을 연재하고 있었는데, 이건 내게 충격이었다. 나도 그 당시에 신문 잡지 등에 글을 써 오며 내 전공 분야에서는 글깨나 쓴다고 스스로 자부하던 시절이었다. 그런데 그 글을 접하고부터는 나의 오만이 여지없이 압사壓死되고 마는 기분이었기 때문이다.

지금 와 생각해도 참 좋은 글들이었다. 일상생활에서 일어나는 소소한 일들을 소재로 한 내용들이었는데 결코 범상치 않은 사화詞華들이었다. 여느 문장들처럼 과장도 치장도 현학도 없이 그저 담박하면서도 진솔하게 소회를 그려낸 명문들이었다. 군자지교君子之交는 담약수淡若水라고 했듯이 미사여구 없이 담담하게 풀어가는 글 속에는 삶의 지혜가 서려 있고 군자다운 풍격이 배어 있었다.

인생살이 인연의 실타래는 참으로 현묘해서, 내가 서울시립대학교 음악과에 재직하고 있을 때였다. 당시 나는 국문과의 권오만 교수와 성기철 교수를 외우畏友처럼 따르며 자별하게 지냈다. 그러던 어느 날 권 교수 방엘 들르니 어떤 낯선 분이 함께 담소를 나누고 있었다. 바로 일현一玄 손광성孫光成 선생이셨다. 나이는 권 교수보다 위인데 서울사대 국문과 동기라고 했다.

지금 돌이켜봐도 그때 나는 두 번째 강펀치를 맞은 기분이었지 싶다. 첫 번째의 펀치는 권 교수의 설명으로 지난날 조선일보 명수필의 필자가 바로 일현 선생임을 알았기 때문이고, 두 번째 펀치는 서로 대면인사를 나눌 때 전광석화처럼 나를 압도하던 그 형형炯炯한 눈빛이었음은 두말할 나위가 없겠다.

아니, 한국 남자 중에도 이처럼 미목眉目이 준수한 사람이 있구나! 선망도 같고 부러움도 같은 선명한 느낌의 한 자락이 뇌리의 한구석을 스치며 지나갔다. 게다가 마음의 창이라는 눈은 또 어찌 그리 호수처럼 크고 맑으며 눈썹은 또 어찌 그리 숯검정보다도 진하고 풍성한지! 이내 나의 상상은 선생의 사범대 학창시절로 돌아갔다. 얼마나 많은 여학생들이 호수처럼 해맑은 저 눈동자에 가슴을 콩닥거렸으며 얼마나 많은 여학생들이 개마고원의 정기가 빚어 낸 이국적인 듯한 인상에 불면의 밤을 지새웠을까 싶었다.

세상만사를 재단하는 조물옹께서는 그래도 공평무사하다고 믿어 왔는데, 선생을 알고부터는 그간의 내 믿음에 적잖이 회의가 느껴졌던 것이다. 아니, 나 같은 범부는 한 가지 재주도 변변히 갖춰진 게 없는데, 손 사백께서는 고운 심성에다, 문학에 그림에 삼중 사중의 남다른 소질과 재예를 타고났으니, 부럽기 이전에 당연히 조물주에 대한 투정 아닌 투정이 앞서지 않을 수 있겠는가?!

한때 다방면에 해박한 사람을 일러 '르네상스형 인물'이라고 지칭한 적도 있는데, 세월은 시속 10만km의 공전속도로 21세기의 허공을 달리고 있건만 조화옹께서는 여전히 우리 시대의 '무탄트 mutant' 같은 16세기 르네상스형 인물을 굳이 점지하신 것을 보면 필시 우리네 장삼이사들이 모를 속 깊은 곡절이 분명 있을게다. 필경 저간의 우리네 부박浮薄한 거품문화를 쇄신하고 바보 같은 진짜배기들만 걸러보라고 내려 보낸 보배가 아닐까 싶었다.

우리에게도 잘 알려진 중국의 고사가 있다. 《열자列子》 탕문편湯問編에 나오는 얘기다. 춘추시대에 백아伯牙라는 유명한 금琴 연주가가 있었다. 좋은 음악에는 이를 알아보는 귀명창이 있기 마련인데, 백아의 경우에는 종자기鍾子期라는 감식가가 있었다. 백아가 높은 산을 연상하며 금을 뜯으면 이내 종자기는 "참으로 대단하구려. 마치 높이 솟은 것이 태산 같구나[善哉, 巍巍兮 若泰山]"라고 감탄했으며, 백아가 뜻을 흐르는 물에 두며 탄주하면 종자기는 "훌륭하도다. 출렁이는 물결이 마치 장강長江[揚子江]이나 황하黃河 같구나[洋洋兮 若江河]"라고 화답을 했다. 그런데 이들간의 아름다운 교유도 종자기의 죽음으로 끝이 나고 백아 또한 종자기의 사후에는 자신의 음악을 알아줄 사람이 없음을 탄식하며 금을 부수고 더 이상 연주를 하지 않았다. 바로 이들간의 우정관계에서 탄생된 낱말이 지금도 우리가 막역한 친구를 지칭해 쓰고 있는 지음知音이다.

지금까지 뜬금없이 중국의 옛 고사를 장황하게 늘어놓은 소이연所以然은 알고 보면 심히 의뭉스러운 바가 숨어 있음도 실토하지 않을 수 없다. 연치年齒도 4년이나 위요, 여러 모로 부족한 처지에 은근슬쩍 지음이라고 선생과 같은 반열로 품격 격상을 노렸으니, 이 아니 우매한 착각이요 장자長者에 대한 비례非禮가 아니겠는가. 하기사 일현께서도 가치관이나 감성 반응면에서 나와 비슷한 바가 있어, 한번 전화기를 잡으면 30분이나 1시간은 보통이고 보니, 미련한 나로서는 '아, 일현 선생이 나를 지음으로 대해 주시는구나' 하고 착각할 수밖에 없는 사정이 있음도 사실이니 이를 어쩌겠는가.

삼척부사를 지내던 심영경沈英慶은 어느 날 경관이 수려한 강릉 경포대에 올라 칠언율시 한 수를 남긴다. 그 율시의 2절은 이렇게 읊고 있다.

만리 밖에는 구름 타고 가는 신선의 피리소리 은은하고
철 따라 경개 찾는 풍류객의 잔 속에는 명월이 둥실 떠 있구나.
동쪽으로 나는 황학黃鶴 또한 내 뜻을 알았는지
경포호를 배회하며 가려 들질 않는구려.

만리귀선운외적 萬里歸仙雲外笛
사시유자월중배 四時遊子月中盃
동비황학지오의 東飛黃鶴知吾意
호상배회고불최 湖上徘徊故不催

멀리 제주도 남쪽 바닷가 서귀포西歸浦에 은거 중인 일현 선생을 떠올리자 여기 강릉 경포대 시가 대뜸 뒤따라 연상된 것은 양자 간에는 그만큼 공통분모가 많기 때문이 아닐까 싶다. 경포의

'만리귀선萬里歸仙'은 한라산의 영기로 반신선이 된 일현 사백에 다름 아니고, '동비황학東飛黃鶴'은 서귀포 일현 신선의 모옥茅屋 위를 나는 갈매기 떼에 다름 아니라고 생각되기 때문이다.

아무튼 놀랄 만한 일이 또 생겼다. 묵상에 잠겨 있던 서귀포 신선이 움직였단다. 선생의 작품에 대한 평론가들의 논문과 선생의 눈문이 실린 미수기념집이 상재上梓되었다는 것이다. 우리 모두 축하해야 할 경사가 아닌가 한다.

일현 선생, 미수米壽가 아니라 이참에 백수까지 누리시어 더 많은 명문과 명화를 남겨 주심이 어떠실는지.

경신년 세모

강단에서는 대쪽같은 성품과 엄격한 문학 기준, 일상에서는 인간적인 온기

최 장 순 수필가 • 전 에세이피아 주간

봄비가 내리고 있었다. 며칠 동안의 망설임 끝에 불호령을 각오하고 선생님께 전화를 드렸다. 수화기 저쪽, 선생님의 목소리는 예상외로 차분했다.

"우리 좀 걸을까?"

현관에서 걸어오시는 선생님은 흰색 셔츠에 베이지색 바지. 잘 어울렸다. 거기에 '믿음직한 시종' 지팡이까지, 자연스러운 패션 감각은 그날따라 유난히 돋보였다.

댁에서 가까운 경찰대학 캠퍼스를 산책했다. 도중에 만나는 나무며 풀 한 포기에 이르기까지 지팡이로 가리키며 이름과 유래며 생태에 관해 설명을 해 주셨다. 우산이 받아내는 빗소리와 교정의 연둣빛 풍경과 선생님의 말씀에 빠져 있는 동안 마음은 어느새 차분히 가라앉고 있었다.

산책을 마치고 카페로 갔다. 기회만 엿보고 있던 나는 드디어 불찰을 용서해 달라고 말씀을 드렸다. 선생님은 담담한 표정으로 듣고 계시더니 마침내 입을 떼셨다.

"성급한 확신에 매몰되지 말고 미래를 내다보는 안목과 소양을 꾸준히 쌓아 봐."

그 한마디에 모든 게 용서가 된 듯했다.

일주일 전이었다. 편집회의를 하면서 의욕이 넘쳤을까, 나는 선생님 앞에서 두 편의 작품에 대해 문학성 운운하며 게재 불가를 외쳤다. 더 좋은 작품을 싣고 싶다는 욕심이 앞서서였을 것이다. 하지만 그 평가는 오로지 내 주관적인 견해였다. 예스 아니면 노라는 이분법적인 해결에 익숙한 나를 선생님은 의아함과 실망감이 섞인 눈빛으로 바라보셨다.

"남의 글일수록 신중히 읽어야 해, 다시 읽어 봐요."

아직은 작품을 보는 수준이 미흡함을 깨우쳐 주셨다. 그 작품들은 선생님이 이미 수업시간을 통해 익히 알고 계신 것들이었다.

카페 탁자 사이의 거리만큼 선생님과 가까워졌음을 느꼈다. 선생님께서는 나를 다독여 주셨고, 용기를 북돋아 주셨다. 그 말씀 속에 제자를 대하는 사랑이 고스란히 녹아 있었다. 인간적인 온기가 내 가슴을 채워 주듯, 밖에는 여전히 비가 내리고 있었다.

선생님을 처음 뵌 것은 2008년 어느 문학행사장에서였다. 본격적으로 수업을 받게 된 것은 2010년 겨울부터였다. 죽전 모 백화점에서 들은 첫 강의부터 전율이 일었다. 내가 선생님을 주저없이 따르는 것은, 단순히 뛰어난 문학적 재능이나 자질 때문만은 아니다. 선생님께서는 평생 가르치는 것을 업으로 삼았다. 지금도 강의를 하실 때면, 20센티 높이의 교단에 서신 듯 몰입하신다. 단상의 스승과 단하의 제자 사이, 그 공간에는 알지 못할 긴장감이 감돈다. 가르치는 열정과 배우려는 열정이 빚어내는 긴장감이다. 해박한 지식과 적절한 예문, 예리한 분석에 취해 있다 보면 백 분 강의는 금세 끝나고 만다. 자신이 가진 것을 다 내어주고도 더 줄 것이 없나 싶어 살피시는 분. 가르쳐 줄 것은 많은데 늘 시간이 부족함에 안타까워하시는 분. 훌륭한 제자를 키우려는 열정이 불타는 분이 바로 선생님이시다.

선생님의 강의는 엄격하기로 정평이 나 있다. 작품에 대한 신랄한 비판을 견뎌 내지 못해 강의실을 떠난 사람들도 적지 않다. 그러나 그 빈자리는 곧 채워진다. 당의정 칭찬이 아닌 쓰지만 진정한 평가를 듣고 싶기 때문이다. 수필에 애정이 없거나 끈기가 없는 사람들은 그렇게 해서 저절로 걸러진다. 그럴 때면 좀 살살하시라고 말씀드리고 싶어도 대쪽같은 성품과 문학에 대한 엄격한 기준을 잘 알고 있는 한 사람으로 침묵할 수밖에 없다.

선생님 특유의 부드러움은 교실을 떠났을 때 비로소 빛을 발한다. 수업을 마치고 식사를 할 때면, 문학이며 일상의 잔잔한 이야기가 끊이질 않는다. 그런 대화 중에서 뜻밖에 월척을 건지는 제자들이 적지 않다. 당사자는 미처 생각하지 못하고 한 이야기 속에서 소재를 솎아내 그것을 수필로 쓸 것을 권하시는 것이다. 나의 졸작 〈신장개업〉도 그렇게 해서 태어났다.

선생님의 수필에 대한 애정과 자존심은 타의 추종을 불허한다. 2012년 8월, 어떤 문학회에서 특별한 세미나를 열었다. 그 세미나를 연 계기는 이러했다. 어떤 단체가 주최한 백일장에서 심사위원으로 참석한 어느 시인이 "수필도 문학이냐?"라며 폄하하는 발언을 했는데, 정작 그 자리에 심사위원으로 참석한 수필가는 한마디 반론을 제기하지 못했다. 동석한 다른 장르의 문인이 안타까웠다는 얘기를 전해 듣게 된 것이다. 평소 수필에 대한 자존심이 남다르신 선생님은 크게 노하셨다. 즉각 세미나를 열어 대응할 논리를 갖추라는 것이었다. 군대 지휘관을 지냈던 나보다도 급하셨다.

그날 세미나의 주제는 "수필은 문학이 아니다?"였다. 흔히 제기하는 문제, 즉 수필은 '비전문적이다', '신변잡기다', '형식이 없다', '상상이 없다'는 것에 조목조목 반론을 제기할 수 있게 했다. 그날 선생님은 이렇게 끝을 맺으셨다.

"문학의 장르에는 우열이 없습니다. 다만 우수한 작품과 그렇지 못한 작품이 있을 뿐입니다. 그리고 지금이 K-POP시대라면 다음은 K-essay 시대가 올 것이니, 다가올 시대를 이끌어 갈 수필가들은 보다 당당하고 대담할 필요가 있습니다. 수필에 대한 자부심을 가지려면, 미래를 대비하고 실력을 키워 치열한 작가정신으로 작품을 써야 합니다. 작가는 작품으로 승부하는 존재입니다."

선생님의 문학정신과 수필에 대한 남다른 사랑의 결과로 선생의 호를 딴 '일현수필문학회'가 발족되었다. 그리고 이듬해 계간지 《에세이피아》를 탄생시켰다. 일현수필문학회는 선생님의 가르침을 받았거나 지금도 받고 있는 제자들의 모임이다. 제자 그룹은 총 여섯 개의 동인으로, 1998년부터 서울시립대학교 평생교육원에서 수필을 배우기 시작한 '다월'을 필두로 '느티나무' '오름' '맑은내' '아가위' '조선에듀'가 그것이다.

각 문우회별로 합평회를 통해 수필에 대한 꿈과 열정을 키워 가고 있지만, 활동 범위를 넓히고 친교를 도모하자는 뜻에서 모인 것이다. 매년 연말 수필낭송대회를 하며 2013년 7월에 창간된 계간지 《에세이피아》는 2014년 가을 현재 6집을 발행하기에 이르렀다. 한국 수필계가 안고 있는 몇 가지 관행을 개선해 보고자 하는 선생님의 평소 지론과 철학을 담아내려 노력하고 있다. 모든 작가는 등단에 관계없이 작품의 질에 의해 존중받아야 하고, 독자들에게 양질의 작품을 제공함으로써 '양적 팽창에 의한 질적 저하'라는 악순환의 고리를 끊으려고 한다. 또한 등단 관행을 지양하며, 모든 작품은 심사에 의해 게재하되 소정의 원고료를 받을 권리를 보장하자는 취지다. 한국 수필의 미래를 향한 새로운 도약을 모색하는 일은 우리 수필에 대한 선생님의 마지막 헌신이자 수필가들을 향해 온몸으로 던지는 메시지가 아닐까 싶다.

전원생활을 하다가도 나이가 많아지면 다시 도시로 돌아오는 것이 예사지만, 선생께서는 팔순의 연세에 아파트를 버리고 전원으로 나가는 삶을 택하신 듯하다. 매달 둘째 주나 셋째 주 목요일이면 어김없이 캐리어 백을 끌고 제주도로 향하신다. 벌써 3년 반째. 서귀포 감귤 밭에 조그만 작업실을 짓고 아늑한 정원을 꾸미고 계신다. 아직도 그 공사는 진행 중인데 그달의 수입만큼만 계획하고 마무리하는 식의 '개미 공사'이기 때문이다. 제자들은 가끔 묻는다. "왜 사서 고생하시느냐고, 한꺼번에 얼른 지으시면 편하지 않느냐"고. 선생님의 대답은 늘 두 가지로 명료하다.

"아파트에 갇혀 죽고 싶지 않아."

"후딱 해 버리면 재미없지. 난 지금 즐기고 있는 중이야."

선생님다운 말씀이다. 그러고 보면, 선생님은 아직 젊으시다. 헤르만 헤세도 '정원 일의 즐거움' 속에서 생을 마감했다. 프랜시스 베이컨도 말했다.

"사나이의 일생은 정원 가꾸기로 완성된다."

선생님은 때로 이런 말씀도 하신다.

"백두산 기슭에서 태어난 내가 한라산 기슭에서 죽는다면 멋지지 않은가?"

그렇지만, 간혹 말씀하시는 '생의 마감'이라는 표현에는 왠지 콧잔등이 시큰해진다. 선생님의 전원생활은 아마도 '잃어버린 고향'을 만드는 일이 아닐까 싶다. 실향민인 선생님이 새로운 삶의 터전을 만드는 제주도. 선생님은 분명 그곳에 고향을 짓고 계신 것이다. 늘 그리워하던 꿈속의 고향. 한 방울 한 방울 땀으로 만드는 고향을. 종종 공항버스 승차를 위해 서현역까지 모셔 드릴 때면 나는 마음속으로 인사를 드린다.

'고향 잘 다녀오십시오.'

요즘 선생님의 강의실이 부쩍 더 붐빈다. 그것은 선생님의 강의를 들을 수 있는 시간적 여유가 많지 않음을 감지한 때문이다. 신입생은 물론, 그동안 여러 사정으로 강의를 듣지 못했던 옛 제자들도 다시 찾아온다. 모두 귀를 바짝 세우는 것은 물론 심지어 스마트폰으로 녹음까지 하는 사람들도 자주 눈에 띈다. 좋은 현상임에도 한구석 마음이 아려온다.

그러나 나는 안다. '세 번째 서른 살'까지는 건강하게 강의하시리라는 것을. 왜냐하면 새로 만든 고향에서 자연의 충만한 기氣를 듬뿍 받고 오실 것이기 때문이다.

※《수필과 비평》 | 집중조명 | 작가 스케치－내가 아는 손광성 선생

은연중에 시인이신 일현 선생

정 희 승 수필가

문학에 입문하기 약 3년 전, 그러니까 2003년쯤으로 기억한다. 인터넷에서 우연히 일현 선생님의 〈수련〉이란 작품을 읽게 되었다. 인터넷이 보급되기 시작한 지 얼마 되지 않아, 시와 달리 수필은 올려놓은 자료가 매우 빈약한 때였다.

〈수련〉은 나에게 깊은 인상을 남겼다. 그것은 한마디로 "유레카!"였다. 직감으로 이 작품이 내가 안고 있는 난제를 해결해 줄 단서가 될 것임을 알았다. 당시에 나는 시를 끄적거리고 있었는데, 쓰면 쓸수록 시라는 장르가 내 체질에 맞지 않음을 느끼고 있었다. 그렇다고 시를 완전히 외면할 수도 없었다. 시는 문학의 예술성을 대변하지 않는가.

〈수련〉은 산문 고유의 문법과 리듬에 충실한 전형적인 수필이다. 언어 사용이나 형식면에서 산문시다운 요소가 전혀 없다. 그런데도 읽고 나면 한 편의 시를 읽은 느낌이 든다. 왜 그럴까? 도서관에서 선생님의 책을 빌려 와 탐독했다. 모든 글에 한 편의 시가 담겨 있었다. 모순어법 같지만 전형적인 산문으로도, 다시 말해 옥타비오 파스의 표현을 빌려 말하면 "언어 사용에 있어서 많은 의미의 가능태를 희생시키고 그중에서 하나와 동일화를 시도하는 산문"으로도 시를 쓸 수 있다는 사실을 비로소 깨달았다. 그러니까 고백하건대 나는 선생님을 사숙한 셈이다.

당시에는 이런 독특한 문체가 갖는 중요성을 전혀 자각하지 못했다. 20년이 지난 지금 이제는 말할 수 있다. 선생님의 모든 작품은 전형적인 '시산문'이라고. 여기서 '시산문'이란 용어는 '산문시'에 대한 키아즘Chiasme, 곧 교차배어법交叉配語法에 의거해 나온 것이다. 시라는 장르에 산문시가 있듯, 산문이란 장르에도 시산문이 있을 수밖에 없다는 의미를 함축한다. 산문시와 시산문의 위상을 도상으로 나타내면 태극 문양의 점에 해당한다고 볼 수 있겠다.

환기하건대 산문시는 시의 권역에 있고 시산문은 산문의 권역에 있다는 사실에 유의하자. 이는 장르를 지리학이 아닌 동역학으로 보는 관점이다. 그러니까 시산문은 일차적으로 선생님의 작품처럼 산문 고유의 규율을 따른다는 의미다. 당연히 시는 내재적인 경향을 띨 수밖에 없다.

〈수련〉은 수련을 직접 가꾸지 않고는 쓸 수 없는 글이다. 관념이나 표상과 결부된 지식이나 정보, 인상을 그러모아 쓴 글이 아니다. 이는 글이 탄생하기까지 오랜 시간이 소요되었다는 뜻이다. 《꿈꾸는 사물들》을 출간하고 선생님을 인사동에서 처음 뵈었을 때, 이 글과의 인연을 밝히지 않을 수 없었다. 다른 화제로 넘어가기 전에, "8년 이상 수련과 함께하고 쓰지 않았을까 생각했습니다" 하고 작품에서 느껴지는 시간의 무게를 말씀드렸더니, 말없이 빙그레 웃으셨다. 선생님이 과작한 이유도 이와 무관하지 않다고 본다. 사랑하기 위해서는 이해할 시간이 필요하고, 이해하기 위해서는 사랑할 시간이 필요한 법이다.

나는 선생님의 작품을 읽을 때마다 아도르노의 언명을 떠올린다. 《미니마 모랄리아》에서 그는 이렇게 썼다. "미에 홀린 시선은 안식일의 시선이다. 그러한 시선은 대상 속에서 그 대상이 창조되던 날의 휴식과 같은 무엇을 구원해 낸다." 안식일의 시선은 휴식 상태에서 대상을 고유명사로 대하는 시선이다. 아니다. 우리는 이름(명사)으로 사물을 호출하지만, 사물은 이름과 무관하게 동사로 자재한다. 그것은 대상을 안식 속에서 '고유동사'로 대하는 시선이다. 수련에서 생명의 약동을 느끼는 시선이다. 그 시선만이 대상이 창조되던 날의 휴식과 같은 무엇을 구원해 낸다.

'고유동사'로 대한다는 것은 사물의 생기에, 리듬에 접속한다는 뜻이다. 다시 말해 사물의 시인

프랑시스 퐁주가 말했듯이 '현재 정돈된 대로'의 세계-내-사물들의 질서를 유지하는 언어를 거슬러 올라, 원초적인 감각 진리가 출현하는 언어 이전의 원음악原音樂에 유기적으로 접속한다는 뜻이다. 보통 시인은 언어와 사물의 틈에서 리듬을 타고 출현하는 전대미문의 풍요로운 이미지를 포착한다. 때로 이 원음악에 도취된 나머지 격정에 휩싸이기도 하는데, 이때 시인이 포착한 이미지는 의미보다 파토스를 매개하는 기능을 한다. 당연히 시는 모호하고 난해해질 수밖에 없게 된다.

하지만 선생님의 작품은 전혀 난해하지 않다. 또한 모든 문장은 산문 고유의 리듬을 타고 유려하게 흘러간다. 산문의 문법과 준칙을 거스르는 법이 없다. 사물과 오래 함께하다 보니 때때로 분출하는 거친 파토스가 이성과 시간에 의해 정화되고 순화되었기 때문이리라. 그러니까 뜨거운 불, 곧 시혼을 얼음에 가둬 놓았다는 말이다. 선생님의 작품이 뜨겁지도 차갑지도 않고 따뜻하게 느껴지는 것도, 시가 내재할 수밖에 없는 것도 이 때문이 아닌가 한다. 누가 말했나? 위대한 산문 작가는 공공연하게 시인이 아니라 은연중에 또는 비밀리에 시인이라고. 선생님이야말로 진실로 은연중에 시인이 아닌가 한다.

신자유주의는 극단적인 투명성을 요구한다. 이는 속도와 효율을 중시하는 시대 환경과 무관하지 않다. 우리는 '좋아요'와 같은 즉답을 요구하는 매체 환경에서 살고 있다. 상품 경제학은 어떤가? 생산과 소비에만 관심이 있을 뿐 상품이 어떻게 사용되는지에는 관심이 없다. 하지만 문학은 처음과 끝보다는 과정을 중시하고 지름길보다는 에움길을 택한다. 얕고 빠른 것보다 깊고 더딘 것을 선호한다. 심지어 모호함과 불투명함도 마다하지 않는다.

간혹 사람들이 많이 남아 있지 않은 쓸쓸한 광장에서 이제 산문의 시대가 도래했다고 선지자처럼 외치는 목소리를 듣는다. 과히 틀린 말은 아니라고 본다. 단지 그 목소리에 "어떤 산문을 말하는 것인가요?" 하고 되묻고 싶을 뿐이다. 나는 그 목소리를 들을 때마다 안타까움과 슬픔을 느낀다. 그렇다면 우리 자신은 어떤가?

1990년대 초반부터 뇌과학의 연구가 본격적으로 진척됨에 따라 새롭게 밝혀진 바에 따르면, 뇌는 고정되어 있지 않고 유연하게 끊임없이 변화한다고 한다. 이런 현상을 '뇌신경 가소성(neuro plasticity)'이라 일컫는다. 연구자들은 새로운 것을 경험하고 학습할 때마다 뇌의 신경세포들이 새로운 네트워크를 만들어 낸다는 사실을 확인했다. 이에 비춰 보건대, 젊은 세대는 나이 든 세대와 뇌신경 구조와 형태에서 많은 차이를 보일 것이다. 그러니까 시대가 자신에 적합한 인간을 조형해 낸다는 뜻이다.

패러다임을 쉽게 극복하지 못하고 시대의 인식 틀에 갇혀 사는 것도 이와 무관하지 않다고 본다. 문학의 위축과 소외는 단지 현대인의 외적인 기술 환경 때문만이 아니라 내적인 문제이기도 하다는 말이다. 그렇다면 본격적인 포스트휴머니즘 시대가 도래하면 우린 어떤 모습으로 변해 있을까? 생각할수록 참으로 끔찍하다. 반사신경이 극도로 발달한 응답 기계가 되어 있지는 않을까?

문학의 죽음은 아니더라도 문학의 겨울에 들어선 것만은 분명해 보인다. 이 혹독한 겨울을 어떻게 건너야 할까? 혹시 겨울이 아닌 빙하기에 접어든 것은 아닐까? 우리는 어떻게든 이 겨울을 건너야 한다. 그래야만 한다. 기계가 될 수 없기 때문이다. 가끔 "한래서왕寒來暑往 추수동장秋收冬藏"이란 말을 떠올린다. 겨울이 오면 곡식과 씨앗을 잘 갈무리해 두라는 지혜가 담겨 있기 때문이다. 봄을 기다리며 문학을 온실에서 가꾸는 방법도 있을 것이다. 하지만 이는 독자를 그다지 배려하지 않는 방법이다. 이보다는 그래도 독자와 소통 가능성이 열려 있는 산문에 보관하는 방법이 더 낫지 않을까? 시산문의 전범을 보인 선생님의 수필이 갖는 진정한 의의는 여기에 있다고 생각한다.

수련과 같은 수생식물은 대체로 통기조직이 잘 발달해 있다. 북아메리카 원주민 출신 생태학자 로빈 월 키머러가 밝힌 바에 의하면, 수련은 잎들과 뿌리줄기가 하나의 긴 숨으로 연결되어 있다고 한다. 특히 새잎과 오래된 잎의 관계가 흥미로웠다. 새잎에서 빨아들인 공기가, 가장자리가 해져서 생겨난 오래된 잎의 틈으로 빠져나가기 때문이다. 이 과정에서 자연스레 뿌리줄기에 산소가 공급된다. 그렇게 새잎의 들숨이 오래된 잎의 호혜적 날숨을 부르며 근원인 뿌리를 살찌운다. 문학의 뿌리를 살찌우는 방법도 이와 다르지 않다고 생각한다. 나를 비롯한 많은 후학이 선생님의 날숨에 기대어 푸르게 피어나길 기대해 본다.

우리 아빠의 뒷모습

손 지 안 일현 선생의 장녀

설이다 추석이다 하는 명절이 끝나서 학교에 가면 교실이 늘 시끌시끌했다. 시골 큰집에 갔다 왔느니 차례를 지냈느니, 숙부니 당숙이니 하는 단어들이 이리저리 무슨 공처럼 튀어 다녔다. 사실 이런 말들은 우리들에게 생소했다. 다녀올 큰집이 없고 불러야 할 숙부도 당숙도 없었다.

우리에게 고모 한 분이 계셨다. 고모는 가까운 길음동인가 하는 곳에 살았다. 오실 때마다 늘 과자 아니면 우리들이 좋아하는 미제 핀 같은 걸 사다 주시곤 했다.

아무튼 학교 애들은 그렇게 일 년에 두어 번씩 내가 모르는 곳에 다녀왔고, 내가 모르는 사람들을 만났고, 내가 모르는 단어들을 주고받다가 그것들을 가져다 교실에다 풀어놓곤 했다. 그들이 부럽기도 하고 또 낯설기도 했다.

우리 아빠는 열한 살에 어머니를 잃었다. 그리고 열다섯에 월남하셨다. 큰고모와 둘이서 1950년 12월 흥남철수 때 피란민 수송선을 탔다. 봄이 되면 다시 돌아갈 참이었다. 그러나 봄이 70번 넘게 지났는데도 돌아가지 못하고 있다. 첫눈이 쏟아지는 날 우물가에서 세 살 난 손자를 안고 떠나는 막내를 보고 서 계시던 아빠의 아버지. 그것이 아빠가 할아버지를 본 마지막이 되었다.

그래서 우리는 명절이 없었다. 남들처럼 추석에는 송편을 먹고 설에는 떡국을 먹었지만 경부선으로 오고가는 그 '민족 대이동 행렬'에 우리는 끼어들 수 없었다. 그렇다고 같이 주말 영화를 보는 것도 아니었다. 우리 집은 조용한 집이고 식사를 마치면 각자 방에 들어가는 집, 명절이라고 별로 다르지 않았다.

성북구 장위동에 살 때다. 그런데 어느 추석엔가 아빠가 우리 셋을 데리고 돌산에 갔다. 막내는 어려서 빠졌다. 돌산은 우리 집 뒷산이다. 돌산에 가기 전에 아빠는 네거리 가게에 들렀다. 우리에게 과자를 고르라고 했다. 두 살 터울인 내 여동생은 고구마깡 같은 단것을 골랐고, 나는 감자깡 같은 짠것을 골랐다. 다섯 살 터울인 남동생이 뭘 골랐는지는 기억에 없다. 하지만 아빠가 샀던 것은 기억한다. 소주 한 병과 종이컵이었다.

우리는 배가 불룩한 과자봉지를 앞뒤로 흔들면서 먼저 뛰어가고 아빠는 천천히 뒤따라왔다. 돌산에 도착한 우리는 과자봉지를 던져두고 잠자리를 잡는다, 꽃을 꺾는다, 이리 뛰고 저리 뛰어다니며 놀았다.

그렇게 놀다가 갑자기 아빠 생각이 났다. 나는 아빠를 찾아다녔다. 아빠는 산 끝자락 바위에 앉아 있었다. 그런데 그건 우리 아빠가 아니었다. 여덟 살 남자 아이였다, 뭔가 소중한 것을 잃어버린 남자애의 뒷모습. 아빠는 어딘가를 보고 있었다. 보고 있는 곳은 땅도 아니고 하늘도 아니고 그 중간 어디쯤, 아니 아주 멀리 떨어진 곳인 것 같았다. 나는 아빠를 부를 수가 없었다.

내가 철이 들고서야 아빠가 그때 보고 있던 곳이 어딘지 알았다. 아빠가 가장 행복했던 시절, 아빠의 엄마가 살아 있고 엄마를 따라 약초를 캐러 가던, 그리고 형님과 누나와 함께 살던 그 마을, 시집가는 누나와 이별하던 그 마을 그 시간을 보고 있었던 것이다. 아빠는 지금도 모른다. 그때 내가 아빠를 보고 있었다는 사실을.

하지만 요즘 그런 아빠를 나만 본 것이 아니라는 것을 알게 되었다. 이제 쉰이 된 막내여동생이 어릴 때 자주 꿈을 꿨는데 꿈속에서 아빠가 서재에 걸려 있는 산수화 속으로 들어가 버리기도 하고, 또 어느 날은 배를 타고 바다로 가 버렸다고 했다.

그러나 아빠는 아무 데도 가지 않았다. 어려서 병치레가 잦은 우리가 어찌 될까 봐 늘 노심초사하셨다. 가끔은 야단도 치고 또 가끔은 회초리도 들었지만 우리에게 아름다운 추억을 만들어 주려고 애쓰시는 아버지였다.

가을이면 마당에서 낙엽을 태워 고구마를 구워 주고, 또 〈메리 포핀스〉 같은 어린이 영화가 들어오면 빠짐없이 보여 주려고 하셨다. 어쩌다 우리가 한자리에 모이면 지금도 그때 이야기를 하며 어린 시절로 돌아가곤 한다. 그리고 넉넉지 못한 형편에도 우리가 대학원까지 마칠 수 있었던 것도 아빠의 그런 마음에서 가능했던 것이라 생각된다.

이제 모든 짐을 부려 놓았으니 쉬셔도 될 터이다. 한데 아빠는 그럴 마음이 없으신 것 같다. 미루어 두었던 당신 꿈을 펴기 위해 얼마 남지 않은 시간마저 모두 바치고 계시다. 그런 아빠를 보고 있으면 자랑스럽다. 또 행복해 보여서 마음 놓인다.

하지만 나는 안다. 아빠는 아마 지금도 가끔 혼자 있을 때면 땅도 아니고 하늘도 아닌, 그러니까 그 중간 어딘가 멀리 고향과 엄마와 그리운 것들과 헤어진 그때 그곳을 보고 있을지도 모른다는 것을.

바. 외국어로 번역된 선생의 작품

일본어

三十一本目の薔薇　사사 히로코 佐々紘子 사이버한국외국어대 교수

この貧しい十一月を　고정애 시인・일어번역가

海

二人の友人

薪割り

美しい音

水牛の文鎮

二番目の三十才

영어

Fixing the Roof　이보경 Lee, Bokyung 번역가

Chopping wood

중국어

劈柴　尹盼盼

三十一本目の薔薇

사사 히로코 佐々紘子 사이버한국외국어대 교수

南大門の花市場に到着したのは四時を少し回った頃だった。三時になると店じまいをするということは知ってはいたものの、結局こんな時間になってしまった。

予想していた通り、ほとんどの花屋は閉まっていた。買えるような懐具合でもないくせに、宝石店の前でうろついて無駄に時間をつぶしてしまったのがいけなかった。まだ灯りのついている店は五、六軒。不幸中の幸いであった。妻の好きな黄色い薔薇を買うつもりだった。しかし売り切れだった。かわりに桃色の薔薇を買うことにした。

十本入りの一束は、四千ウォンだった。私が買うのは三十本と一本だから、三束買って一本おまけしてもらえば、計算が合う。財布を出しながら、花屋の主人にこう言った。

「すみません、三束ください。」

花屋の主人は、花を包んでいた。きっと一、二本ぐらいはサービスしてくれるだろう。

しかし、三束を包み終わった後も、サービスをしてくれる気配はない。

「あのう、サービスはないんですか。」

自分にできる一番柔らかい口調でこう言ってみた。すると花屋の主人は何の感情もこもっていない声でこう答えた。

「ありません。」

初めは何かの冗談かと思った。三十本も買うのにおまけもくれないだなんて…。少し相手の出方を待ってみた。しかし何の反応もなかった。私はもう一度尋ねた。

「三十本も買ったのに、サービスはないんですか。」

私は「三十本」という部分を少し強調した。しかし答えは同じだった。それはできないということだった。気分良く一本おまけしてもらいたかったが、だめだというのだから仕方がない。私は千ウォン札を差し出した。

「もう一本追加してください。」

どう考えてもつっけんどんな言い方だった。あまりの人情味のなさに、そんな言い方をしてしまった。しかし今回も同じ答えが帰って来た。

「一本ではお売りできません。」

「お金を支払うと言ってるのに、駄目なんですか。」

「はい。」

あきれてものが言えなかった。お金を支払ったのに売ってくれないだなんて…。理由を聞いてみた。答えは簡単だった。一束十本の束から一本を抜いてしまうと残りが九本となってしまい一束ではなくなるので、他の客に売れなくなってしまうからということだった。どうしても必要なら、もう一束買えばいいのではないかという話だった。

どういう話か理解はしたものの、私に必要なのは、三十本の薔薇でもなく、四十本の薔薇でもなかった。どうしても三十一本でなければならなかった。だからといって一本のために一束を買うというのも気乗りしないが、もし買ったとしても残りの九本をどう処分するのかというのが問題だった。誰かにあげるわけにもいかなかった。新鮮な花を買いにわざわざ遠くからやってきたところまでは良かったが、ここが問屋であるという事実をすっかり忘れていた私が悪かった。私はしばし、まごまごとしていた。

その時だった。後ろから女性の声が聞こえて来た。

「あのう､私が一束買いますから、この方に私の花束から一本あげてください。その一本に何か深い意味があるようだから。」

後ろを振り返るとバーバリーのユートを着た中年女性が微笑んでいた。花屋の主人と私の一本の花をめぐる騒動の一部始終を見ていたようだった。思いがけない提案だったので、しばし呆然としてしまった。花屋の主人が薔薇を一本抜いて私の花束に入れた。

やっと我に返り、お礼を言った。やや恥ずかしくもあったが、ありがたくもあった。そんなどちらつかずの気分だった。だからといってただもらうというのも気が引けたので、さっき取り出した千ウォン札をためらいながらも彼女に手渡した。彼女が受け取るわけはなかった。彼女はこう続けた。

「妹が花屋をやっているんです。今日は忙しいから私が代わりに来たんですけど…。」

そうですかと私はうなずいた。すると彼女が話を続けた。

「どなたか大切な方のお誕生日なんですか。三十一歳の。」

「あ、ええ。実は…。」

やや恥ずかしかったが、私はその日が私達夫婦の三十一回目の結婚記念日ということを打ち明けざるをえなくなった。

彼女は軽くうなづきながら、笑った。そして一本足りない薔薇の花束を受け取ると、次の店へと向かっていった。

もしかしたらあの薔薇は彼女が探していた色でも、彼女が買おうとしていた品種でもないかもしれない。

バスに乗って家に帰ってくる間中、胸がドキドキしていた。なんだかよく分からない香りをかいだようなそんな気分だった。

妻に花束を渡した。妻は淡々とした表情でそれを受け取った。私達はここ数日間、冷戦中であった。しかし私が三十一本目の薔薇について話したところ、薔薇を花瓶に生けていた妻の顔に笑顔が広がった。数日ぶりにみる妻の笑顔だった。

今や、その三十一番目の薔薇も、他の薔薇とともにしおれてしまった。しかしあの輝いていた一本の薔薇は、私達の記憶の中で、しおれることなしに末永く咲きつづけることだろう。

この貧しい十一月を

고 정 애 시인・일어번역가

十一月は秋ではない。しかし冬でもない。十一月は晩秋と初冬とが出会うその辺りだ。立冬と小雪が入っているが、それはカレンダー上での節気に外ならない。降る雨がたまには雪になったり、雪がまた雨に変わる月、みぞれの月、黄色いアブラギクや紫のヨメナ、そしてイワギクの花々も十一月には全く色を失う。

シギとガンとユクマルガラスのような渡り鳥たちが、飛んで来てはまた飛び行く季節。緑が褪せてしまった薮で小さな実が最後の日差しを楽しんでいる時、鳥たちは高く飛んで遠くへ発って行く。

発って行くのがどうして渡り鳥たちだけであろうか。十一月になれば心が先ず道を発つ。何かを失ったようでチケットを買い、誰かが待っているようで夜行列車に身を載せる。とある駅の自動販売機から求めた一杯のユーヒーが与えてくれる温もり、プラットホームに立っている異国の女の寂しげな後ろ姿、鉄路の上に吹く風、驛舎の傍に長く並ぶイボタノキの低めな沈黙。

十一月にはすべてが黙る。虫の音や木の葉が黙り、人々が黙る。それとなくズボンのポケットに手を突っ込んだまま首を竦めてどこへか急ぎ足を運ぶ。監視の目を避けるように固く閉じた窓には厚いカーテンが垂れ下がる。童話の中に出てくる巨人の足音さながら、大股で冬が詰め寄ってくるだろう。

今は出で発つ用意をすべきだ。夏の間に見境いもなく並べ立てた虚ろな約束は丸ごと落ち葉と一緒に振り払い、感情の見せかけも一つずつ剥がして、憐れみや未練のようなのさえ静かに振り落としながら少しずつ軽くなるのだ。十一月がくればシャゼンソウやエノコログサそしてアカザのようなものたちさえ捨てることを知る。種をはたいて夏の間やたらに肥った幹なども風葬のように風に任せる。

夕陽を背にして立つ白いススキの軽い身ぶりのように、雲が軽くなってその上を飛ぶ渡り鳥の羽毛が軽くなり、それから私たちさえ軽くなる。

十一月がくると毛糸で編んだ襟巻をして霧が立ち籠める川辺に行きたい。真っ先に飛んで来たシギと、首筋が青いマガモや黄色い嘴をしたカモメや、冠羽が素晴らしいタゲリたちに出会いたい。

葦原の上に吹く風にうなずきながら、遥か遠ざかって行く遠山にもやはりうなずいて、帰り道に仄かな火灯すとある居酒屋に座して、一杯のお酒で冷めかかる胸を暖めたい。

取り入れが終った空き野原、ロバート オーウェルの憂愁が漂う目色のような空、少しはやつれているが、もの悲しくは見えないこの貧しい十一月を私は愛する。それから年が終わるまではまだ一ヶ月という時間が残っているという事実に対して感謝する。僅か残った貯金通帳の残高のように私はこの最後のゆとりを惜しみたい。

十二月はいつも悔やみながら送ってきた。振り返れば成したのは何もないまま、時間は既にあそこ辺りで尾を隠していた。正月と二月は酷く寒かった。三月はいつもうら寂しい風。四月と五月は年中で最も美しい月であり期待と希望の月であるが、私にはいつも不安な月だった。四·一九と五·一八が入っている月。私の母が亡くなった月。四月と五月は花を咲かしてはまた散らしもした。

十一月は私が好むバーバリを羽織れる月であり、初雪を踏める月であり、お酒とタバコとそしてコーヒーが本来の味を出す月だ。

何より十一月はひとりで旅行するのに尤もな月だ。夜明けの四時半に鞄一つだけでこっそり家を抜け出ては揺れる汽車に体を載せる。車窓にくり広げられる空き野原。深い思いに耽る山脈を背景に、列をなして立っているやつれた落葉松の林。幾つか褐色の毛糸玉のようなカササギの巣と、遥か高い枝先に坐っている黒い鳥がある景色。この景色の中で私は空腹のような安らぎを覚える。

欠乏の中で感じる充満感、勝利ではなくて敗北の後にくる安心感のような。見知らぬ都市の町を歩いている時にくる、柔らかな憂愁と物寂しい解放感、十一月にはいつもそんな諦めの影と、知ることができない未来に対する予感の不思議な光が漂う。

十一月はとうに流れ去ったことに対して悔やむには、あまりに多い時間が過ぎたことを知らしめて、新しい未来を設計するには残った日が僅かしかないことを悟らしてくれる。

しかし寝付くにはまだ早い時間。身軽く出で発つすべてのものたちに目礼を送って仄暗い部屋に火を灯す。それから静かに待つ。空腹のように安らかな十一月の最後の夜を。

海

海は色に染まらない。海は固まりもせず風化することもない。電信柱を立たせず鉄路を通過させず、木が根を張るように放って置きもしない。懐に阿古屋貝を抱いたり食人鮫は育てても、マツバボタンの一輪さえその上では咲かせることがない。

刀で腰を刺さってもすぐに癒えるし、軍艦が通り過ぎてもその跡を残さない。海は何によっても傷つくことがない。人々が国境線を引くが地図の上であるだけだ。無敵艦隊を飲み込んでもげっぷさえしなかった。

如何なる支配も認めることがない海は、何ものかに対する自ずの君臨さえ望まない。彼はいつも低い所に留まって、すべてのことは平等な水平線上から出で発つことを望む。

海は記録を嘲りながら歴史を飲み込む。土地は英雄の記念碑で汚されたが、海はいまだそんなのによって汚されなかった。

漁夫たちは網を投げるが魚を渡してくれるだけで海はいつも網の外に立っている。

海は両手で固めても固まらず、切り出しても小さな一つの盃さえ作れない。それは何によっても縛られず、どういう形にも規定されたくない、自由な霊。手なずけられるのを拒む野性。すべてのものは始まりも終りもなくて単に一つの過程であることを言いたいのだ。

海はいつも寝返りを打ち、ため息をついて身悶える。上昇と墜落、勝利と敗北、欲望と挫折、その二つの間を日常の私たちのように繰り返す。夜ごとに悩むドストエフスキーの海。

海は自身を装わない。偽りと強がりで飾り立てることがなく仮面を使わず純粋を現わす。自身が一糸さえ纏わない裸であるようにその前では人たちもそうすることを望む。

私たちをじっとり濡らす粘っこい体臭、日影に輝く艶やかな肌、それからいつも揺れる豊満な胸元、一度も傷ついたことがなく、これからもまたそのような、あの官能の揺れがいつも私たちを誘う。

陸地が終る所から海は始まる。海はまた他の世界に向かう道であり可能性だ。記録されることを拒む太初のお言葉であり、顔を覆った宗教だ。彼の深くて青い瞳を覗いていれば、我らは我らの涙がどんなに小さくてみすぼらしいのかを悟る。

もう行く場所がない人たちが、もう生きる心を無くした人々が尋ねたり、わけもなく胸が重苦しい時に我らが尋ねる海。海は水の一飲みさえくれないけれど私たちの渇きを解いてくれる。私たちのやつれた肩を彼の柔らかな肩でくるみ抱く。

生に対する疑いの前では岩にぶつかる波で答え、愛に対する疑問の前では青々と痣ができた胸をかき分けて見せながらも、懐かしみの前では遥か水平線に退いて細く薄目を開ける。

人より先に酔って人より先に覚める、哀しみの涙だけではなく、喜びの涙までを共にした彼は、すべての入り江や港や運河をいっぱいに満たして寧ろ溢れる。時には猛獣のように吠え叫び、時には絶壁のような津波になって人々の労作を一挙に掃いてしまうが、それは悪意からというより人間が誇りとすることが、どんなに空虚であり、ましてどのくらい取るに足らないのであるかを覚醒させてくれるようだ。

たとえ海が人間の成したすべてのものを無くしてしまうとしても私たちは憤ることができない。海からすくい上げたその数多い全体に比べれば、私たちが失ったのは極く僅かな部分に過ぎないからだ。

深さも重さも計れない一つの水玉でありながら、すべての水玉である海。たまには幼い子供の小さな手によって軽く持ち上げられもする、夢と幻想を共にする童心の海。しかし賢しい馬鹿たちはそれを知らない。

八才の時、私が見た最初の海は一つの驚きだった。二十になった時の海はいつしかいつも一緒に過ごして居たい渇望の対象になっていた。今は老年の峠で私はさらに私の海を見る。海は彼の若さで私の年を消して、彼の大きな涙の中に私の小さな涙を受け入れる。そしてついに海は彼の懐に私の存在さえ黙々と抱き包んでくれる。

二人の友人

僕は運転が不熟だ。無事故の免許証を持っているが運転が上手だからではない。側で、或いは前後で車を駆る人々の上手な運転と鷹揚な配慮のおかげだ。そうでなければ無事であるはずがない。

運転だけだろうか。世間を生きるのに僕はいつも不熟だ。要領が悪くて社会性も足りない。

危機に対する瞬発も劣る。仕事を引き受けると先ず怖じ気付いて右往左往しながら仕損じる。そんな僕が今日までかれこれ転がってこられたのは、前後から僕を導いたり後押しをしてくれた友だちのお蔭ではないかと思う。

とある人は兄弟と呼び合う友人が三千だそうだが、僕のような人には考えられないことだ。わずか幾人かの友人と交わりながら暮らすのが精一杯だ。その中でも李寧揆イヨンギュくんと權五滿クォンオマンくんを知るようになったことは僕の生涯に於いてとても幸運だと言える。その二人が傍にいなかったとすれば、おおいに淋びしくほんとに苦労したことだろう。

今年で李くんとは三十年、權くんとは五十年目を付き合ってきた。さりとて僕たちの友情を誇張するつもりはない。僕たちはただ平凡な小市民だから。ただ今にも三人の内のだれかが声を掛けると一時間以内に駆け付ける準備ができているということと、一週間ほど間遠になるとこちら側かそれともあちらから確かに電話を掛け合うという間柄だ。

半世紀を共にしながら争ったことがないと言えばそれは嘘だろう。僕たちもたまに争う。収支打算の故ではない。文学に対する見解の違いか、でなければ酒代だ。ひどくは顔を赤らめこぶしを握って一寸も譲らずに激論をくりひろげる。側から見ていれば、「あのひとたち事を起こすね」と気遣うくらいだ。そうだとして絶交を口にしたことは一度もない。酒代を支払う時もそうだ。お互いに支払えと争うのではない。その反対だ。それで失笑を禁じ得ない時もある。トイレに行くと言ってこっそり帳場に寄ってくるのはふつうであり、入る時に前もっておかみにお金を任せてしまいもする。

李君は馬山の生れだ。縮れ髪に背丈は僕より一指尺ほどは高くて肌が白い。目は子供のようだし、キリンに相応しい人物だ。けれども彼の「柔らかな信念」に突き当てられると、キリンではなくてサイだという方がずっと似合いそうな時もある。小学校の時代から書いてきた日記を七十になった今も記し続けているから。胸中では文学に対する熱情がマグマのように滾らせている。酒席でひっそり坐わって話に耳を傾けていながら文学の話題が始まると俄かに勢い立つ。

いつかは三人で平倉洞にある北岳ホテルに泊まることがあった。雪が降る日だった。こんな時には夜を徹して文学の話をしたいという彼に、二人が気軽に同調したのだ。

それぞれ家人に外泊の旨を伝えた。連絡を受けた權くんの夫人の一言は「笑わせますよね。」

もっともな言葉ではないか。恋人でもなく、ますらお三人、もっぱら文学を論じようとホテルに泊まるなんて。けれどもその時の僕たちはその「ふるまい」が決しておかしく思えなかった。いや、当たり前だった。その日の夜、僕たちはお酒でのどを潤しながら韓国の現代文学史はもちろん、世界文学史まで幾度も書き変えた。どの作家を殺して、どんな作家をよみがえらせたのか記憶がない。夜明けにようやく眠り付いてから、外へ出て見ると夜もすがら降った雪が一尺ほど積っていた。

たまたま安否を問う電話をかけているうちに、文学の話に火花が飛び散れば事態は手の付けようもない方向に駆けて行く。一時間も二時間も受話器を放さない。ある日そんな彼を見て權くんの夫人が言ったそうだ。

「孫先生はあなたの唯一の恋人ですね。」

五十年近く小説を書いてきたがいまだ一篇も発表しなかった。一度は読ませてくれるように請うて見たが効き目がなかった。自分の死後に役に立つのがあれば出版するが、そうでなければ焼いてしまうようにと息子に言い置いたとして揺るぎがない。間違いなくサイである。

彼はいつも本質的なことに専念する。たまにわき目を振る僕が不満な時が多い。そんな時ごとに一言を投げかける。

「ぜひ非本質的なことに振り回されぬように。」

車線とか信号を違反すると忽ち現れては車を側に引っ張り出す。そうだ。彼は僕の人生行路を受け持って立ち続ける交通警察であるらしい。

權くんはソウルっ子だ。昔ハリウッド劇場の入り口に鐘路チョンノ図書館があった。

一九五七年に僕たちはそこで初めて出会った。

入学試験が終ったが今は亡き鄭奭鐘チョンソクチョンくんと僕は別に行く所がなかった。それでその間に読みたかった小説でも読むはずだったが、開館の時間を遅らせるせいに、壁に寄り掛かって日向ぼっこをしていた。その時、ある学生が僕たちと少し離れた所でやはり日向ぼっこをしているのだった。褐色に染めた米軍ジャンパーにすらりとした背丈、肌色は白かったし度数の高いめがねをかけていた。彼の初印象はまさにゾウだった。ただのゾウではなくて白いゾウだった。彼もやはり入試が終ったのに行く所が別にないらしかった。僕は彼がどの大学を志願したのか知りたかった。たぶん僕が話しかけたことだろう。なぜなら僕の方は二人でありそちらはひとりだったから。

「君、どちらを受けたの?」

「S大学校。」

「何の大学?」

「師範大学。」

「何の学科?」

「国語科。」

「あ!」

僕たちは同時に同じ感歎詞を言い放った。同じ大学校、同じ大学、同じ学科を受験したのだ。擦れ違う縁であると思ったが競争の相手だなんて。同じ木に凭れて休んでいたが振り返ると敵であるならそんな気持ちだったろうか。その時の僕たちは名前すら聞かずに別れた。敵だったからだろうか。いやそうでない。七対一の競争率で生き残る自信がなかったからだ。

ついに発表の日がきたし、僕は運良く受かった。

入学式が終って受講を申し込もうと講義室に集まった。ところが僕の前で申請書を書いている人はまさにその「ゾウ」だった。知人がいなかった僕たちはすぐに親しくなった。わずか一度しか出会ったことが無かったにしろ、逢っていたその事実がそのように強い瞬間接着剤として働くとは知らなかった。

その時から權くんは僕の後見人になった。最初に家庭教師の仕事を取り持ってくれた人も彼だった。どうやら入学の費用は工面できたが、次の授業料が漠然としていたのでありがたい極みだった。

卒業の後、僕たちは教職に携わった。同じくソウルだったが僕が勤めた学校では待遇がよくなかった。ある日の夕方、彼がひょっこりと現れた。そしていきなり自分の勤める学校に連れて行った。ボーナスが三倍を越した。彼が居なかったら不当な待遇を甘受しながら居座っていたであろう。僕は僕の体一つを動かす融通さえきかなかった。

後見人としての彼の役割がそれで終ったのではない。僕が文を書き始める時、彼は僕の初の読者になってくれた。そのいきさつを当時〈朝鮮日報〉編集副局長だった朱燉植チュトンシクくんに伝えて、その新聞にユラムを載せるようにしてくれた人も彼だった。それからそのユラムの中の数篇が乙酉文化社の高廷基ユチョンギ常務の目に適ってその出版社と縁を結ぶことになった。今まで十冊に近い本をそこから出すことができたのも、すべてが權くんのお蔭だと言えよう。

若かった頃たまに僕は僕の愚かな行動に対して悔やんだり悩む時があった。そんな時に彼は決まってこのように慰めてくれるのだった。

「君が間違ったとしても高の知れたことだろ。」

その心遣いに僕は失っていた気力を取り戻した。

定年退職の後、僕は江原道の山奥に籠もるつもりだった。畑の一区画を買って石ころでも拾い出しながら余命を終えることにしていた。ちょうど陳富面水項里に背山臨水の手頃な敷地が見つかった。けれどもひとりが行って住むにはやや辺鄙な所だから一緒に暮らす人が必要だった。彼を誘った。彼は麦と小麦を区別できない生粋のソウルっ子だ。そうでありながら気軽に僕の意見に従って石畑を買って分け合った。僕たちはいまだその楽園に行けないままでいる。

僕に施してくれた彼の世話を数えようとすれば限りがない。けれどあまりに長く並べ過ぎると返って照れそうだからこれぐらいにしておこう。

李くんと權くんは僕より年下だ。世間には年の幼い祖父はいても年下の兄はいないと聞いた。だが僕はこの二人の友人を「年下の兄」だと思い込んでいる。

七十年代の初めごろだと記憶する。僕たちは意気投合して冬休みの間に南海岸を一周することにした。先ず順天の松広寺に立ち寄ってから、麗水で刺し身を食べて、夜に閑麗水道を通り過ぎ、統営で一泊して、馬山にある李くんの実家に立ち寄ってから帰ってくる予定だった。ところが統営で思わぬ事件が突発した。

閑麗水道を通って統営に着いたのは夜明けの二時。宿に着いてわずかな眠りから起き上がり閑山島道立公園に向かった。行きながら道辺にあるサボテンがだらりと垂れているのが見えた。暖かな所であってもサボテンには寒いらしいと思いながら、朝の空気で固まった体をほぐした後、お互いに先になったり後になったり下りていた。

その時だった。先立って大股に行った権くんが急に悲鳴を上げた。僕たちは走り寄った。彼の指す所を見た。ゾウの耳のように延びたサボテンが平べったくひしげているのが見えた。細かなとげが密生したサボテンだった。視力が弱い權くんがサボテンを木の葉と間違ってその上に坐ったらしかった。

私たちは彼のズボンを下ろした。それからお尻をなるべく朝の日に向けて高くもたげるようにした。帯を解くと黎明の中で白い二つの尻べたが浮き上がった。可笑しかったが笑う場ではなかった。

李くんと僕はお尻を一つずつ受け持って爪でサボテンのとげを抜き始めた。とげが小さくてすっかり抜き出すのに時間がかかった。終ったと思って先立たせて下るうちに、ちくちく刺すと言えば捜索作業を繰り返した。何回も。明るい朝だったからよかったものの、さもなければソウルまで帰ってこられなかっただろう。

終生を共にした彼の夫人すら青天白日の下で夫のお尻を見たことはないと思う。僕たちはその時の記憶を大事にしている。まるで古い書画のように。たまたま話題に窮すると取り出しては鑑賞する。価値ある書画は時々風入れをすべきだ。大切な思い出もそうだ。僕たちのこんな衷情を知っているのか、人の良い権くんはその時ごとに穏やかなゾウのように体を揺らして一緒にからからと笑う。

友人とはこうなんだ。時には妻にさえ言えないことを打ち明け、見せたくないのを見せ合いながら生きて行くのだ。統営は權くんのお尻に因って、忘れられぬ思い出の場所として私たちの記憶の中に生きている。

生涯に於いて一人の良き友を得るのも大変だと聞く。ところが僕は最良の友である二人を得たのだから極上ではないか。たまに多くの前で誇りたい衝動に駆られるのは当たり前だ。けれど僕という人は生半で、僕の言葉がもしや鮑叔のような僕の友人に、累を及ぼしはしないかと今まで持ち越してきたわけだ。しかし今年は二人が共に古希を迎えたので、それを記念しようとこの文を綴っているのだ。照れくさがる二人の姿が見えるようだ。くれぐれも迷惑をかけること無きを願う。

薪割り

薪を割る仕事ほど男性的な労働もまれだと思う。力が要る点でそうだし危険が伴うという点でもそうだ。それで薪を割ることだけはいつも男たちの分であった。さりとて力だけでできる仕事でもない。

すばらしいユックは一ヵ月に一度刀を研ぎ、未熟なユックは一日に幾度も刀を研ぐ。道理を知って仕事をする人とそうでない人との違いだ。薪を割る仕事もそうだ。経験にいくらかの眼識と要領が要る。そうでなけば斧の刃を欠けさせてしまう。ひどくは自分の斧に自分の足が傷つきもする。

薪を割ろうとすれば先ず斧を見る目を備えるべきだ。斧だといって全く同じ斧ではない。厚さが薄くて刃が広いのがあれば逆に厚さが厚くて刃が狭いのがある。厚さが薄くて刃が広いのは木を切る時に便利なようになっている。山で木を切り倒す時、主にこんな斧を使う。西洋の斧と似ている。厚さが厚くて刃が狭いのは木を割る時に使う。刃が狭くて木の肌目を掘り込むのに有利だし、厚さが厚くてくさびの役割をするので木がよく割れる。おもちゃのように小さな斧もあるが、これは台所で火付け木を作る時に使う。形によって使い途が異なるというのだ。

木もそうだ。種類によって割りやすいのがあり、そうでないのもある。クヌギと落葉松は切るのは難しくても割るのが容易だ。タケのように割れる。マツの木は柔らかい方だから切るのも楽だが割るときもたやすい。クリとかナツメの木は手ごわい相対である。ナツメの砧棒という句があるほどだから。

木の乾きの状態も問題だ。たった今切り取った生木は柔かくて扱い易いが快よく割れる味がより少ないのが疵だ。生木だといっても凍ったのは楽だ。斧の刃を受けるやいなやひとりでにおどろいて割れてしまう。だが鉱山で使った坑木のようにしっとりと水を含んで表面が腐った木は種類に関係なく割るのに力が要る。表はスポンジのように柔かいが中は節目のように堅くて斧の刃を一度くわえると放さない。割れる時も痛快な味が少ない。できれば避ける方が賢明だ。

すでに腐ったのはそのまま腐るようにしろ。これが経験者が語る一番目のアドバイスだ。

今まで言ったことは作業に対して見通しをするのに少し役に立つほどでしかない。薪割りは今から始まる。

斧を側に立てておいて先ず台木から見るべきだ。台木は斧を保護するための添え木だからなるべく揺るがないように固定させるのが安全だ。言わば根元まで掘りだした切り株のようなのが持ってこいなのだ。

しかし台木がよく止まっているとしても、その上に木の切れを置き損なうと万事が無駄になってしまう。無駄な程度ではなく困り果てることになりかねない。斧が触れる瞬間、木の切れが側に体を避けながら脛を蹴るかも知らない。それとも弾いて飛び上がりながら手の甲を噛んだり額を打ち付けてしまったり、ひどくは鼻を潰してしまうこともある。

木を侮るな。木があなたを見下ろすかも知れぬ。経験者の二番目のアドバイスだ。

木の切れを置く時には肌理と形を窺う。どんなに小さな木だとしても根元は堅くて粘り強い。木の切れは太い方を自分の前に置く。木の種類に関係なく守るべき原則だと思う。そうしてこそよく割れる。マツの木のように節目が大きくて多い場合も同じだ。

世の中にはどんな力にも屈しない人がいる。木の場合もそうだ。木だといって全部が斧の前で跪くと思えば誤りだ。そんな場合には敢えて我を張る必要がない。得より失が多いと判ればいつでも有能な外交官のように、一歩退く知恵を出し切るべきだ。それとなく庭の一隅に押しておいてから植木鉢の台に使ったり、それとも腰を掛ける椅子に使えばこの上なく良いはずだ。

夏の夜、木の切れに腰を掛けてタバコを吸いながら星を仰ぐ場面を想像して見よう。煩わしい世渡りにこれぐらいのゆとりとロマンがどこにあろう。経験者の三番目のアドバイスだ。

すべてのことがそうであるように、要領さえ会得していれば薪割りもそんなに辛い労働でない。思うによっては楽しい運動になることもある。西洋人は薪割りの試合もする。わが国初の大統領、李承晩博士は日曜日に景武台の裏庭で薪を割った。それが彼の趣味でありスポーツだった。

ひどく体をすくめている木の切れに向かって立った時、その張り切った緊張感、二本の脚で支えて、二つの手は斧の柄を鷲掴む。そして暫く沈黙の瞬間が流れる。いま呼吸を整えながら徐々に斧を持ち上げる順番だ。この時斧の高さが頭の上に止むか、それともそれ以上まで行くかは、全く攻めるべき切れの嵩と強度に比例する。

しかし緊張し過ぎて肩に無理な力を与えてはならない。強張った肩では標的をろくに合わせられない。斧が一番高く上った時、柄を取った手から力を抜くのだ。言わば斧がしばし虚空に浮かんでいる気がするくらいに柄を持つ手を緩ませるべきだ。すばらしい剣客は刀を軽く持つと聞いた。刀は鳥と等しくしっかり取り過ぎると窒息し、あまりに緩く取れば飛び去る。斧もそうだ。

それから斧が木の切れに触れる瞬間、すべての力は一つのポイントに集中させることも忘れてはならない。多くの場合、凝集されなかった力は力だと言えない。経験者の四番目のアドバイスだ。

ついに落ちる斧の恐ろしい破壊力。頑強に堪えていた木の切れも一刀両断二つに割れる。鋭い破裂音は静まった回りの空気を激動させて雷が落ちるように空を分ける。何十年または何百年の間、樹木の中にかこまれていた忍苦の沈黙がついに驚愕する。征服者の喜びと言おうか。一言にして痛快だ。

その後について訪れるマツやにのあの新鮮な香り。この健康な男性的香りには享楽的な印象も官能的な刺激もない。それは生きている林の体臭であり、勝者に捧げる祝杯の香りだ。いや、それはある聖所から染み出る神秘的な香りだと言うのがもっと適切な表現だろう。

古代エジプトの寺院で朝な朝な松やにを焼いたという事実を思い出す。暫く過去に帰り祭官になった気持ちで斧の柄に寄りかかり、目を閉じたままその香りの勢いに体を任せるのも結構なことだ。日常からくるすべての対立と葛藤はそのやわらかな香りの中に溶かされて、私たちは始めて心の平穏を探し出すようになるのだ。

日差しに艶めく青銅色の肩、全世界を鷲掴みそうなかたい握りこぶし、それから上気した額に流れる玉の汗。この健康な汗が私たちの肉体を浄化させる。涙が私たちの心を浄化させるが如く。

私に健康な一日をくれ給え。
どういう帝王の光栄も一笑に付すだろう。

お金で解決できることまで己れの手で処理するには人生は極めて短い。しかし私は花を培う仕事と薪を割ることだけはお金で解決したくない。そんなことまで譲るには人生に与えられた喜びがそう多くないからだ。経験者である私の最後のアドバイスだ。

6·25韓國戰爭の直後、冬になれば私はほとんど、二時間ずつ毎日薪を割らねばならなかった。まだ石炭さえなかった時代だった。その間にトラック幾台の丸太が私の手により薪になって行き去ったかわからない。もう私の腕は去る日その力と弾力を失ってしまった。けれどもその時のその喜びと活気だけは相変わらずいまも生生しく覚えている。

ああ、薪を割りたい。

美しい音

音にも季節がある。どんな音も季節に適ってこそそれぞれの趣きを味わえる。またある音は近くで聞くべきであり、遠くから聞かねばならぬ音もある。ベールのようなのを透して、間接的に聞いてこそ良い音もある。そしてずっと前に私の傍から発ち去った友のように、物足りなく懐かしいそんな音もある。

爆竹とか滝や雷の音は真夏にふさわしい。酷暑の猛威を挫ける音はそう多くない。地軸を揺るがす太初の音響と、ぱっと浴びせる火薬の匂いだけが、無気力な私たちの心身に刺激を与える。カッコウやウグイスたちはいったいどこへ行ったのだろうか。猛暑の下では鳥たちも沈黙を通す。セミだけが負けじとばかり太陽の横暴に立ち向かうのだが、波のように押し寄せるその力強い勢いに酷暑もしばしたじろぐ。

昼間には横になって眠りを誘う。うとうとしている寝耳。ふと通り過ぎる一頻りの俄か雨。芭蕉の葉を打つ雨の音が心地好い。

夜には軽い身なりで水際を散歩する。月の映る水面は静かであるが、時折り魚が跳ね上がっては落ち込みながら聞かせる透明な音。その透明な響きが夜の静寂を通り過ぎて私たちの胸に軽い波紋を投げかける。生きているということはいつもこのように切実なのだろう。

揺らぐ陽炎の中に遥か飛翔するヒバリの鳴き声はいつも夢、愛、希望と等しい言葉で私たちの胸をときめかす。象牙色の鍵盤を走るピアノの音は、五月に咲くリンゴの花の香りの中に広がり、床屋のはさみの音はけだるい眠気に金属性の爽やかさを加える。こんな音は初夏の柔らかな大気の中でずっと美しい。

総じて聴覚は視覚より感性的だ。それで私たちの霊に訴える力が大きい。時には霊的で啓示的な力を持ちもする。香りがそうするように音は神秘の世界に登れる階段であり、私たちの霊を導いてくれるガイドになる。それほどに音と香りは宗教的だ。信者ではないながら聖歌が聞きたくて明洞聖堂を訪ねて、長いこと冷え切った硬い木いすに座っていたりした。読経の声音が聞き良くて僧籍に入りたい衝動を覚えた時もある。聖歌は私の心を昇華させ、読経は私の心を空にさせる。秋空のように空にさせる。

私はとくに人の声が好きだ。パヴァロッティの覇気満々な声が好きだし、ホイットニー ヒューストンの夕立のような声つきも良い。彼女はグラミー賞の授賞式でいっぺんに六個のトロフィーを抱えながら画面いっぱい笑っていた。しかし何より私はナナムスクリの声と、ケニージーのソプラノ サックスフォンの音が良い。哀愁が漂うそんな音を聞いていれば私は自分の年を忘れ、私の車が古くなったという事実さえ忘れて、若者のように雨の中を突っ走る時がある。

イヌの吠える声とニワトリの鳴き声は遠くから聞くべきだ。大笒と琴の音もそうである。影が映る障子越しに聞こえて来たり、それともそこらへんに離れた東屋から月光に乗って来る時が素晴らしい。ほどよい距離はベールのように神秘的な効果を醸し出す。そのような間接性、それでこそ底深く奥床しい味を感じさせるのが私たちの国楽だと思う。

音楽だけだろうか。絵もそうだし話し合いもそうだ。山水画を描く時は霧で山の輪郭の一部を濁すようにしながら秘境らしい効果を得る。同じく話かける指令的な言葉にしても婉曲な話し方を私たちはもっと好む。

鳥の声を聞く時もそうだ。すっかり目覚めている時よりまどろみながら聞く時が幸せだ。草の葉にはいまだ朝露が結ばれており、朝の日差しはちょうど広がる矢先だが、窓のすき間から聞こえて来る鳥たちの囀ずり。その清らかな声を聞きながら昨夜の悪夢に苛まれる人はそう多くないだろう。鳥の囀ずりから開かれる朝はいつも新しい希望の中に私たちをして目覚めさせる。

春が花や鳥の季節だとすれば、秋は落ち葉と虫の季節である。落ち葉の転がる音と虫の音は、いつも私たちに寝付けない長い夜と、がらんと空いた胸を提供する。

だれだったかな? 秋の宵には天の川からも虫の音が聞き取れると言っていた人は。

しかしこのすべての音を圧倒する一つの音がある。

空き間、窓外には夜雨が降って
どこからか山果の落ちる音

がらんと空いた山に落ちる果実のひとつがふと宇宙を揺らす。存在の根本まで響かせるこの実存的な質問を、千年の前に王維が聞いたし 今は私が聞いている。こんな音は空き間でひとり聞くべきだ。そうでなければ聞き澄ましても聞こえない。

冬は無彩色の季節。自然はすっかり白と黒の色に収まれる。けれども音はそうでない。冬には冬だけが聞かせる音がある。霰が枯れ葉に降るこそばゆい音と、初雪を踏んで近ずく女人の足音。こんな音はいつも私に向かってくるようだ。氷が「がちゃん」と割れる音や、地軸を揺るがす雪なだれの轟音と飢えた獣たちの吠える声。このすべての音は冬でなければ聞かれない。

雪の多い私の故郷では一抱えもある原木を載せた汽車が、咸京線の急な鉄路を上がれなくて夜もすがら上がっては滑り、上がってはまた滑り下りた。そんな日の夜はいつもその音を聞きながら眠りに付いたが、夢の中でも汽車は上がってから滑って、滑って、滑って… しかし早朝に目覚めて見ると汽車はどこへ行ったのか見当たらなかった。

音の中にはいつ聞いても喜ばしい音がある。台所から聞こえて来る俎板の音とまどろみながら聞くささやきがそうだ。瓶の栓を抜いて最初の杯につぐ時、銚子の音のように聞き良い音も珍しい。それは貧しい詩人にいつも「懇、懇、懇」と歌う。それから女人の裳裾が擦れる音や、引き戸がそっと開かれる音と私の名前を呼ぶ声、訪ねてくる人もいない下宿部屋で本を読んでいるうちに、こんなそら耳に驚いて振り向いた日も時々だった。

それから昔 私たちの近くにあったが今は消えて、ついに取り戻せない懐かしい音がある。きぬたの音、かじ屋のハンマーの音、夢多かった私たちにいつも「発てよ! 発てよ!」と叫んだ蒸気機関車の汽笛の音。かすれたその音がどんなに私たちの胸を騒がせたことか。それから色とりどりのテントや猿たちと、黄色い歯を剥き出して笑いながら、一輪自転車に乗った小人がいる曲馬団のラッパの音。我がおかっぱ頭の少女はまだ遥かに高い竿の上で逆立ちをしているのに、私の髪の毛はもう半ば白くなった。

霧立ち込める港の物寂しい宿の部屋で、侘しく聞いた憂愁に潤む霧笛の音、一群れのカラスたちが空き畑から飛び立つ時に 抜け出た無数の羽毛が揉み合う音、空の真中を悠悠と通り過ぎたガンの遥かな鳴き声。

今このすべての音が懐かしい。取り戻すことができない幼年の川水のように、私たちの傍を発ち去ってしまった 昔の友の親しい声のように懐かしいのだ。

水牛の文鎮

私の机の上には水牛の文鎮がある。青銅で作られたが、牛の下半身が見えない。川水に浸っているからであろう。こう見ると小さな島のようだし、ああ見れば茄子を割って俎板の上に臥せておいたようだ。

やや口を開けて頭を右側にねじり軽く持ち上げている。後についてくる仔牛を促しているのか。三日月のように曲がった、大きく長い二本の角は先が後ろに向かっている。

「あなたを攻める積りはないんです。」

まるでそう言っているようだ。はっきり言って韓国の牛ではない。中国の揚子江とか、メコン江の支流の周りに棲む水牛だ。

左側のお尻の上にS字型に載せた尾がひどく張り切っている。煩くまとわり付くハエの群れを痛めつけようとするのか、それとも体が濡れるのは仕方がないけれど、最後の自尊心だけは濡らさないという気持ちなのかも知れない。

水牛は中国の絵画に度々登場する素材であるが、背中に子供を乗せて川を渡る光景を描いたのが大半だ。この文鎮も明らかに中国で作られた。ところが一つ特異なのは、背に乗っているはずの子供がいないことだ。代わりに子供の持ち物だけはある。ひさしの広い麦藁帽子とその下に肩ひもが付いた鞄一つ。履き物は見えない。五十年代の私たちのようにそこの子供たちも素足で暮らすらしい。鞄は私たちの幼時に担いでいたのと似ている。もちろん革ではなくて木綿や麻布で作ったばかりの、それでキムチとか草の汁があちこち染み付いているようなそんな鞄だ。

帽子と鞄があるのを見れば近くのどこかに子供がいるはずだ。だが見えない。もしか川辺の砂場でほかの子供たちと相撲でもしているのか。それともヤナギの木に寄り掛かって草笛でも得意げに吹いているのか。しかしそんな可能性はほとんどないようだ。牛がひとりで川を渡るようにはしないだろうから。では子供はいったいどこに隠れたのだろう。

ありそうな所は一カ所、水中しかない。そうなら牛に乗っていた子供が川の中ほどに至ると水中にどぶんと跳び込んだというのか。すべての状況を考えてみるとそんな可能性が最も高い。敢えて急ぎ家に帰るべき理由がどこにあろう。天気は暑く気持ちは映えないのに、早く帰っても煩い走り使いを言いつかったり、それとも弟の世話をすることが目に見えるのに。

「サボっているんだよ。」

子供はこうつぶやきながら、今水中のどこかを心任せに潜り込んでいるに違いない。水に乱れた黒い髪、大きく見開いた目、小さな風船のように膨らんだ可愛い両頬。たぶん唇は貝のように固く噤んだまま泳いでいるだろう。まるで水族館を覗き見る時のように子供の姿がはっきりと見取れる。

わずか二種類の持ち物を見せてくれながら、私にこんな状況を想像させるなんて驚嘆に値する。もし子供を背中に座らせておいたとすればどうだっただろうか。私の想像力はその時も今のように自由になれるだろうか。おそらくそうではないだろう。視線というのはおおよそ見える物事に縛り付けられる。そしたら見えない世界までいかにして取り収められようか。

隠しているにもかかわらず、むしろ表現をし尽くした匠の絶妙な意図にただ絶句するばかりだ。まるで東洋美学の典型を見ていると言おうか。

山水画で山寺を描く時、きまじめにお寺の全体を描くばかはいない。道の終わる地点に一柱門だけ描いておいてしらを切る。あのこんもりとした林に寺がある。今は緑が生い茂って見えないだけだ。心を鎮めて静かに耳を傾けて見ろ。松風に乗って聞こえて来る読経の合間に清らかな風磬の音が聞こえてくるはずだ。このように言い張る。ところがこんな無理押しがまったく憎めない。つまらない説明を跳び越えるあの軽快な飛躍。爽やかだと言うより痛快だ。こんな飛躍は時おり私たちに正直な日常を軽く飛び超える快感を与える。

仁寺洞で初めて見た瞬間、奴は既に私のになっていた。いや。私は既に奴の所有になるのが予定されていたのであろう。

絵を描く時、私はこの文鎮で画仙紙を押さえておく。画仙紙の一角に置かれた水牛を見ていれば長い画仙紙がそのまま長江になって大きくうねる。灼熱する南国の陽差しの下で銀色に輝く水鱗を散らしながら、一頭の水牛が私に向かってゆっくり泳いでくるのだ。

絵が思い通りにならぬ時には暫く筆を休める。それから目を半ば閉じて奴を眺めたりする。そうしていれば、水中に潜っていた子供がもう我慢できないらしく、「ぷうぷう」と画仙紙を裂いてひょっこり私の前に突き上がるようだ。やや黒く日焼けした子供が息を弾ませながら吹きつける涼しい水しぶき!

ああ、こんな時、私の衣服はなす術がなくびっしょりと濡れてしまう。

二番目の三十才

人生はあらゆる年齢において生きるに値するという。二十は二十なりに、六十は六十なりに甲斐があるということだ。七十や八十は兎にも角にも、私の経験によれば六十までは間違いのない事実だ。けれども同じ家畜の肉といっても部位によって味が異なるし、四季の季節も人によって良し悪しがある。もしも子供たちが私に聞けば私はこう応えよう。

「人生の黄金期は三十才だ。」

とある人は青春を称えるけれど私の年十六は若過ぎる。どきどきする胸だけでいったい何ができようか。それは感歎詞一つでなった文章のように、感じだけあって主語がない。それに比べると二十は目覚ましい。胸は熱くて肌には生気が溢れる。「お酒がなくても酔う年」それが二十才だ。しかし病を患わないながら゜患う年がやはり二十才らしいと思う。この疾風怒濤の季節は不安と危険を伴う。文章に喩えると主語と叙述語だけがあって目的語がないと言える。

昔は十五才になると冠礼を行った。この頃は二十才を成年とする。しかし成人になるのに年二十はどうしても早過ぎる。理性と感性の調和を期待し難い。まして生に対する深い洞察まで可能であるはずがない。肉体的にはどうだか知らないが、ひとつの人格体としては含有量が足りないであろう。孔子やキリストのような聖人ですら、彼らの二十代は全く括弧の中に埋もれている。孔子自身が「立った」と言ったのは三十才になってからだ。キリストもそうだった。彼は三十に浸礼を受けてようやく福音を伝え始めた。

私が調べて見ると世界名作小説の大部分がその作家の三十代における成果だった。『狭い門』、『ペスト』、『戦争と平和』、それからジェイムズ·ジョイスの『ユリシーズ』が全くそうなのだ。

人生四十はどうだろうか。それは下り坂だ。実際に下腹が出て頭が禿げ上がり、腰痛を訴える上に老眼鏡を掛け始める年がまさに四十だ。言わば赤い火が点るというのだ。カサノバの精力さえも四十才からは翼が折れた鳥になって、手探りし始めたと自らが告白した。

私が自分の年に対して深刻になったのも三十九から四十の峠を越える頃だった。四十になるということがまるで崖の縁に立ったように恐ろしくて虚しかった。大みそかの夕方、私は友だちを伴って酒の席を設けた。明洞から始まり武橋洞を経て新村で終った。そうして正月の連休の間をしょっちゅう患ったが、それは二日酔いのせいだけではなかった。

「若さよ、君ついに立ち去るのだな。」

ドイツの詩人フィルドリンは三十に自分の青春とこのように別れた。彼はその後四十年を生き続けたが、精神の錯乱に因って誰をも意識できない生だった。彼は青春が終わったという事実が悲しかったし、私はやむなく生の絶頂から滑り下りることのほかには何も無いという事実が切なかった。とにかくその後、五十になり六十になっても四十になった時のようではなかった。

三十才はもちろん人生の春でもなく夏でもない。三十才ははっきり言って秋だ。さりとて落ち葉になって散る季節でもない。だから三十才は晩夏と初秋が出会って接するその辺りだ。緑色のリンゴがようやく赤らみ果肉は柔らかくなって、新鮮な味と果汁が甘くなり始める時期がまさしくこの時だ。

私が若しも恋愛をするなら私の相手はやはり二十才ではないだろう。いまだに実りもしていない果物が熟すのを待つくらい若くはないし、そうするほどの忍耐心も私にはない。女の年二十がみずみずしい5月の草花なら、三十才は実をたくさん付けた秋の木と言っても良かろう。もう男が恐ろしくない年。自身がリズムに合わせてステップを踏める年、それが女の三十才だ。「彼女の踊れる時代は終った」というのは決して三十才を指している語句ではないのだ。

ルーヴル博物館で見たミロのビーナスは確かに三十女の体つきをして私を待っていた。モナリザもそうだった。「恵み深い母性の具現像」というこの女人も明らかに三十才に違いなかった。円熟した人格の深さからでなければ、どこからあの神秘的な微笑を期すことができようか。ダビンチが現わそうとした女らしさに対して無言に共感しながら、私はしばしその前に立っていた。

ところが道教で称える「不老長生」とは何才の状態でそう長生きするという意味だろうか。神仙圖に描かれた老人の姿で。それとも若々しい二十代の若さで? そのどちらでもない。包朴子によればそれは三十才だと言った。彭祖という人は八百年を生き抜いたが彼はいつも三十代だったというのだ。

永遠な三十才。それは万人の希望だった。言い替えれば人生の黄金期こそ三十才だというのだ。神仙圖の年寄りは年を取ったというのを表すために表現しているだけであり、心身が彼らのように老いたという意味でない。そんな体や心で三千甲子を生き続くと想像して見よう。それは祝福というよりいっそ刑罰であるだろう。

私はたまに校誌編集部の学生からこんなアンケートを受ける時がある。

「先生の前に'青春の泉」があるとすればどうなさいますか」その時ごとに私は同じく答える。

「私はとてもしっかりすべきだと私自身に言い付けるだろう。あんまり飲み過ぎて子供になったら、私の孫と一緒におむつが要るそんな不祥事があり兼ねないから。さりとて二十才に戻って若い日の苦悩と彷徨を繰り返したくもない。多からず少なからず三十才になるほどだけ、ワインの杯を傾けるように極めて少しずつ飲むことだろう。」

近頃人生は六十からだと言う。ソフィア ローレンは彼女の六十番目の誕生日を迎えた感想を聞く記者に、「三番目の二十才を迎えるようになって誇らしい」と言った。よほど才気渙発な返事だ。彼女の黄金期は二十才だというのだ。もしその記者が間違って私にそんな質問を投げるとしたら、私ははっきりとこのように答えたことだろう。

「二番目の三十才を迎えるようになったことが誇らしい。」

三十はすべての成分をきちんと備えて完結された文章である。心に甘露が宿り、香りが奥ゆかしくなって時にはきれいに紅葉する年、ひっそり落ちる花びらにも、静かな波紋で応える湖の水面のような年、それが三十才なのだ。

三十才は高邁な哲学より 流行歌の歌辞が時には真理という事実にうなずく年だ。万人の希望であり仙人たちも失いたくなかったその永遠なる三十才。私は今二番目の三十才を生きている。

Fixing the Roof

이보경 Lee, Bokyung 번역가

Just as sickness calls more frequently upon a person as he grows older, an aging house is always in need of constant repair.

The wall develops a crack overnight, and the drains get clogged every month. Even though they may have been fixed just last fall, the ceilings become unattractively stained when the monsoon season comes, but this is an idiosyncratic trait of an old house.

There will always be a busy Sunday waiting for those who live in such dilapidated houses. They must unclog drains, fix furnaces, and go up onto the roof to replace cracked shingles. Granted, these are all menial tasks. Yet such negligible chores are not always performed as easily as said. Most of all, the task of going up onto the roof is an exceedingly precarious one. If done without prudence, it will be like awakening sleeping dogs and lead to thwarted frustration.

Both the weather and season must be taken into consideration before attempting to climb onto a roof, and the task must be accompanied with scrupulous care and equanimity. Those who weigh over 60 kilograms should not even think of tackling such a chore. Old cement tiles are far too flimsy to endure such weight.

Although it is common sense not to fix your roof during the monsoon season, it is no better to go up in the scorching heat of the dog days. Tiles which have absorbed a lot of humidity become so soggy that even a sharp glance may seem enough to break them, and heated tiles are like a huge sheet of molten metal, so hot that the heat exuding from them makes it hard even to draw a breath. Moreover, hot shingles will blur your vision so that it is not uncommon to become guilty of replacing a perfectly good tile.

Winter has setbacks of its own. Even if we disregard the cold, a frozen tile is likely to crumble like a dry biscuit. Therefore, I am of the opinion that the best time to fix a roof is right around "Cold Food" day, on a clear spring day.

In this season, even an old tile becomes strong, gaining resilience like a seasoned tree; moreover, a roof bathed in the spring sunshine is much warmer than the ground, which makes it agreeable to do some work. But you must be careful not to make haste. Searching out cracked tiles is a task that must be done at leisure.

You should take care to lower your posture at this time. A high stance on a roof is taboo. Just as it is true in everyday life, it is necessary to remember the words of the philosopher who said that the first time that we scrape our knees and scar our noses is not when we crawl humbly on all fours, but when we become covetous and decide that we want to walk on our own two feet.

Finally, you discover a cracked tile as you crawl along on all fours! You may feel the impulse to stomp on it heartily, if you recall that this is the very tile that stained the ceiling of your study last summer and made your heart heavy. But you will meet with calamity if you do so. You may end up breaking the good tile overlaying it.

It is said that the main girder will vibrate if you strike the beam, and just as this is true of all things in life, you must remember that even a negligible tile is not autonomous, but a part of a whole, interrelated structure.

If you look at it from a different perspective, you will realize that you have not climbed up onto the roof just to let go of your anger. After placating yourself, the first thing to do is to remove the broken tile with care. Next, take the spare tile that you have prepared and place it so that the corners fit just right. You must be careful at this time to refrain from using too much force if it doesn't fit right, and never hit upon it with a tool like a hammer.

You must also remember to keep from placing too much weight on one knee. This is because a good tile may scream out from under your knee when you least expect it. Isn't it true of the world in which we live that if you concentrate too much on one thing, you may meet with disaster from an unexpected source?

It is only natural to become easily tired from working on a steep roof in an ungainly position. At times like this, it is best to take a short break.

If you sit on a roof with your knees bent and gathered in front of you, it is only natural to think of a cigarette.

The taste of a cigarette smoked on the top of a roof is something special. The air is fresh, and the cigarette smoke flows gently in any direction, unrestrained. Your heart becomes likewise lackadaisical. The scene of the village beyond the cigarette smoke and shimmering air is beautiful to behold. The sundry roofs flowing over each other as far as your eyes can see.

Some are sharply inclined, but others are so gently sloped that they exude a feeling of comfort. A single–pointed Korean roof stands next to a doubled–pointed one, and a red tile roof stands congenially next to a blue slate roof, their shoulders touching like sisters. If you look upon a flat slab roof, you may be overcome with the desire to lie down and catch up on some lost sleep.

It is an unexplicable pleasure to look upon a freshly painted roof.

This is because it makes you feel as if there are children as pretty as dolls living with their youthful, healthy mother under that roof.

Even an old roof, its paint cracked to reveal its sandy texture, need not make one feel despondent. Such a roof is reminiscent of an aged ox, molting from having worked so hard, of an old father, whose back has grown crooked from not taking care of himself to take care of his family. The frail father, who protected and held his children close in case a fierce wind might blow upon them. He has always been a warm blanket, a sturdy roof….

Magnolias gracefully adorn some gardens, while in others, forsythias and azaleas blossom profusely. The sunshine splashes over the sauce pots clustered together on the outdoor stand, and the spring sunbeams rest for a while upon the lucid forehead of a woman hanging out the laundry.

Who is playing such a beautiful melody of spring?

Just like the movements of long, white fingers flowing over ivory piano keys, a soft melody flows out of the windows of a house and fills the air. At times like this, it is perfectly acceptable to forget that you are tone-deaf and hum a few notes.

Ah, beautiful spring! Here we stand, submersed in spring. No, we stand submersed in life.

It is forbidden to peep into the private lives of others on the pretext of fixing the roof. Imagine that someone is secretly spying on you from somewhere high, like a roof. Even though that someone may even be a supreme divinity, this is certainly not a pleasant situation in which to find yourself.

Once the tiles have been changed, you must not forget to check the drainpipe before coming down from the roof.

You may think of a roof as a place of quietude, but this is far from true. All sorts of things collect on a roof without our knowing it, and these things are pushed on by the wind and rainwater to collect in the drainpipe.

There will be a flattened ball, badminton cock-shuttles, and perhaps a toy arrow. It is easy for a toy which looks like a plastic weathervane in the shape of a helicopter propeller to get stuck in the drainpipe along with the fallen leaves of last autumn.

If you look upon these toys, you may find yourself returning to the childhood days of thirty, or perhaps more, years gone by. This used to be a time when you wanted to fly higher than a kite, when we were all as happy as princes and princesses in a beautiful fairy tale….

But, the time has come to forget all that. It is an arrow which has already left the bowstring, a dream that must be handed down to our precious children. Our role is to sweep away the traces of such discolored dreams, and to fix the roof from time to time so that the pure dreams of our children do not become stained with rainwater, to tuck them in under their blankets and apply ourselves to the task of safeguarding the joy that comes from looking into their clear faces.

Once the task of cleaning out the drainpipe has been completed, you must prepare yourself to come down. A precarious roof is not a place to stay for long. The main foundation of our lives must be on the flat and stable earth. Straighten your back and put some new strength into your trembling legs.

The warm April sunshine which bathed your back. The clear and lucid air that washes away the fatigue of a day. The waves of a bell resonating from a church bell tower makes you feel as if your body may fly away, like flower pollen.

Such a carefree feeling and relaxed sense of security. These may be the small recompense for the troubles incurred by living in an old house.

Your back is warm on the evenings when you have fixed the furnace, and on the days when you have unclogged the drainpipes, you feel as light as if you have lost a few needless pounds. On the nights after you have fixed the roof, you feel pleasantly refreshed. On nights such as these, even the sound of the rain trickling down the drainpipe is satisfying.

Chopping wood

There is something essentially masculine about wood chopping. The strength required and potential danger associated with the task gives such an impression. Wood chopping has always belonged to men. Strength alone doesn't do it, though.

An accomplished chef sharpens his knives once a month, while a novice sharpens his knives many times a day. That's the difference between a professional and an amateur. The same argument holds true for chopping wood. It requires experience and skill, without which, you can ruin the axe blade, to worse, you can hurt yourself.

First of all, you have to know your axe. All axes are not equal. There is a thin axe with a wide blade, and a thick one with a narrow blade. The thin one is good for chopping across tree trunks. The thick axe with a narrow blade is goon for spritting wood. The tiny ones thar there are different kinds of axes for different uses.

The same goer for wood. Some wood id easier to handle than others. Oak and larch are hard to chop but easy to split. They split apart readily like bamboo. Pinewood is soft, and it's easy to chop and to split. The chestnut and jujube trees are hard, and they present a challenge. The jujube tree is so hard that it is used for making bats.

Dryness of tne wood is an issue as well. Freshly cut wood id soft, but it doesn't split easily. If it's frozen, however, the fresh wood splits at the strike of the axe blade. Take a chunk of wood with rotting exterior. At first glance, it appears as though a single blow would crumple it to bits, but sometimes, its hard core grips the blade and doesn't let go. It's better to leave it alone. Let the rotting wood continue to rot. That's my advice to beginners.

Next, we move on to the actual wood splitting. Before you swing the axe, the first thing you must do is to make sure that you have a sturdy block underneath the piece of wood to protect th blade. Next, you have to secure toe piece of wood on the block so it doesn't get away from you. At times, a split piece of wood can hit your shin or jump up and slam into your face. You must respect the wood, otherwise, the wood can bring you harm. That's my second piece of advice.

Study th shape of the wood piece carefully when you place it on the block. Orient the thicker end of the wood towards you. Regardless of the size of the tree, the bottom always tends to harder and denser. This rule applies to all types of wood, even the pinewood with its thick core.

There are wood pieces that refuse to be split just as there are people who refuse to budge. It is a mistake to think that all wood gives in to the axe blade. When you run across a stubborn piece of wood, you shouldn't insist on splitting it. If you decide that the piece would cause more harm than good, you should exercise your wisdom like a wise diplomat and take a step backward. Set aside the stubborn piece and use it as a pedestal for a flowerpot or a chair to sir on. Imagine sitting on it on a starry summer night and enjoying a cigarette as you gaze at the stars. That's my third piece of advice.

Like all things in life, once you learn the skills, chopping wood is not that difficult. It can be a pleasant exercise. Some people even participate in wood-chopping contests. Syngman Rhee, the fist President of Korea chopped wood on Sundays; it was both a hobby and exercise for him.

With the piece of wood lying across the block, you stand over it, feeling tense. You steady yourself with your legs apart and grab the axe handle in silence. You take a deep breath and raise the axe. How high you raise the axe over your head depends on the size and the hardness of the wood piece.

You should relax your shoulders so you can accurately swing at the target. Also, you should loosen your grip on the axe handle at the apex of your swing and let the axe hover in the air a bit just before you strike down on the piece of the wood. A good swordsman is said to maintain a light grip on his sword. A sword is like a bird; if you hold it too tight, it suffocates, and if you hold it too lightly, it flies away. The same goes for the axe.

The moment the axe blade strikes the wood, you should remember that all the power must be concentrated at the point of the strike. Power out of focus is useless. That's my fourth piece of advice.

The once-solid wood splits in two under the blow, and the sharp sound reverberates through the still air. You feel great.

You smell the fresh resin that is hard to define. It is neither pleasant nor sensual. It is just the fragrance of the forest, a prize for the conqueror. Or, more accurately, it is a mysterious scent flowing out of some holy place.

You lean against the axe handle and imagine that you're a priest at an ancient Egyptian temple, where they used to burn pine resin every morning. All the confrontations and conflicts that come from everyday life melt away and yield to peace and tranquility.

Beads of sweat flow down your rejuvenated forehead as you flex your hand and shoulders. Healthy sweat purifies our body, just as tears purify our heart.

You recite a poem by Emerson :

Give me health and a day, and I will
make the Pomp of emperors ridiculous.

In life, there is not enough time to take care of all the minute details on our own. We buy what we need, but when it comes to gardening and making firewood, I'd rather do them myself. There aren't many chores as pleasant as these.

In my youth, during the days when we used to burn wood for heating, I spent winter months chopping wood, two hours every day. I couldn't begin to count how many truckloads of wood I had split all together.

Now, my arms are weak and weary, without the strength from my youth. All I have is my memory, clear as yesterday, from those happy days that were full of life.

Ah, how I long to chop wood.

劈柴(장작패기)

번역 尹盼盼

像劈柴这种比较男性化的劳动并不多，不论是从其费力的角度还是从其危险的程度来看都是这样。所以，只有砍柴这件事不管什么时候都是男人的事情，但这并不是说砍柴只要有力气就行了。

优秀的厨师一个月只需磨一次刀，手生的厨师一天要磨好几次刀。这就是明白了道理再做事的人与不明白道理就做事的人的差别。劈柴也一样，有了经验还需要一点判断能力和窍门，否则就会很容易弄坏刀刃，严重的话斧头还会砍伤自己的脚背。

想要砍柴，首先要会看斧头。斧头并不都是一样的，有背薄刃宽的斧头，相反也有背厚刃薄的斧头。背薄刃宽的斧头砍起树来很方便，在伐木场中伐木时主要就是用这种斧头，它与西方斧头很相似；背厚刃窄的斧头在劈柴时用，由于刃窄有利于钻进树木的纹理，背厚可以当楔子用，所以树很容易被劈开。此外，也有在厨房中用来引火用的像玩具一样的小斧头。就是说，斧头的形状不同，用途也不同。

树木也是如此，它有很多种类，有的劈起来容易，有的劈起来却很难。橡树和落叶松砍起来难但劈起来容易，一劈就像竹片一样就裂开了；松树比较软，砍起来容易，劈起来也容易；栗树和枣树都不太柔软，以至于有了枣木棍子的说法。

树的干燥程度也是个问题，刚砍下来的树较软，劈起来容易。但缺点是，劈柴时少了那份痛快的感觉。即使是生长着的树，先冰冻起来再劈的话也会容易些。刚碰到斧刃自己一害怕，就裂开了。但是，像矿山中使用的顶木那样吸收了很多水分，表面腐烂的树木，不管是什么树种，劈起来都会很费劲。外表虽然像海绵一样柔软，里面却像树疙瘩一样坚硬，一旦咬住斧刃就很难松开。即使木头劈开了，也

중화민국 천진시작가협회 기관지

会少几分爽快。如果不是不得不劈的话，避开这种树是明智的选择。已经腐烂的东西就随它去吧，这是过来人的第一个忠告。

到目前为止，我们所说的只不过会对增加劳动常识有一点帮助，现在开始说劈柴。

把斧头放在旁边，首先必须要看一下放木头的墩子。墩子是用来保护斧头的托座，尽可能不要让它移动，牢牢地把它固定住，比较安全。也就是说木头放到上面要像挖出树根的树坑一样合适。

即便是墩子固定得很好，上面的木块没有放好的话，此前所做的一切也都是零。有时虽到不了白忙活的程度，但也会弄得很狼狈。斧刃碰到木块的瞬间，木块向两旁迸溅，可能会迸到小腿上，或者弹起来碰到手背或者砸到脑门。严重的话，甚至把鼻子碰破。

不要小看树木。如果被树木小看是很可怕的一件事。这是过来人的第二个忠告。

在放木块的时候要好好看看它的纹理与形状。不管是多小的树木，它下面的根部是很牢固、结实的。要把木块粗的一头放在自己的面前，这跟树木的种类无关，是必须要遵守的原则，只有这样才会顺利地把木块劈开。像松树一样树疙瘩又大又多的情况也是这样做。

世界上有些人从不向任何势力屈服，树木也是这样。如果认为所有的树木都会在斧头面前下跪那就错了。在那种情况下不必要非得固执。如果判断得比失更多的话，必须永远像聪明的外交官一样退一步，发挥自己的聪明才智。悄悄地把它们堆放在院子的一边，然后当作花盆托架用或者当作坐椅用，是非常好的。让我们想象一下，在夏天的夜晚，坐在木块上，边抽烟边仰望星空的场景。在繁杂的世界中，到哪儿去找这样的悠闲与浪漫呢？这是过来人的第三个忠告。

像所有的事情一样，要是把握住了要领，劈柴也不是那么费力的劳动。根据每个人的想法，劈柴也许会变成一项愉快的劳动。在西方人们会举行劈柴比赛，这也是一种十分有趣的兴趣。

当站在一堆木块面前时会感到那种紧绷的紧张感。两条腿支撑着，用两只手紧紧握住斧柄，再沉默一小会儿。现在到了调整呼吸，慢慢举起斧头的时候了，此时斧头的高度是在头上面还是再往上去点，完全是和你要攻击的木块的体积和强度成比例的。

但是，过多的紧张就会使肩膀过于的用力，这是不可以的。僵硬的肩膀是不可能准确地对准目标的。斧头的高度到达最高时，紧握斧柄的手一定要减少用力。换句话说，就像斧头暂时浮在空中似的，握斧柄的手一定要松。据说出色的剑客握剑时很轻松，剑就像鸟一样，握得太紧就会窒息，太松就会飞掉。斧头也一样。

切记，斧刃碰木块的瞬间，所有的力量必须集中到那个切点上。在大部分情况下，没有凝聚起来的力气不能称为力量。这是过来人的第四个忠告。

最终落下来的斧头的破坏力是很可怕的。顽强支撑的木块被一斧分成两块。刺耳的分裂声使周围平静的空气变得激昂，像闪电划破天空。几十年或几百年间埋在树木心里的忍气吞声的沉默，终于爆发了。这可以被称为征服者的快乐吗？一句话，痛快。

紧接着是扑鼻的新鲜的松脂味。在这健康的男性香气中，没有享乐的影子，也没有官能的刺激。那是生长着的森林的气味，也是为胜利者祝酒的香气。不，或许说它是从某个神圣地方透出来的神秘香气更为确切。

我想起在古埃及的寺院中每天早晨都会燃烧松脂。让我们暂时回到过去，以一个祭官的心情，把身体的重量加在斧柄上，闭上眼睛，让身体被香气包围也不错。日常生活中所有的对立与矛盾都在那温和的香气中被冲淡了，我们方才找到心灵的安宁。

阳光下光溜溜的古铜色肩膀和那像是能把整个世界握起来的结实的拳头，还有涨红的额头上流的汗珠。健康的汗水使我们的肉体得到净化，就像眼泪能净化我们的心灵一样。

现在像爱默生一样大喊吧。

“如果给我健康的一天，对帝王的荣誉我也会付诸一笑。”

因为连用钱能解决的事情也要亲自去处理，所以人生变得太短了。但只有种花和劈柴我不想用钱去解决，因为连这些也让步的话，所赋予人生的快乐就不多了。这是过来人---我的最后一个忠告。

只要一到冬天，我几乎每天都劈两个小时的柴，那是在蜂窝煤普及之前的事了。不知道在那段时间有几卡车的原木在我的手下变成了柴火。

现在我的胳膊失去了往日的力气与弹力，但我仍清楚地记得那时的快乐与活力。

啊，我想劈柴。

사. 선생의 저서와 서평 기사

저서와 서평 기사

한 송이 수련 위에 부는 바람처럼

1992년 첫번째 수필집 1쇄

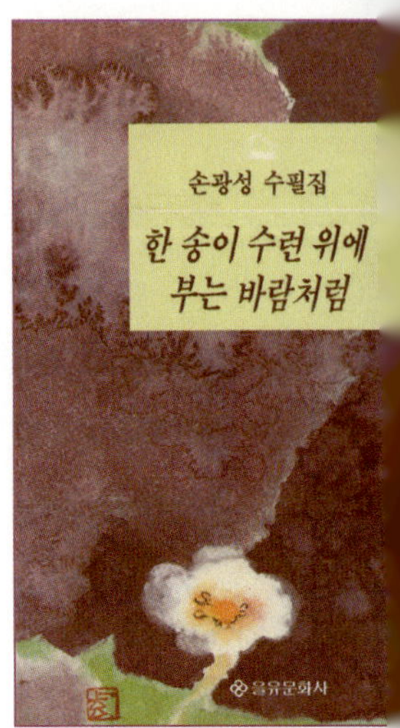

한 송이 수련 위에 부는 바

1992년 첫번째 수필집 2

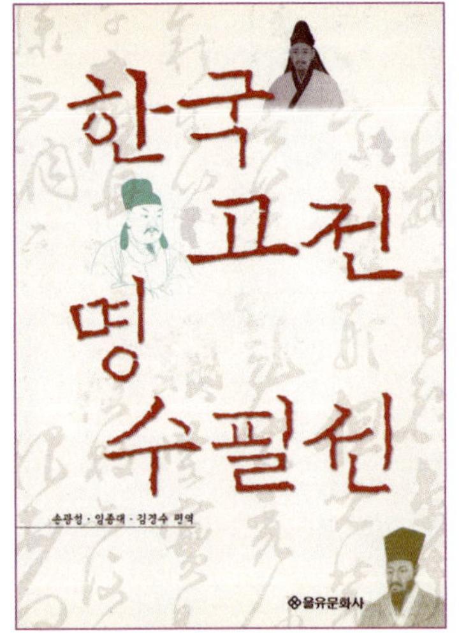

한국 고전 명수필선

1999년 한문고전수필 편역서 초판

조선

先人들의 풍류·교훈을 맛본다

■ '한국 고전 명수필선'

다른 모든 분야에서 그렇듯이 수필도 우리는 전통을 제대로 잇지 못하고 있다. 그러나 우리나라 옛 수필은 탄탄한 구성, 호흡의 장단, 간결한 표현, 주제의 통일성 등에서 현대 수필 보다 오히려 더 나은 점이 많다.

최근 나온 '한국고전명수필선' (손광성 등 편역, 을유문화사 펴냄)은 문채(文彩)가 빼어난 선인의 작품 82편을 모아 고전수필의 진수를 맛볼 수 있게 해준다.

설총, 최치원 등 신라 때의 것을 비롯해 이규보, 이수광, 박지원, 정약용, 허균, 김정희, 이황, 이이 등의 작품이 망라돼 있다. 작품들은 하나하나마다 선인들의 지혜와 풍류, 생활상 등을 재치있게 담아 학생은 물론 일반인들도 재미있게 볼 수 있다.

신라~조선시대 조상들의 '삶의 지혜' 소개

예컨대 조선 초기의 학자인 강희맹(姜希孟, 1444~1504)이 아들을 훈육하기 위해 지은 '훈자오설(訓子五說)' 에서 뽑은 '아비 도둑과 아들 도둑 이야기' 는 자만심에 대한 따끔한 경고가 돋보인다.

어느 도둑이 아들에게 도둑 기술을 전수하고 함께 '실습' 에 나선다. 그런데 아들의 도둑 기술이 워낙 특출해 여러 도둑들의 칭찬을 받고 자만심에 빠진다. 도둑의 아버지는 아들에게 "자만
고 여러차례 타일렀으나 아들이 듣지 않
잣집 곳간에 가두고는 혼자서 빠져 나오

강희맹은 '대대로 나라의 녹을 먹는
후손들은 인의(仁義)의 아름다움과 학
을 알지 못하고 자신이 입신 출세한 것만
상들의 업적을 하찮은 것으로 여기니,
아비 도둑을 우습게 여겨 자만하던 것과
르겠는가' 라고 설파한다.

총 7장으로 이뤄진 수필선은 주제별로
다.

설류(說類)에 해당하는 작품들을 모은
활의 예지' 를 시작으로 기류(記類)에 하
품들을 실어놓은 '한가로움과 풍류', 제
을 모은 '사랑과 고뇌, 그리고 소망' 등
9,000원.

작은 것들의 눈부신 이야기

2004년 화문집

문예진흥원 2005년도 우수도서

나도 꽃처럼 피어나고 싶다

2001년《나의 꽃 문화 산책》 개정판

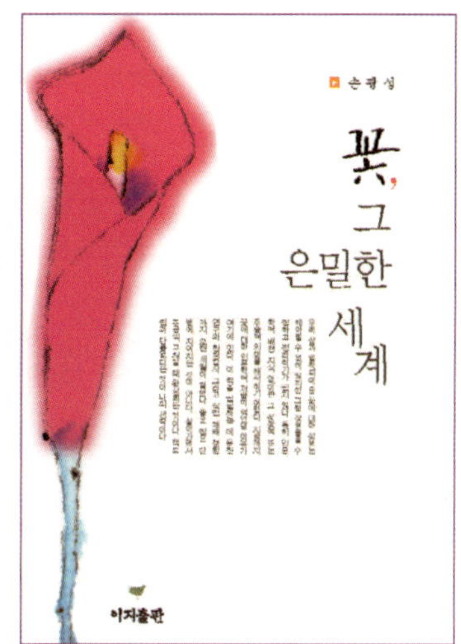

꽃, 그 은밀한 세계

2019년《나의 꽃 문화 산책》

두 번째 개정판, '세종나눔도서' 선정

름다운 우리 고전 수필

년《한국 고전 명수필선》 개정판

손광성의 수필쓰기

2008년 을유문화사 출간

한국의 명수필

2013년 다섯 번째 개정판

나의 꽃 문화 산책 초판

1996년 을유문화사 출간

나의 꽃 문화산책

동양화가의 해박한 꽃이야기

／禹泰榮기자

화가 손광성씨가 진달래
등 요즘 우리가 쉽게 접
있는 꽃들에 관
기를 에세이풍
어 냈다. 꽃을
그림을 그리는
만큼 꽃에 대한
감상이 남다
느낌을 준다.
을 읽으면 우
히 보는 꽃들
기 다른 사연
의 정서가 면
어 있음을 알 수 있다.
는 신라 향가 「헌화가」에
부인에게 바쳐진 이래 고
「동동」을 비롯 화가 신
시인 김소월 이은상 등의
재로 널리 쓰였다.

세계에서 가장 많은 사랑을 받는 꽃이랄 수 있는 장미는 4천년 전부터 재배됐다. 우리나라에서는 신라시대 薛聰이 지은 「花王戒」에서 모란을 유혹하는 요염한 여인으로 장미가 처음 등장한다.

우리나라의 국화인 무궁화에 대한 학자들의 논쟁을 소개한 대목도 흥미롭다. 그런

손광성 지음
을유문화사刊
3백 26쪽, 1만원

가 하면 저자는 소선왕소에는 문장화가 없었다는 지금까지의 통념과는 달리 오얏꽃이 문장화였다고 주장한다.

책 앞부분에 저자의 그림을 컬러로 곁들였다.

동아일보

경향신문

독서신문

꽃과 인간이 나눈사연 "만발"

꽃과 인간의 오랜 만남을 서정적 문체에 담은 손광성씨.

「나의 꽃문화 산책」 펴낸 손광성씨

사람들

시가 있고 글이 있
려한 꽃잎을 그려
많은 사람은 심지
이라고 적는다. 지
처롭기 때문이다.
아름다우나 벌과 나
향기가 없겠구나」라
왕의 애교있는 실

화 산책」(을유문화
손광성씨(59·혜화
동경생활 이후 꽃과
고 오랜 사연을 정
다. 시공을 넘나들
게 펼쳐지는 그의
침 들길을 걷는듯
전져주면서 책 스스
꽃처럼 느껴진다.
적인 측면을 다룬 책
왔지만 정보의 나

열에 그친 아쉬움이 있지요. 따라서 꽃의 역사와 어원, 민속, 종교, 문학적인 측면, 그리고 선인들의 가치관과 오늘을 살아가는 우리들의 이야기에 주안점을 두었

라는 예를 들며 꽃의 형상보다는 관념의 중요성을 역설하고 있으며 복숭아가 제사상에 오르지 못하는 이유는 솜털보다는 귀신을 쫓는 呪力탓, 제비꽃과 팬지꽃은

그림·시·글 어우러져
34種에 얽힌 얘기 "화사"
남은 한조각 빵
수선화와 바꾸고픈 꽃 예찬자

습니다」

생활 주변의 꽃을 계절별로 엮은 이 책은 「목련을 사랑하기엔 나이 서른도 오히려 어려라」「석남화 머리에 꽂고」「성벽을 오르는 나팔꽃」「내 마음속의 수선화」 등 모두 34종의 꽃을 예찬한다.

아직도 마음속에 남아있는 무궁화의 나라꽃 시비에 대해서는 스코틀랜드의 국화가 엉겅퀴꽃이

같은 꽃이지만 야생종과 원예종이라는 차이에서 비롯된다는 등 재미난 정보도 많다.

또 이어령교수의 명저 「축소지향의 일본인」은 梨花(배꽃)와 李花(자두꽃)를 혼동하고 있으며 김유정은 소설 「동백꽃」에서 세상에 없는 노란 동백꽃을 묘사하는 실수를 저지르고 있다고 지적했다.

『저는 곱게 피었다가 아름답게 지는 수련과 자홍빛 구름을 한아름 안고있는 배롱나무를 특히 좋아합니다. 그리고 무엇보다 「두이랑 밭이 많지 않지만 반은 꽃을 심었네」라고 읊은 도연명과 「두조각의 빵을 가진 자는 그 하나를 수선화와 바꾸라」고 말한 마호멧의 마음을 우러릅니다』 〈孫守鎬〉

책과 사람 ／ 에세이집 「나의 꽃 문화산책」 펴낸 손광성씨

꽃에 얽힌 일화-잘못 알려진 상식등 소개

金璟達기자

「아침에 피었다가 저녁에 지고마는 나팔꽃처럼 짧은 사랑아…」

「사람들이 즐겨부르는 가수 임주리의 「립스틱 짙게 바르고」에 등장하는 이 나팔꽃은 가사와 달리 조개오락(朝開午落), 즉 아침에 피었다가 정오에 지는 꽃이랍니다」

일반인들이 잘못 알고있는 꽃에 대한 상식을 지적하면서 꽃의 역사와 어원, 민속 및 주술적측면에 대한 해석 등을 담은 에세이집이 최근 출간돼 눈길을 끌고 있다.

수필가이자 동양화가로 활동하는 손광성씨(59·서울혜화여고교사)가 쓴 「나의 꽃 문화산책」(을유문화사刊)이 화제의 책.

「선덕여왕의 일화」로 널리 알려진 모란의 향기에 관한 내용도 흥미롭다.

선덕여왕이 어릴 때 중국에서 모란씨와 함께 들어온 모란의 그림을 보고 「나비가 없으니 그 꽃은 향이 없을 것」이라고 말했다는 게 일화의 내용.

그러나 「모란의 향은 유향(幽香)과 암향(暗香)으로 불리는 난초와 매화의 은은한 향과 달리 「후하고 풍어오는」 훈풍처럼 진한 향을 지녀 이향(異香)으로 불릴 정도로 강하다」는 게 그의 설명이다.

이밖에도 그는 문인들의 시 속에서 자주 등장하는 갈대와 억새의 혼동을 비롯해 조선왕실의 문장인 오얏꽃(李花)을 배꽃(梨花)으로 착각한 경우, 「비탈에 선 솔이 솔방울이 많다」는 옛 말로 흥부에게 24명의 자식이 있었던 까닭을 설명한 글 등을 싣고 있다.

이 책은 손씨가 「차 한잔 마시며 친구에게 얘기를 들려주는 기분으로 썼다」는 짧은 수필 34편과 목련과 아이리스 동백 등의 그림 8폭, 생일꽃 3백66가지의 꽃말 등의 자료로 구성돼 있다.

책을 준비한 기간은 7년. 「교사생활 틈틈이 설화와 옛 문헌 등 자료를 수집하고 전국각지를 돌며 답사를 했다」는 손씨는 「1백50여편의 삽화도 직접 그렸다」고 밝혔다.

■「나의 꽃문화산책」 펴낸 손광성 교사

"꽃에 담긴 문화사적 의미 해독"

옛날에 임신한 여성들은 왜 원추리꽃을 꽂고 다녔을까。 고려때 오얏나무가 크게 자라지 못하도록 자른 이유는 무엇이며 남편을 잃은 아낙의 집에는 왜 나팔꽃을 심지 못하게 했을까。

서울 혜화여고 국어교사로 재직중

인/터/뷰

인 孫光成씨(59)가 펴낸 「나의 꽃 문화산책」(을유문화사刊)은 꽃에 담겨있는 문화사적 의미를 해독해낸 독특한 산문집이다。 孫씨는 꽃과 관련된 정보를 나열하는데 그치지 않고 꽃말에 담긴 뜻과 각종 신화와 문학작품 속에 나타난 꽃 얘기를 흥미롭게 풀어냈다。

우리 선조들 꽃에 주술적 의미 부여

『최근 몇년동안 꽃, 특히 야생화에 대한 일반의 관심이 부쩍 높아졌지만 꽃이 우리 민중의 삶과 밀접한 연관을 맺고 있다는 사실은 제대로 알지 못하고 있습니다。「본초강목」「산림경제」 등 옛 문헌에 꽃과 관련된 일화가 많이 실려있는 것은 우리 민족이 유독 꽃을 아꼈다는 사실을 단적으로 말해줍니다』

7년여동안에 걸친 문헌조사와 현장답사의 성과물이기도 한 「나의 꽃…」을 통해 孫씨는 우리 조상들은 꽃에 주술적, 혹은 종교적 의미를 부여했다고 강조한다。 고려때 이씨 성을 가진 사람들이 득세하지 못하게 하기 위해 오얏나무를 심어놓고 해마다 가지를 잘랐던 것, 임신한 여성이 아들을 낳기 위해 꽃봉오리가 사내아이의 「고추」를 닮은 원추리꽃을 꽂고 다녔던 것, 남편을 여읜 아낙네의 집에 「바람둥이 꽃」으로 불렸던 나팔꽃을 심지 못하게 했던 것 등이 그 단적인 예라는 게 孫씨의 설명이다.

『우리 선조들은 한 그루의 나무를 심을 때도 큰 지혜를 발휘했죠。 마을 어귀에 뭉오름이 좋고 잎이 넉넉해 햇빛을 가리는데 적합한 오동나무를 심은 것이나 삭풍을 막기 위해 북쪽 야산에 대나무를 심은 것은 우리 선조들의 슬기로움을 말해주는 대목입니다』

서울대 국어교육과를 졸업한 孫씨는 뒤늦게 동양화에 심취, 동국대 대학원(미술교육과)을 나와 3차례의 그룹전을 가진 화가이기도 하다。

〈글朴九在·사진 鄭智澔기자〉

제114호
1996년 7월15일 월요일

문 학

생활속 꽃이야기 "활짝"

「나의 꽃 문화산책」 등 지식나열 아닌 정서적 접근

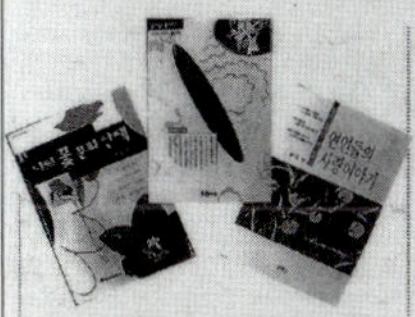

누구나 사랑하는 연인, 가족, 친구 등에게 재미있고 추억이 담긴 이야기를 해주고 싶을 때가 있다. 이럴 때 어린시절부터 보아온 꽃들과 연관된 추억거리를 나누는 것만큼 재미있고 가슴에 남는 대화는 없을 것이다.

최근 꽃을 주제로 「삶의 모습」을 돌이보는 책들이 활짝 피어나 화제가 되고 있다. 꽃의 문화적인 측면, 꽃과 함께 살아온 삶의 이야기, 문학작품을 통해 나타난 꽃 등을 소재로 한 〈나의 꽃 문화산책〉(을유문화사) 〈꽃과 식물에 얽힌 연인들의 사랑이야기〉(문학동경) 〈메밀꽃이 피면 사람도 꿈이간다〉(푸른나무) 등이 그 주인공이다.

지금까지 출간된 꽃 관련서들이 화사한 꽃의 외양과 명칭 서식처 등 「지식」과 관련된 겉모습을 다룬 것과는 달리 이 책들은 삶의 역사로서 꽃을 바라보며 「이야기」로 엮어 내면의 모습을 다루고 있다.

〈메밀꽃이 피면 사람도 꿈어간다〉는 꽃과 풀, 나무와 함께 살아온 인간의 삶이 담겨 있는 에세이집이다. 저자 이상권 씨는 "우리네 길가에서 이름없이 말하는 꽃, 그들의 삶을 찾아내는 것이 내 몫"이라며 식물과 인간의 어우러짐을 구수한 입담으로 풀어 쓰고 있다.

이 책은 「하얀 목말로 상처를 치료하고」(애기똥풀), 「꽃을 쭉쭉 빨아먹던 추억」(참꽤), 「부추꽃도 꽃 만한다」(배추), 「버들피리 입에 물면 새가 날고」(버들강아지), 「소도 먹지 않는 풀」(방동사니) 등과 같이 각 풀마다 우리네 삶과 연관된 소제목을 붙이고 있다. 제주도를 상징하는 유채꽃, 달래 간장에 밥 비벼먹던 저녁, 버들피리를 만들던 어린 시절 등을 그리며 어린 시절의 추억과 꽃에 대한 정보를 주고 있다. 「그 맛을 어디에서 다시 찾으리. 잃어버린 옛 맛들. 그 달콤한 맛들. 미국식 햄버거며, 피자며, 소시지가 아무리 곤을 져도 그 맛을 이겨 내지 못할 텐데… 그 맛이 어디로 갔을까」라며 「입이 까매지도록 따 먹은」 머루꾼의 한 구절은 어린 시절의 추억을 되새겨 주기에 충분하다.

36년째 교사로 재직하고 있는 손광성 씨의 〈나의 꽃 문화 산책〉은 농경생활 이후 인류가 꽃에 좋은 관심의 결과라고 볼 수 있는 「꽃의 문화적인 측면」을 다룬 책이다. 옛 어머니들은 왜 원추리꽃을 꽂고 다녔는지, 앙귀비씨는 의 달밤에 웃음 벗고 부부가 함께 뿌려야 아름답게 핀다고 했는지, 우리 민족은 왜 무궁화를 국화로 삼았는지 등의 의문을 풀어준다. 또한 꽃의 역사, 꽃말의 어원, 민속 및 주술적 종교적 측면에 대한 해석과 함께 문학작품을 통해 나타난 꽃에 대한 우리 민족의 가치관을 담고 있다. 저자 손광성 씨는 "요즘 문화에 대한 욕구가 강해지면서 꽃에 대해서도 관심이 높은 것으로 알고 있다. 하지만 거의 모든 사람들이 우리의 꽃을 전혀 모르고 있다는 사실이 무척 가슴아팠다"며 집필 동기를 밝히고 있다. 그는 대부분의 꽃 관련서들이 식물도감 식의 형태를 벗어나지 못해 우리의 정서를 다룬 「꽃이야기」를 쓰고 싶어 이 책을 저술했다고 덧붙였다.

〈꽃과 식물에 얽힌 연인들의 사랑이야기〉도 꽃과 관련있는 「효자 효녀 이야기」「사랑하는 연인들의 이야기」를 비롯하여 우리가 옛날에 할머니 할아버지에게 들을직한 옛날 이야기로 메마르고 삭막해져 가는 삶에 휴식공간을 제공해 주고 있다.

이러한 꽃 관련서들은 현장답사를 통한 생태조사자료 등의 전문적 지식의 단순한 나열에서 벗어나 맛깔나는 서정적인 문체로 「생활과 역사 속에서의 꽃」을 다루고 있는 것이 특징이다.

〈박[illegible]기자〉

달팽이

2000년 수필선집
간행물윤리위원회 청소년 권장도서 선정
같은 해 12월 국방부 '진중문고' 채택

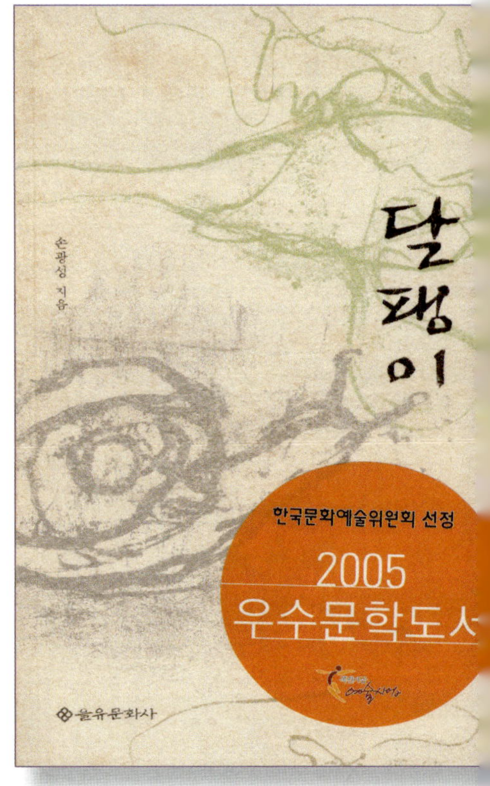

달팽이

2005년 《달팽이》 첫번째 개정판
문예진흥원 2005년도 우수문학도서 선정
제21회 국제PEN문학상 수상작품집

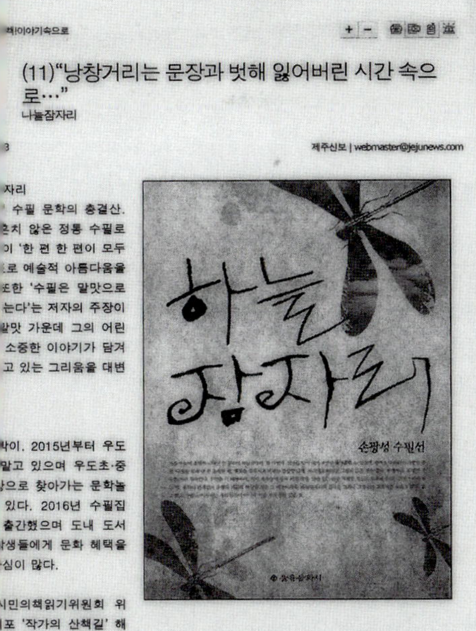

책이야기속으로

(11)"낭창거리는 문장과 벗해 잃어버린 시간 속으로…"

나늘잠자리

3

제주신보 | webmaster@jejunews.com

자리
수필 문학의 총결산.
혼치 않은 정통 수필로
이 '한 편 한 편이 모두
로 예술적 아름다움을
또한 '수필은 말맛으로
는다'는 저자의 주장이
말맛 가운데 그의 어린
소중한 이야기가 담겨
고 있는 그리움을 대변

악이. 2015년부터 우도
맡고 있으며 우도초·중
강으로 찾아가는 문학놀
있다. 2016년 수필집
출간했으며 도내 도서
학생들에게 문화 혜택을
심이 많다.

시민의책읽기위원회 위
포 '작가의 산책길' 해
다양한 만남을 통해 서
연을 널리 알리는 중. 우리네 삶의 이야기를 진솔하게 그리며 살고자 한다.

을 찾아서…
보물이 있게 마련이다. 작가 손광성은 어린 시절 호루라기와 주머니칼, 렌즈가 세 개
물로 간직했다. 호루라기를 불면 그 소리가 어느 악기 소리보다 크고 아름다웠고, 주
조각을 했으며, 렌즈로 종이를 태우며 놀았다. 구멍 난 종이로 하늘을 올려다보면 낮
한다. 작가의 고향은 휴전선으로 막혀 있어 지금은 갈 수 없다. 그리움, 어린 시절의
고 애잔하다.

우리가 잊어버린 것은 무엇인가. 실향민처럼 아픈 그리움을, 어린 시절의 추억을 잃
는가. 지리적인 고향과 시간 속의 고향은 달리 존재하지 않는다. 고향이란 공간에 있
추억에 다가가지 못한다면 고향의 존재 의미는 확연히 퇴색된다. 잃어버린 마음의 고
늦지 않게 시작해야 할 것 같다.

하늘잠자리

2011년 《달팽이》 두 번째 개정판

2017년도 제주도 서귀포시 '올해의 필독도서' 선정

pictorial

화보 II

1950년 12월 흥남부두 피란민 철수선 LST. 이 배를 타고 월남(출처 국사편찬위원회)

1952년 부산시 초량동 전시연합중학교 시절(시계 방향 첫번째)

1957년 대학교 1학년 때, 제1한강교 밑 백사장에서 함흥 출신 친구들과 함께(시계 방향 두번째)

1965년 서른 살이 되던 해

1975년경 강화도 전등사에서

1995년경 서초구 반포아파트 피천득 선생댁 앞에서 선생과 함께

2007년 제1회 가천환경문학상 시상식에서. 시계 방향 권오만 교수, 주돈식 조선일

1997년 여름 괴테기념관 앞에서 아내와 함께

2003년 3월 한국수필문학진흥회 회장 취임식

2005년 국제PEN문학상 수상 기념(시계 방향 수필가 맹난자, 소설가 한말숙, PEN 이사장 문효치)

2007년 제1회 가천환경문학상 시상식 현수막

2012년 제11회 현대수필문학 대상 수상 기념(가운데)

2016년 연희동 유산 화실에서. 시계 방향 예술원장 민경갑 선생, 전 국립국악원장 한명희 선생과 함께

2016년 9월 28일 관훈동 토포하우스에서 세 번째 개인전 오픈 장면. 내빈과 축사를 하고 있는 민경갑 예술원장

불우재고책중수상량문不尤齋古宅重修上樑文修

이 글은, 2014년 경북 경주시 강동면 단구리 377번지 소재,
경주 손씨 손인걸 공의 250년 된 고택 불우재를 중수할 때 공의 8대 종손인 경동기업 손경호 회장의 의뢰로
일현 선생이 짓고 쓰신 상량문 원본이다.

이제 엎드려 비옵니다. 상량 후에는 家運이 더욱 繁盛하고 자손 만대
盤石처럼 흔들림이 없으시고, 위로는 三光이 感應하여 항상 밝게 내려
비치시고 아래로는 人間五福이 넉넉히 갖추어질 것이며 어버이는 어버이답게 慈愛
하시고 자식은 자식답게 父母恭敬 잊지 말며 夫婦和睦하여 자손 繁昌한
事業이 불길처럼 일어나 선조들이 지켜온 自强心과 勤儉節約 정신
과 孝心友愛와 이웃 사랑 정신을 이어받아 社會에 奉仕할 것이며, 家門에
榮光의 빛이 항상 充滿하기를 다시 엎드려 비옵니다.

서기 二천十五년 四월 十八일
밀양인 孫光成 삼가 짓고 씁니다

건축주 月城孫씨 不尤齋 九世孫 慶鎬

도편수 朴昌基
대목장 曺秉出
와장 權佑宅
설계 任駟中

서기 二천十五년 四월 二十四일
경건한 마음으로 기둥을 세우고 대들보를 올립니다.

不尤齋 고택 중수 상량문

한줄기 작은 냇물도 근원이 깊으면 마르지 아니하여 큰강이 되고, 한그루의 梅花도 뿌리가 깊으면 해마다 꽃을 피우고 열매를 맺습니다.

月城孫씨 家系도 이와 같아서 멀리는 新羅 흥덕왕대 孝子 孫順공을 中始祖로 하여 조선조에 이르러 三代封君의 榮光을 입었으니, 世宗때 訓民正音의 창제에 참여하고 병조참의를 지내신 鷄城君 孫士晟公과 世祖때 文藝試에 장원하고 李施愛亂의 敵愾功臣이며 이조판서에 追贈되신 鷄川君 孫昭公 그리고 이조판서를 지내신 月城君 孫仲暾公이 바로 이분들이십니다.

가까이는 삽실 入鄕祖이신 大杰公과 仁杰公을 뿌리로 삼으니, 일찍이 두분은 十歲가 되기 전에 먼저 어머님이 돌아가시고 二年 뒤 선친이신 是興公 마저 他界하셨습니다. 그후 다행히 仁杰公이 삽실 안동 權씨 댁에 꼴머슴으로 들어가 큰머슴이 되기까지 가슴에 항상 조상에 대한 矜持를 품고 品位를 잃지 않았을뿐만 아니라 勤勉,誠實하게 일한 결과 마침내 權씨의 信賴를 얻어 그댁 사위가 되기에 이르렀습니다.

매년 받은 새경이 얼마 되었겠습니까만은 쌀 한톨도 헛되이 하지 아니하고 備蓄하였는데, 어느 해 가뭄이 심하여 쌀값이 천정부지로 치솟자 그것을 팔아 약간의 財産을 마련하게 되었으니, 그러기까지 얼마나 많은 忍苦의 세월을 감내하셨을

35cm×217cm

어찌 두고두고 가꿀 수 아니겠는가

어영차! 대들보가 올라간다
南쪽을 바라보세
넓은 洛山들에 기름진 田畓이 질펀하니
가을엔 황금물결 壯觀이네
그 너머 마당고 산은
노적가리처럼 미더운데
日光이 계절 따라 눈부시네

어영차! 대들보가 올라간다
北쪽을 바라보세
土城같이 야트막한 丹邱 十里에 뻗어 있어
北風을 막아주고
무성한 巨木과 烏竹이 병풍처럼 둘렀으니
겨울엔 防風이요
여름엔 清風이라

어영차! 대들보가 올라간다
위를 쳐다보세
구름 한 점 없는 하늘에 日光이 燦爛하고
싱싱한 서까래 하늘을 받드네
새로 구운 검은 기와 青龍의 비늘이라
이 집 자손들 無病長壽
立身揚名할 징조로세

어영차! 대들보가 올라간다
아래를 굽어보세
庭園 가득 어린 地德이 훈훈하고
높직한 누마루 威風이 당당하네
귀한 가문의 자손들 조상의 음덕을 입어
孝心과 友愛로
대대손손 和睦하네

피와 땀으로만 이룩어진 것이 아니라, 조상들의 음덕과 누대에 걸쳐내려온 가르침과 사원들과 사회구성원들의 도움이 컸음을 깨닫고 敬老堂을 지어 헌납하고 東巖獎學金을 세워 사회에 봉사하였으며, 경동탄광에서 불의의 사고로 순직한 사원들의 명복을 빌기 위한 사찰 道德精舍를 지어 기증하였습니다. 한편 조상에 대한 景慕事業에도 착수하였으니, 첫 사업으로 앞실 大杰公의 옛 집터에 景慕亭을 짓는 일이었습니다. 두 분의 孝心과 友愛를 기리고 후손들에게 계승시키고자 하는 간절한 衷情에서 비롯된 것입니다.

두번째 사업으로 二백수십여년의 風雨에 퇴락한 仁杰公의 고택을 헐어 복원하는 것이었으나 老軀로 감당하기 어려워 크게 고민하던 중 장자인 慶鎬 회장이 부친의 뜻을 받들어 重修할 것을 약속하기에 이르러 마침내 걱정을 덜게 되었습니다.

그러나 韓屋을 復元하는 일이 쉽지 않아 때를 기다리던 가운데, 二천十四년에 드디어 구옥을 헐고 그 자리에 중수하기로 하였습니다. 단순히 조상들이 태어나고 자란 터전을 保存한다는 차원을 넘어 후손들에게 大杰公과 仁杰公의 갸륵한 孝心과 友愛를 계승하게 하고자 함에서입니다.

본래 이 집은 堂號가 없었으나 그 필요성이 대두되어 후손들의 논의를 거친 결과, 처음 이 집을 짓고 가훈을 삼으셨으며, 孝心과 友愛를 실천궁행한 仁杰公을 기린다는 뜻에서 공의 호를 따서 不尤齋라 당호를 정하였습니다.

돌을 쪼아 주춧돌 놓고 나무를 깎고 먹줄을 퉁겨 기둥을 세웠으니, 건평 五十四평이던 구옥을 五十七평으로 늘려 지은 것은 조상의 名節祭祀는 물론 후손들이 모여 함께 友愛를 다지기 위한 修鍊의 空間으로 사용코자 해서 입니다.

이제 옛 법에 따라 東西南北 네 방위와 上下 두 방위에 걸쳐 頌祝합니다.

어영차! 대들보가 올라간다.
東쪽을 바라보세
멀리 도음산이 海風을 막아주고
봄바람을 보내어 모진 겨울 몰아내네.
庭園 나무들 잎이 돋고 꽃이 피네
앞산은 봄빛이 充滿하고
뒷산은 瑞氣가 華奢하네

으로 기획하고 경영하였던 것입니다. 그런 의도로 마련한 이 집은 八代에 걸쳐 孫씨 가문의 백세터전이 되었습니다. 七代 道翼 회장과 八代 慶鎬 회장도 예서 태어나 예서 자랐으니 累代에 걸친 출생과 성장의 空間으로 그 의미가 매우 깊고 크다 하겠습니다.

그러나 하루에도 갤 때가 있는가 하면 흐릴 때가 있는데, 八代에 이르는 長久한 세월 동안 어찌 盛衰의 浮沈이 없었겠습니까. 慶鎬 회장의 고조부 昊永公 때는 천석꾼이라 이를 만큼 家勢가 隆盛하였으나 조부 晋康公이 살림을 이어받았을 때는 萎縮하여 전답이 七十여 마지기에 불과하게 되었습니다. 다행히 조모 신동 張씨 明玉 여사의 규모 있는 살림으로 기우는 家運을 지탱하였으나 전과 같을 수는 없었습니다. 그후 道翼 회장에 이르러 가운을 다시 일으켜 세워 오늘에 이르렀습니다.

道翼 회장은 十六세가 되던 해에 두 살 연상인 영양 李씨 徽南 규수와 결혼한 후, 신학문에 뜻을 두고 日本으로 건너가 晝耕夜讀으로 힘썼으나 경제적 여건이 여의치 않아 뜻을 이루지 못하고 귀국하였던 바, 형편은 날로 어려워져 學問에 專念할 수 없음을 깨닫고 企業經營으로 뜻을 바꾸어 가문과 나라에 봉사할 것을 결심하였던 것입니다.

마침 六·二五 전쟁이 일어나자 부산으로 避難하여 여러 사업에 도전하였으나 赤手空拳으로는 되는 일이 없었습니다. 성냥을 파는 장사도 해보고 부두에서 막노동도 해보았지만 窮乏을 면할 수 없게 되자, 이를 본 부인도 거리에서 찐빵을 팔아 보탬이 되고자 했습니다. 이처럼 夫婦一心으로 기운 가운을 세우기에 온갖 고초를 마다하지 않았던 것입니다.

그러던 중 一천九백五十一년 茂山煉炭이란 작은 연탄공장을 세우게 되었는데, 잘금이라고는 私債 八千만환이 전부였습니다. 그것으로 무연탄 四톤과 手打機 한 대를 샀습니다. 이 작은 연탄공장이 나중에 아홉 개의 계열사를 거느린 慶東그룹이라는 거대한 기업체가 되리라고는 상상조차 하지 못한 일이었습니다.

이 모든 成功의 뒤에는 道翼 회장의 사업에 대한 뜨거운 熱情 위에 세가지 경영철학 즉 倫理와 道德을 숭상하고, 全社員의 共存共榮을 도모하며, 기업을 통한 社會奉仕에 專念한다는 확고한 信念이 있었기에 가능했던 것입니다. 현재 사업을 계승한 후손들에 의해 이 경영철학은 차질없이 계승발전되고 있어 社勢가 날로 繁昌하고 있는 중입니다. 道翼 회장의 시대변화를 읽는 탁월한 감각과 정확한 판단 그리고 한번 작정하면 결과를 보고야 마는 强忍한 推進力이 낳은 결과라 하겠습니다.